KB204117

불타의 대승선맥

프라즈냐 총서
58

불타의 대승선맥

| 불타의 대승선과 금강삼매 선정 |

오형근·박화문

운주사

서문

이 책은 불타가 창립한 대승선大乘禪과 금강삼매의 선禪사상을 연구하여 세상에 알리려고 쓴 것이다. 『반야경』에서는 인간의 본성을 대승성大乘性, 진여성眞如性, 불성佛性, 공성空性, 보리성菩提性 등 여러 가지로 표현하고 있다. 대승선은 인간의 본성을 깨닫는 수행이다. 그러므로 마음의 본성은 어떠한 성품인가를 알아야 할 필요가 있다.

첫째, 대승성을 지니는 마음을 대승심이라고 한다. 대승은 마치 허공이 만물을 감싸고 자유롭게 생존하게 하는 것과 같이 대승의 마음도 모든 중생들을 감싸고 자비를 베풀어 평등하게 생존할 수 있도록 해주는 넓고 큰 마음을 말한다.

둘째, 진여심은 마음의 바탕은 본래 진실하며 그 진실성은 절대불변의 진여의 체體로서 항상 청정하고 부정되지 않으면서 만법萬法을 소생시키는 바탕이 되고 있음을 말한다.

셋째, 공심空心은 공성空性을 지닌 마음을 뜻한다. 공심은 만법을 공한 것이라고 관찰하는 마음을 뜻하며 집착을 멀리 여의는 마음을 뜻한다. 그러므로 공심을 청정한 마음이라고 칭한다. 공空한 것이기 때문에 항상 청정하며 오염되지 않은 마음이라고 한다. 이러한 공심에 도달하려면 초지의 마하살로부터 제십지第十地의 마하살에 이르기까지 대승인의 지위에 이르러야 한다고 한다. 『반야경』에 의하면 초지보살에 도달해야 무소유無所有의 공성을 깨달을 수 있으며, 제2지 또는 제10지의 법운지法雲地에 이르러야 무소유 공성을 완전하게 깨닫고 대승성大乘性에 이른다고 하였다. 대大와 공空은 동일한 것이라고 말하듯이 서로 비유하여 설명하기도 한다. 그러므로 무소유의 진리는 대승의 진리라고 할 수 있으며, 중생들을 무한하게 감싸고 자비로써 교화할 수 있는 것을 뜻한다. 따라서 완전하게 해탈할 수 있는 경지에 이르렀다는 것을 뜻한다.

넷째, 불성의 마음(佛性心)은 인간의 본성에는 대소大小의 모든 진리를 깨달을 수 있는 지혜가 있음을 뜻한다. 이와 같은 불성으로부터 발생하는 지혜를 반야般若라고 하며, 반야는 대승과 동일한 성분이라고 불타는 말한다. 반야는 곧 보리菩提를 뜻하며 보리는 깨달음(覺)을 뜻한다.

이처럼 인간의 본성을 대승, 진여, 공, 불성 등으로 나누어 살펴보았는데, 이것은 본성인 한마음을 설명하기 위한 표현들이며 한마음에 많은 성품이 있음을 의미한다. 『반야경』에는 이들 본성을 설명하면서 유독 대승성의 수승함을 드러내고 있다. 대승성은 중생들을 모두 감싸서 보호해 주고 교화하여 보살이 될 수 있도록 하는 성품을 지니고 있기 때문이다. 대승이라는 말에는 이타행利他行의 자비사상이 포함되어 있다고 할 수 있다. '대승의 마음으로 돌아가자'라는 발취대승發趣大乘의 사상은 보살들로 하여금 대승적이고 이타적인 수행, 즉 대승운동을 전개하게 하기 위함이었다.

대승운동을 전개하려면 먼저 사상思想이 뚜렷해야 한다. 이전의 수행에서 진일보한 대승선大乘禪을 수행해야 한다. 대승선은 대승심에서 발생하는 선정禪定을 뜻한다. 대승선은 무엇에도 굴하지 않는 금강삼매金剛三昧를 뜻한다. 금강삼매는 의식의 번뇌 망상은 물론 말나식末那識과 아뢰야식阿賴耶識에 발생하는 번뇌 망상을 소멸시키고 또한 망식妄識의 뿌리까지 제거하여 완전하게 해탈시키는 선정을 뜻한다.

이와 같은 선정은 불타가 태자 시절에 출가하여 외도外道들과 요가(yoga)를 수행하고 나서 만족스럽지 못한 수행이라는 것을 자각하면서 창조한 선禪사상들이다. 싯다르타 태자는 보리수 아래에서 마음속에는 말나식과 아뢰야식이라는 망식의 뿌리가 있음을 깨닫게 되었다. 동시에 이들 망식을 제거하고 단절하기 위하여서는 금강삼매의 선정을 수행해야 한다는 것을 깨달았다.

이러한 선사상은 불타가 창조한 선사상이며, 결국 불타는 망식의 뿌리를 제거하고 단절하여 망식의 구속에서 벗어나 완전하게 해탈하고 성불하게 되었다. 불타는 성불 후에 대승경전을 설할 때 대승심과 진여심 그리고 대승선과 진여삼매를 많이 설하여 보급시켰다. 인간의 마음에는 큰마음(大心)이 있으니 큰마음으로 대승선을 수행하여 본성에 도달하라는 설법을 많이 하였다. 그 대표적인 문구가 '마하반야바라밀다심경'이라고 할 수 있다. 이 경명經名은 대승의 지혜로 대승심에 도달하는 경전이라는 뜻이다. 도피안到彼岸의 사상은 중생들에게 소심小心으로 살아가지 말고 대심大心으로 살아가라는 사상이다. 이 책을 통해 대승심으로 돌아가는 대승불교가 크게 발전되어지기를 기대한다. 끝으로 이 책을 발간하는 데에 함께 헌신적인 노력을 해주신 박화문朴華文 박사에게 감사를 드리면서 서문의 글을 갈음하고자 한다.

발간사

법성 오형근 박사님은 동국대학교 대학원 재학시절, 일찍이 일본 동경 입정대학立正大學 종교학과를 졸업하시고 동국대학교 교수와 대학원장을 역임하신 뇌허雷虛 김동화金東華 교수님의 지도하에 유식학 부분의 깊은 연구를 하셨습니다. 불교학 연구는 먼저 구사 8년俱舍八年, 유식 3년唯識三年의 학문적 기초연구가 필요하다고도 알려져 있습니다. 오형근 박사님은 동국대학교 불교대학 교수, 불교대학 학장, 불교대학원 원장으로 재직하시면서 관련 분야의 많은 저서를 집필하셨습니다.

대표적인 저서로는 『불교의 영혼과 윤회관』(1978), 『유식사상 연구』(1983), 『유식과 심식사상 연구』(1989), 『유식사상과 대승보살도』(1997), 『신편 유식학 입문』(2005), 『인도불교 선사상』(1992), 『대승기신론소병별기』(2013) 등이 있습니다. 오형근 박사님은 대학을 퇴직하신 후에도 대승불교연구원을 설립하여 우리 사회에 대승사상大乘思想을 널리 펼치셨습니다.

금번 출판되는 『불타의 대승선맥大乘禪脈』이란 저서는 불타께서 창립한 대승선大乘禪과 금강삼매金岡三昧의 선禪사상을 올바르게 전달하고자 하는 깊은 뜻에서 저술되었습니다. 우리 사회는 급속한 산업화와 최첨단의 과학문명의 발전에 의하여 손실되어 가는 자연환경과 개인의 인간성 상실에 의한 정신문화의 쇠퇴가 심각하게 나타나고 있는 실정입니다. 본 저서에서는 여기에 인간의 본성, 즉 대승성大乘性이며 진여성眞女性이며, 또한 불성이며 보리성 등의 표현으로 나타나는 본래의 성품을 찾아야만 진정한 삶의 가치와 행복을 찾을 수 있다고 설파하고 있습니다.

인간의 본 성품인 대승은 이타행利他行의 자비사상이 포함되어 있으며, 우리 모두에게 '대승의 마음으로 돌아가자'라는 발취대승發趣大乘의 사상인 부처님의 말씀을 전해 주고 있습니다. 또한 우리들의 마음속에 깊이 자리잡고 있는 망식妄識의 뿌리를 제거하고 단절하여 망식의 구속에서 벗어나 완전하게 해탈과 성불을 이루는 자유인이 되는 참된 지혜를 가르쳐 주고 있습니다. 그리고 우리들에게 소심小心으로 살아가지 말고 대심大心으로 살아가는 마음가짐과 우리 모두가 대승심으로 돌아가는 대승선의 참다운 길(道)을 제시하여 주고 있습니다.

이와 같은 대승선은 우리 사회를 밝게 정화할 수 있는 원동력이 될 수 있습니다. 끝으로 법성 오형근 박사님께서 불편하신 노구老軀에도 불구하시고, 온 정성으로 정리하여 주신 불타의 대승선맥의 참다운 뜻이 만인萬人에게 널리 숙지熟知되어 실천되어지기를 기원드립니다.

한국대승문화원 원장 성원 박화문

불타의 선맥과 금강삼매

불타는 외도들이 수행하는 요가(명상)를 수행해 보았다. 그리고 명상으로 번뇌를 억제할 수는 있으나 번뇌의 뿌리는 제거하지 못한다는 것을 체험하게 되었다. 그리하여 불타는 외도들의 명상 수행을 중지하고 독자적으로 선사상을 창조하였다. 그 선사상을 금강삼매라고 한다. 금강삼매는 오랜 전통을 유지해온 명상 수행을 타파하고 새로운 선사상으로 개혁한 것이었다. 이와 같은 금강삼매에 대해 본서에서는 여러 측면으로 살펴보고 있으며, 금강삼매의 특징을 세 가지로 말해보면 다음과 같다.

첫째, 불타는 명상 수행만으로는 번뇌의 뿌리를 제거할 수 없다는 것을 깨닫고 보리수 아래로 가서 자신이 창조한 금강삼매를 수행하여 마음속의 모든 번뇌를 제거하고 성불하였다는 점이다.

둘째, 이와 같은 불타의 금강삼매 사상은 마하살들에게 전해졌다. 마하살들은 초지 이상의 십지보살로서 금강삼매를 수행하여 번뇌의 뿌리를 제거하고 성불할 수 있었다.

셋째, 이 금강삼매 사상은 논사論師들에게 전해져서 무착논사(서기 4세기)는 『섭대승론攝大乘論』에서 '외도들의 명상은 의식까지를 정화하려고 노력하고 있으나 번뇌의 뿌리는 제거하지 못하고 있다'고 하였다. 진정한 선정은 금강삼매를 수행하여 말나식末那識과 아뢰야식阿賴耶識이라는 망심을 제거하는 것이라고 주장하였다.

이것만으로도 금강삼매의 사상이 이 세상에서 가장 위대함을 나타내 주고 있다. 이와 같은 금강삼매의 사상은 무착논사가 저술한『유가사지론瑜伽師地論』에 전해져서 대승선의 발전에 크게 기여하였다. 무착논사의『유가사지론』은 제자인 진제삼장眞諦三藏이 번역한『대승기신론大乘起信論』과 호법논사護法論師가 저술한『성유식론成唯識論』과 원효대사元曉大師가 저술한『금강삼매경론金剛三昧經論』에 전수되었다.『대승기신론』은 대승사상을 믿고 진여삼매와 금강삼매를 수행하여 성불하게 하는 논전이다.

원효대사는『대승기신론소』를 저술하여 호법논사와 함께 진여삼매 사상을 가장 잘 해설한 저술을 하였다. 그리고 당시의 중국 대학자들은 '원효의『대승기신론소』와『금강삼매경론』이 이 세상에서 제일가는 저술'이라고 찬탄하였다. 이상으로 책에 들어가기에 앞서 이해를 돕기 위해 대승선맥과 금강삼매에 관해 간략히 서술하였다.

제1장 싯다르타(悉達) 태자의
출가수도出家修道

2567여 년 전에 남섬부주南贍部州라는 지구상에 인도의 가비라국이 있었다. 가비라국의 국왕인 정반왕淨飯王과 국모인 마야부인摩耶夫人 사이에 아들이 탄생하였다. 아들 이름은 모든 진리를 통달했다는 뜻이 담긴 싯다르타 태자(悉達太子)라고 정하였다. 싯다르타의 뜻은 『대반야바라밀경』에서 설명하고 있는 통달혜通達慧의 뜻과 같이 매우 깊은 뜻이 있다.

남섬부주에는 전생에 선업을 많이 짓는 중생들이 출생한다고 하였다. 지혜가 많은 싯다르타의 이름은 틀림없이 중생들이 출생하여 성불할 수 있는 조건을 가장 잘 구족한 세계라고 하였다. 싯다르타 태자는 이 세상에 태어나면서부터 모든 것을 환하게 관찰할 수 있는 지혜를 구족하였다. 그것은 태자의 도력을 알리는 출생계出生偈에서 잘 나타나고 있다. 그 내용은 '천상천하유아독존天上天下唯我獨尊'이라는 게송偈頌이다. 이 게송은 인간의 인성人性은 위대함을 나타내고 있으며, 불교 교리를 모두 담은 게송이라고 말할 수 있다. 또한 인간의 존엄성을 가장 잘 표현한 선언이라고 할 수 있다. 모든 인간의 인성은 청정하고 지혜로운 것이기 때문에 '천상天上과 천하天下에서 홀로 높다'라고 한 것이다.

인간의 성품(人性)에 지니고 있는 진여성眞如性은 무한한 과거로부터 현재까지 우주의 주인공이 되어 왔으며 진리의 주체가 되어 있다. 비록 인간이 번뇌의 마음을 가지고 살아간다고 할지라도 진여심은 연꽃처럼 항상 오염되지 않고 청정하면서 고귀한 성품을 유지하고 있기 때문에 홀로 높다고 하는 것이다. 이러한 본성을 성능에 따라 이름을 붙이게 되는데, 항상 청정한 성품이라는 뜻에서 청정심淸淨心이라고 칭하고, 모든 것을 깨달을 수 있는 성품이라는 뜻에서 불심佛心이라 칭하며, 변함없는 진리의 성품을 나타내는 마음이라는 뜻에서 진여성眞如性이라 칭하며, 인간의 성품은 큰 성품을 지니고 있다는 뜻에서 대승심大乘心이라 칭한다.

『열반경』에서는 '일체중생은 모두 불성을 지니고 있다(一切衆生悉有佛性)'라고 하였다. 인간은 불성을 비롯한 여러 진리로운 성품을 지니고 있으며, 인간의 인성은 이와 같은 성품을 모두 구족하고 있기 때문에 그 인성은 변함없이 홀로 높은 자리를 간직하고 있다. 이러한 성품을 인격화하여 진아眞我라고 한다. 이와 같은 진아는 곧 참다운 나를 뜻하며, 이 참나는 인간의 참모습을 간직하고 있는 '나'를 의미한다. 인간이 현재 지니고 있는 '나'는 업력業力과 인연因緣이 화합하여 출생하는 '나'이기 때문에 이를 가아假我라고 한다. 가아는 생生과 사死를 겪는 나(我)이기 때문에 무상한 '나'이다. 그러나 무상한 가아 속에 진아는 생과 사를 해탈한 본래의 나인 것이다.

그러므로 싯다르타 태자는 이러한 참나는 자신에게만 있는 것이 아니라 모든 인간이 평등하게 지니고 있다는 것을 모두에게 알린 것이다. 싯다르타 태자는 자신의 본성을 관찰하면서 궁중생활을 하였기 때문에 남다른 관찰력과 사유력을 지니고 있었다.

『장아함경』 권1에 의하면 궁전의 동서남북 사대문을 통하여 대중들이 생활하는 모습을 관찰할 수 있는 기회를 가졌다.[1] 싯다르타 태자는 보물로 장식한 마차를 타고 동서남북의 성문을 나가 인간의 생·노·병·사를 직접 목격하고 인생의 무상함을 깨닫게 되었다.

생로병사를 관찰하게 된 과정은 다음과 같다.

1) 싯다르타 태자가 하루는 성 밖으로 나가 거리를 관람하다가 노인老人을 만나 서로 대화를 하였다. 인간은 반드시 늙음이 있게 되며, 늙음에는 호걸과 천인이 따로 없다는 것(生必有老 無有豪賤)을 알게 되었다.

2) 싯다르타 태자가 하루는 성 밖을 나가 유람하다가 중로中路에 한 병자를 만나 대화하였다. 인간은 이 세상에 태어나면 반드시 병病을 얻게 되며, 병에 걸리는 것은 귀인과 천민이 따로 없다는 것(生則有病 無有貴賤)을 깨닫게 되었다.

3) 싯다르타 태자가 하루는 성 밖을 나가서 유람하다가 도중에 죽은 사람(死者)을 만나게 되었다. 유족들과 대담하다가 살아있는 사람은 반드시 죽는 것이며, 죽음에는 귀인과 천인이 따로 없다는

---

1 『장아함경』 권제1, p.6중.

것(生必有死 無有貴賤)을 깨닫게 되었다.

4) 싯다르타 태자가 하루는 성 밖으로 나가 유람하는 도중에 한 사문沙門을 만나게 되었다. 사문은 말하기를 '출가자는 속가의 은애恩 愛와 애착을 버리고, 몸과 마음을 닦으며 외부의 욕심에 오염되지 아니한다. 그리고 자비심慈悲心을 손상하지 않게 하고 고통을 만나도 근심하지 아니하며(逢苦不憂), 낙樂을 만나도 집착하지 않는다'라고 하였다. 그리고 또 말하기를 '마음의 번뇌를 조복하며(調伏心意), 마음 의 번뇌를 모두 여의는 것(永離塵垢)을 출가자라고 한다'라고 하였다. 태자는 이와 같은 사문의 말을 듣고 세상에는 구도의 길이 있다는 것을 깨닫게 되었다. 싯다르타 태자는 이와 같이 유람하면서 노인과 병자와 죽는 사람을 보고는 인생의 무상함을 알게 되었다.

마지막으로 사문을 만나보고서는 확연하게 크게 깨달은 바가 있 었다.

정반왕은 태자가 어렸을 때에 아사다라는 점성가가 왕위를 이을 가능성이 있기는 하지만 그러나 한편으로는 출가하여 사문이 될 수도 있다는 말에 걱정을 많이 하였다. 하루는 싯다르타 태자가 부왕에게 예를 갖추고 말씀드리기를 '저는 이번에 사문四門을 통하여 유람하고 관광할 때(四門遊觀), 출가는 곧 마음의 때를 청정하게 하는 것이고(調 伏心意) 마음의 때를 정화하는 것입니다(捨離塵垢). 이것이 참된 출가 (眞出家)이며 참된 도道라고 생각됩니다. 저도 이러한 도道에 출가할까 합니다. 부왕이시여, 출가를 허락하여 주십시오'라고 하였다.

태자는 드디어 29세에 부왕도 모르게 보배로 장식된 말을 타고 성城을 넘어 출가하였다. 태자는 출가 후 당시에 유명한 종교 지도자와 철학 지도자들을 만나 토론도 하고 요가와 명상도 하였다. 그리고 당시 고행苦行을 통하여 몸과 마음을 정화하는 고행주의자들과도 수행을 함께 하여 보았다. 당시 명상 수행은 사문이 말한 대로 의식 등 마음의 때를 정화하는 것이었다.

그 뒤에 참여한 고행주의도 몸과 마음을 괴롭힐 뿐이고 마음에 때를 정화하는 데는 별로 얻는 것이 없었다. 그러나 당시의 명상 수행은 사문의 말대로 마음의 때를 정화하는 데 있어서 매우 깊은 뜻이 있다고 생각하였다.

당시에 인도 명상가들은 모든 악惡을 없애고 모든 선善을 생기게 하는 수행은 마음을 정화하는 명상이라고 생각하였다. 이러한 명상 수행은 싯다르타 태자에게 깊은 영향을 끼쳤다.

하지만 싯다르타 태자에게 있어 명상의 수행은 마음의 때를 정화하는 데 효과는 있으나, 그것은 일시적이었다. 그 후 곧 의식에서 번뇌가 일어나게 되는 것을 체험하게 되었다. 싯다르타 태자는 이것이 마음속의 번뇌를 영원히 근절하는 수행이 아니라는 것을 깨닫게 되었다.

태자는 마음의 번뇌가 영원히 일어나지 않는 수행은 없을까 하고 마음을 관조하여 원인을 찾기 시작하였다. 태자는 이곳을 떠나 혼자 선정 수행을 하기로 하고 니련선하尼連禪河라는 강江 쪽으로 갔다. 『잡아함경雜阿含經』[2]에 의하면, 싯다르타 태자는 울비라鬱鞞羅라는 마을 근처에 있는 니련선하 쪽으로 갔다. 니련선하의 강 근처에는 큰 보리수菩提樹가 있었다. 이 보리수 아래에는 수행하는 데 매우

---

2 『잡아함경』권제15, p.101하.

좋은 보금자리가 있었다.

 싯다르타 태자는 덤불로 자리를 마련하고 결가부좌의 선 수행을
시작하였다.

제2장 불타의 금강삼매와 성불

싯다르타 태자는 보리수 아래에서 결가부좌結跏趺坐를 하고, '오래지 않아 정각正覺을 이룰 것이다'라는 서원을 세우며 선정 수행을 하기 시작하였다.

마음은 만법의 근본이 되며 모든 것은 마음에 의하여 창조된다는 유심唯心사상을 굳게 믿고 마음을 깨닫는 선禪 수행을 하였다.

수행 도중에 마왕파순魔王波旬이라는 악마가 태자의 선심禪心을 파괴하려고 노력하였지만 전혀 흔들리지 않았다. 마왕은 다시 애욕과 애념과 애락 등 세 딸을 시켜 태자의 선정을 방해하려 하였다. 그러나 태자의 선정은 금강金剛과 같이 더욱 강해졌다. 태자의 선정은 어떠한 장애에도 흔들리지 않은 상정불란常定不亂의 경지에 도달하였다. 어떠한 고난과 장애물을 만나도 선정의 마음은 항상 흔들리지 않는다는 뜻이다. 이와 같이 마왕 파순과 세 딸이 태자의 선 수행을 방해하여도 흔들리지 않았다고 한 것은 적어도 제팔지보살第八地菩薩 이상의 선정을 닦고 있었다고 할 수 있다. 제팔지보살은 성불 직전의 대보살을 뜻한다.

경전에 의하면 팔지보살의 선정에는 금강삼매金剛三昧라는 선정이
자주 나타나기 시작한다. 금강삼매는 금강유정金剛喩定이라고도 칭하
는데, 금강유정을 직역하면 금강을 비유한 선정이라는 뜻이다. 금강에
비유한 것은 돌과 철과 같은 단단한 물체에도 파괴되지 않으며, 반대로
금강은 돌과 철 등 모든 물체를 파괴할 수 있을 만큼 가장 견고한
물체라는 뜻이다.

이와 같이 금강의 뜻을 비유하여 선정의 이름을 정한 것이다. 위에서
설명한 바와 같이 금강유정은 다른 어떤 선정보다도 강한 힘을 발생하
여 강한 번뇌를 정화하고 성불할 수 있게 하는 최상의 선정이라는
뜻을 지닌다. 이와 같은 금강유정이 마음에 나타나면 삽시간에 마음이
정화된다.

이제 『대반야바라밀다경』에서 설명하고 있는 금강삼매는 어떠한
선정인가를 몇 가지 살펴보고자 한다.

1. 금강유정(金剛喩三摩地)이란 무엇인가? '만약 이 금강유정을 수행
하면 모든 선정을 능히 정복할 수 있다. 그러나 다른 선정은 금강삼매
수행을 정복할 수 없다. 그러므로 금강삼매라고 이름한다'[1]라고 하였
다. 이 글은 금강삼매의 선정이 여타의 선정보다 가장 강한 선정이라는
것을 설명한 기록이다.

천 가지 선정(一千三昧)을 수행한다 할지라도 금강삼매 선정 하나만

---

1 『대반야바라밀다경』 권제401, p.74하.

을 수행한 것만 같지 못하다는 말이 있다. 금강삼매의 선정은 인간의 마음에 간직하고 있는 진여심眞如心의 힘을 완전하게 인출할 수 있는 것을 말한다.

2. '보살마하살이 나는 마땅히 여러 가지 오묘한 지혜(妙智)를 닦고 배우며 모든 법성法性을 통달할 수 있고, 수승한 공덕을 지을 수 있는 것은 금강유심金剛喩心의 선정을 수행하였기 때문이다'[2]라고 기록하고 있다. 이 기록은 『대반야경』에 기록된 문장으로서, 금강삼매의 선정에 의하여 발생하는 금강유심은 묘관찰지妙觀察智를 발생시킬 수 있다. 그리고 금강삼매는 만법의 진리인 진여법성眞如法性을 통달할 수 있고 일체의 수승한 공덕을 쌓을 수 있게 한다.

3. '만약 보살마하살이 무소득無所得을 방편으로 삼아 이 금강유심에 안주安住하면 결정코 대유정大有情들 가운데서 마땅히 상수上首가 될 것이다'라고 기록하고 있다. 이 글은 대보살들이 집착을 여읜 무소득의 마음을 지니고 금강삼매의 선정을 수행하여 금강유심을 갖게 되며, 그리하면 결정코 수많은 대중을 교화하는 상수가 된다는 뜻을 밝히고 있다.

4. '만약 보살마하살이 반야바라밀다般若波羅蜜多를 수행하고 무소득을 방편으로 삼아 금강유정(金剛喩三摩地)을 수행하면 집착이 없어지고(無着), 변함이 없으며(無爲), 선정에 오염되지 않게 되며(無染), 그리고 모든 진리를 깨닫게 된다'[3]라고 기록하고 있다. 집착이 없어지고 변하지 않은 진리와 오염되지 않은 경지는 곧 진여眞如의 경지이며

---

2 『대반야경』권제411, p.60중.

3 『대반야바라밀다경』권제411, p.61상.

불타의 경지이다. 이는 금강삼매의 경지가 곧 성불에 이르게 하는 선정이라는 것을 의미하고 있다.

5. '만약 보살마하살이 금강삼매를 수행하면, 금강의 지혜(金剛喩智)로써 번뇌의 습기(煩惱習氣)를 단절하게 된다. 그리고 금강유지는 모든 것은 자성이 없다는 것(都無自性)을 깨닫게 하며, 일체지지一切智智를 증득하게 한다'[4]라고 기록하고 있다. 이와 같이 금강삼매는 마음에 훈습된 미세한 번뇌까지도 정화하는 성정이다. 이 금강삼매는 대보살에게만 나타나는 성정이다.

싯다르타 태자도 팔지보살八地菩薩 이상의 대보살 지위에 도달했다고 할 수 있다. 그러므로 마왕 파순의 방해에도 흔들리지 않고 더욱 용맹정진하였던 것이다. 이는 불타가 대승경전에서 설명한 문헌에 의하여 짐작할 수 있다. 즉 금강삼매로 말미암아 성불의 조건이 마련된다고 할 수 있다.

『성유식론』에 의하면 금강삼매가 마음속에 나타나면 안식 등 오식五識이 정화되어 성소작지成所作智가 나타나고, 의식意識이 정화되어 묘관찰지妙觀察智가 나타난다. 그리고 말나식末那識이 정화되어 평등성지平等性智가 나타나며, 아뢰야식阿賴耶識이 정화되어 대원경지大圓鏡智가 나타난다. 이와 같은 지혜가 나타나면 불타의 지위에 오르는 정각正覺을 성취하게 되는 것이며 묘각지妙覺地에 오르게 된다. 이 학설은 『대반야바라밀다경』과 『해심밀경』 등에 나타나며 『성유식론』에도 나타난다.

---

4 『대반야경』 권제57, p.322상.

제3장 불타의 대각과 성도

위에서 싯다르타 태자의 금강삼매의 선정을 살펴보았다. 금강삼매는 종전에 외도外道들의 명상 수행자들이 수행하지 못한 새로운 선정禪定 사상이었다.

마음 수행은 동일하지만 어떻게 관조하고 어떻게 수행하는가에 대하여서는 크게 차이점이 있었다. 종래의 명상가들은 마음을 의식意識까지만을 관조하면서 의식을 정화하는 명상을 수행하였지만, 싯다르타 태자는 마음을 관조하는 것은 물론 의식보다도 심층에 자리잡고 있는 말나식과 아뢰야식까지도 관조하면서 깊은 곳에 뿌리내리고 있는 번뇌 망상을 정화하는 선정을 수행했던 것이다. 말나식과 아뢰야식을 정화하려면 금강삼매라는 새로운 선정을 수행하지 않으면 안 되었던 것이다. 금강삼매의 선정은 종래에는 없었던 수행사상이었다. 이 금강삼매는 오로지 싯다르타 태자만이 수행하였으며, 성불 후에도 제자들에게 금강삼매를 수행하라고 강조하였다.

금강삼매의 수행이 마음을 정화하고 성불하는 데에 얼마나 중요한

30

수행인가를 기록에서 밝히고 있다. 『대반야경』에서는 금강삼매에 대해서 다음과 같이 기록하고 있다. "선정 가운데 금강삼매가 일어나지 아니하면 구하고자 하는 무상정등보리를 증득할 수 없느니라(未起金剛喩定 猶未能得 所求無上正等菩提)."

이와 같은 금강유정이 모든 선정 가운데서 최상의 선정임을 알 수 있으며, 금강삼매의 선정을 반드시 수행하라는 뜻으로 설법을 하신다.

금강삼매의 내용을 경전에서는 "만약 금강삼매가 마음속에 일어나면 일찰나一刹那에 오묘한 진리를 깨달을 수 있는 지혜(妙慧)와 상응하게 되며, 구하고자 하는 무상정등보리를 능히 증득할 수 있게 되리라(若起此定 一刹那相應妙慧 乃能證得 所求無上正等菩提)"[1]라고 설법하셨다.

이 경전의 기록에 의하면 금강삼매의 선정을 수행하면 성불할 수 있고 금강삼매를 수행하지 않으면 성불하지 못한다는 대답을 얻을 수 있다. 이 글에서 성불을 의미하는 것은 무상정등보리다. 무상정등보리는 불타의 깨달음을 뜻한다. 그 뜻을 풀이하면 무상無上은 최상 또는 최고의 뜻이며, 정등正等은 바르고 평등함을 뜻하며, 보리菩提는 깨달음을 뜻하고 지혜를 뜻한다.

이와 같은 뜻을 종합하여 보면 가장 높고 평등한 깨달음이라는 뜻이다. 이러한 깨달음을 불타의 깨달음이라고 칭한다. 이와 같은 불타의 지혜는 금강삼매의 선정을 수행해야만 발생할 수 있으며 성불도 가능하게 된다. 성불成佛의 뜻은 부처가 되었다는 뜻이다. 부처가

---

1 『대반야바라밀다경』 권제527, p.703중.

된다는 것은 인간의 본성에 지니고 있는 일심一心에 도달하였기 때문이다. 일심에 도달하면 망념과 망상을 일으키는 팔식의 물결(八識浪)이 사라져 버린다. 팔식이 사라지면 일심이 간직한 본각本覺이 나타난다. 본각은 본래 지니고 있는 깨달음의 성품(覺性)을 뜻한다.

보살들이 선정을 수행하고, 구경에는 금강삼매로 말미암아 본각에 이르기 전까지는 시각始覺이라고 한다. 시각은 항상 새롭게 조금씩 깨닫는 순간을 뜻한다. 이러한 시각의 수행을 통하여 본각에 도달한 것이다. 본각은 곧 대각大覺을 뜻하며, 대각은 우주의 만물을 빠짐없이 모두 깨달았다는 뜻이다. 이와 같은 대각이 나타나는 순간을 돈오頓悟라고 한다. 돈오는 번뇌의 습기가 모두 단절된 순간을 뜻하며 이를 돈단頓斷이라고도 칭한다. 이와 같은 돈오와 돈단은 성불하는 순간에 이루어지며, 그러므로 돈오와 돈단은 불타에게만 쓰는 용어이다.

불타 이전에는 점오漸悟라 하고 조복調伏이라고 칭한다. 점오는 진리를 점점 깨달은 것을 뜻하고, 조복은 번뇌의 힘을 억눌러 약화시키는 것을 뜻한다. 그리하여 선 수행자들은 점오와 조복의 수행을 지속하여 구경究竟에는 모든 진리를 찰나에 깨닫는 돈오를 성취하고, 번뇌의 뿌리를 찰나에 단절하는 돈단을 성취한 것을 묘각지妙覺地라 하고 불지佛地라고 한다. 돈오와 돈단은 불타만이 이룰 수 있는 경지이다.

위에서 금강삼매가 일어나면 찰나에 묘혜妙慧와 상응하게 되며 동시에 무상정등보리를 증득하게 된다고 말한 바 있다. 불타의 경지에 도달하면 모든 진리를 일시에 깨달은 돈오가 이루어지고, 모든 번뇌의 뿌리가 단절되는 돈단이 찰나에 이루어지는 것이다.

이때에 마음의 본성에 지니고 있는 법신法身과 사지四智 등 오법五法

이 찰나에 나타난다. 진리의 체體인 법신과 지혜를 발현하는 사지가 발생하면 만법의 진리를 크게 깨닫게 되며, 크게 깨닫는 것을 대각大覺이라고 한다.

대각은 마음의 진여심眞如心과 우주의 법성法性을 대승적으로 깨닫는 것을 뜻한다. 대각의 진여심과 법성을 비롯하여 삼라만상의 모든 현상은 불타가 이 세상에 출세出世하시거나 출세하지 않으시거나 관계없이 본래 존재하였다는 것을 여래는 깨달았다.

불타가 깨달은 진리는 불타가 창조한 것도 아니고 여타의 사람이 창조한 것도 아니라고 하였다. 이러한 교리는『아함경』을 비롯하여『대반야바라밀다경』과『해심밀경』등 중요한 대승경전에서 자주 설명하고 있다. 우주의 삼라만상은 피조물이 아니라고 한 것은 불타가 최초로 우리 인간에게 설한 귀중한 사상이므로 거의 유사한 내용이지만 각 경전의 기록을 여기에 모두 옮겨 우주는 피조물이 아니라는 것에 대하여 마음의 눈을 뜨게 하고자 한다.

다음은 각 경전에 나타나는 우주 존재론을 차례대로 밝히고자 한다.

1. 『아함경』에 나오는 연기법과 진여법

『잡아함경』에서는 연기법과 진여법에 대해서 다음과 같이 기록하고 있다.

"연기법緣起法이라는 것은 내가 창조한 것도 아니고 다른 사람이 창조한 것도 아니다. 여래가 이 세상에 출세하시거나 이 세상에 출세하지 않으셨다 할지라도 진리의 세계(法界)는 항상 존재하였다. 여래는 이러한 법을 스스로 깨닫고 평등하고 올바른 깨달음을 이루었도다(成等正覺)."[2]

이와 같이 불타는 깨달음의 내용을 설명하고 있다. 이들 깨달음의 내용을 좀 더 해설하여 본다면, 먼저 연기법이라는 것은 여러 인연이 집합하여 삼라만상의 현상을 일으킨 법이라는 뜻이다. 이 세상에 있는 모든 현상은 인과因果와 인연因緣이 융합하여 야기한 법法이라는 뜻이다. 정신(心法)과 물질(色法)은 하나도 인연의 모임이 아닌 것이 없다는 뜻에서 연기법이라고 한다. 이와 같은 연기법은 타인의 피조물이 아니라 옛날이나 지금이나 변함없이 존재한 것이라고 하였다. 이와 같이 연기법은 만법의 현상을 만드는 과정을 설명하는 뜻을 지닌다.

다음으로 법계法界는 항상 변함없이 존재한다(法界常住)라고 한 것은 법계는 진여眞如의 별칭이며 진리의 세계를 뜻한다. 법주法住도 진여의 뜻을 가지며, 진여의 법이 항상 변함없이 존재한다는 뜻이다. 법계와 법주는 진여의 법이 가득 차 있는 세계라는 뜻이다. 이와 같은 진여의 법은 현상이 없는 무상無相의 성품을 뜻하며, 만물의 현상 속에서 바탕이 되는 연기법의 성품이 되는 것이다.

다시 말하면 인연으로 형성된 삼라만상의 성품이 곧 진여성인 것이다. 그러므로 진여의 현상과 진여의 성품은 둘이 아닌 하나가 되어 우주와 삼라만상의 생명이 단절되지 않도록 해주고 있다. 이와 같은 연기법과 진여의 법계는 어느 누구의 창조물이 아니라 본래 존재하여

---

2 『잡아함경』 권제12, p.85중.

왔고 영원히 우주의 생명체가 유지될 수 있는 본성이 된다.

　이와 같이 『잡아함경』에서는 이 세상에 있는 모든 것은 피조물이 아니라 본래 존재한 것이라고 하였다. 이와 같은 연기법과 진여설은 종래의 창조설을 부정하고 모든 행복은 진여와 마음이 창조하는 진리를 가르쳐준 것이다.

　이와 같은 학설은 『대반야바라밀다경』에도 자주 기록하고 있다. 다음은 『반야경』의 기록을 살펴보고자 한다.

2. 『대반야바라밀다경』에 나오는 연기법과 진여법

『대반야바라밀다경』에는 진여법에 대하여 다음과 같이 기록하고 있다.

　"여래께서 이 세상에 출세하시거나 출세하지 않으시거나 상관없이 이와 같은 모든 법은 항상 변이變易하지 않고 존재한다. 법성과 법계와 법정과 법주는 그릇되지 않고 상실하지 않고 존재한다(如來出世若不出世 如是諸法常無變易 法性法界 法定法住 無謬失故)."[3]

　『대반야경』의 기록을 하나 더 살펴보도록 한다.

　"오염되지도 않고 집착함도 없으며 청정무구하고 가장 수승한 제일의 성품은 항상 변하지 아니한다. 부처님이 출세하시거나 출세하지 않으시거나 상관없이 성품과 현상은 항상 존재한다(無染無着 淸淨離垢 最勝第一 性常不變 若佛出世 若佛不出世 性相常住)."[4]

　이와 같이 『대반야바라밀다경』의 두 가지 기록은 이미 살펴본 『잡아

---

3 『대반야바라밀다경』 권제437, p.201중.
4 『대반야바라밀다경』 권제567, p.929하.

함경』의 내용과 거의 다르지 않음을 알 수 있다.

법성法性과 법계法界와 법정法定과 법주法住의 명칭은 만법의 참성품인 진여성眞如性의 별칭이다. 진여성은 절대로 오염되지 않고 청정하며 가장 수승한 제일의 성품으로서 항상 변하지 않는다. 이와 같은 진여성은 불타가 이 세상에 출세하시거나 출세하지 않으시거니와 관계없이 그 진여의 모습과 성품은 항상 변하지 아니하고 그대로 존재한다.

여기서 주목할 수 있는 주제는 불타가 이 세상에 출세하시거나 출세하시지 않더라도 연기법과 진여법은 변하지 않고 항상 존재한다고 강조한 것은, 만법은 창조한 것이 아니고 본래 존재한다는 것을 강조한 것이다. 그리고 동시에 진여의 이법理法은 만물에 평등하게 존재한다. 그러므로 인간은 차별이 없고 삼라만상도 차별이 없는 것이다.

인도의 불타 이전의 종교는 인간의 성품을 네 가지로 나누어 신이 창조했다고 하였다. 사람이 이 세상에 출생하자마자 차별이 있게 되었다. 이러한 사상을 사성四姓 제도라고 한다. 불타의 연기법과 진여론은 사성 제도를 타파하고 인간은 평등하다는 평등사상을 가르쳤다.

이러한 불타의 평등사상은 대승불교 발전에 크게 이바지한『해심밀경解深密經』과『능가경楞伽經』에도 나타나고 있다. 다음은 이들 경전의 진여사상을 살펴보고자 한다.

36

3. 『해심밀경』, 『능가경』에 나오는 연기법과 진여법

『해심밀경』에서는 진여에 대해서 다음과 같이 기록하고 있다.

"법이도리法爾道理는 여래께서 출세하시거나 출세하지 않으시거나 관계없이 법성法性에 안주한 법주法住와 법계法界를 법이도리라고 한다."[5]

이 기록의 내용을 요약하여 해설해 보면 법이도리는 진여의 도리를 뜻한다. 법이의 법法은 모든 법을 뜻하며, 이爾는 변하지 않고 항상 그대로 존재한다는 뜻이다. 이 세상에 있는 삼라만상의 법은 하나도 변하지 않고 그대로 존재한다는 뜻이다.

삼라만상의 현상은 겉으로 보기에는 찰나찰나 변하고 있는 것 같이 보이지만 그러나 그 존재 자체는 하나도 변하지 않고 그대로 존재하는 것을 법이法爾라 칭한다. 이와 같은 법이도리는 진여의 도리(眞如道理)를 다르게 표현한 명칭인 것이다. 이와 같은 법이도리는 불타가 이 세상에 출세하시거나 출세하지 않으신다 할지라도 항상 변하지 않고 무량한 겁劫을 지나 왔고 앞으로도 무량한 겁이 흘러도 변치 않고 존재한다는 진리를 말하고 있다.

이와 같은 진여의 도리는 첫째로 인간의 마음에 평등하게 구족하여 있으며, 나아가 삼라만상에 차별 없이 갖추어져 있다는 것이다. 이와 같은 진여를 성품으로 삼고 생존하는 것을 생명체生命體라고 한다. 그러므로 삼라만상이 진여의 체體라고 할 수 있으며 모든 것은 진여가

---

5 『해심밀경』 권제5, p.710상.

아닌 것이 없다.

『해심밀경』과 같이 『능가경楞伽經』에도 "부처님이 이 세상에 출세하시거나 출세하지 아니하시거나 상관없이 법계는 항상 그대로다"[6]라고 하였으며, 『금강삼매경金剛三昧經』에도 "부처님이 이 세상에 출세하시거나 출세하지 아니하시거나 관계없이 법성은 항상 그대로 존재하는 것이며, 그렇기 때문에 진여와 법성은 결정된 성품이며, 이러한 뜻에서 이것을 결정성決定性이라고 칭한다"[7]라고 기록하고 있다.

위에서 여러 경전을 통하여 연기법과 진여법은 피조물이 아니라는 것을 살펴보았다. 진여법을 비롯한 인연의 도리도 항상 변함없이 존재한다고 하였다. 이러한 연기법과 진여법은 결정된 성품을 지니고 있다는 뜻에서 결정성決定性이라는 표현을 쓰고 있다. 이러한 현상과 성품을 항상 접촉하고 살면서도 그와 같은 진리를 모르고 사는 생명체를 중생衆生이라고 한다.

중생들이 알 수 없는 만물의 현상과 만물의 성품은 깊고 깊은 뜻을 간직하고 있기 때문에 심심의 뜻(甚深義)이라고 표현하고 있다. 이 심심의 뜻은 불가사의한 뜻을 말한다. 불가사의는 언사와 논의에 의하여 드러나지 않은 진리를 상대하여 쓰는 말이다. 이와 같은 불가사의한 진리를 깨달은 분을 불타라고 칭한다.

불타는 불가사의한 진여성을 깨닫고 진여성과 상관관계가 있는 마음의 체성을 다양하게 설명하고 있다.

첫째는 마음의 본성에는 항상 진실하고 변함이 없는 진여의 성품(眞

---

6 『능가아발다보경』 권3, p.498하.
7 『금강삼매경론』 권중624하.

如性)을 지니고 있다고 하였다.

둘째는 마음의 본성에는 허공과 같이 넓고 큰 성품을 뜻하는 대승의 성품(大乘性)을 지니고 있다고 하였다. 대승의 성품은 허공이 만법을 포용하듯이 모든 중생을 감싸주고 자비로서 구제해 주는 성품이라는 뜻이다.

셋째는 마음의 본성에는 모든 번뇌를 비우고 집착하지 않은 성품을 뜻하는 공성空性을 지니고 있다고 하였다. 그러므로 본성은 연꽃처럼 항상 청정하다는 뜻이다.

넷째는 마음의 본성에는 연기의 진리와 진여의 진리를 깨닫는 성품을 뜻하는 불성佛性을 지니고 있다고 하였다. 그러므로 인간은 모든 진리를 깨달을 수 있는 지혜를 발생할 수 있는 것이다.

다섯째는 마음의 본성에는 지혜를 발생할 수 있는 성품을 뜻하는 대보리심大菩提性을 지니고 있다고 하였다. 인간은 항상 깨달음을 일으킬 수 있는 마음의 소유자임을 가르치고 있다.

이와 같이 마음의 본성에는 다섯 가지의 성품이 있으며, 이들 성품은 모습이 없는 본성의 마음이기 때문에 무상심無想心이라 하며 무념심無念心이라 칭하기도 한다. 그러므로 이들 다섯 가지 성품은 가장 깊고 깊은 뜻(甚深義)이 있기 때문에 불가사의하다고 한다.

불가사의는 극히 미세한 진리의 체體는 오묘하여 세속적인 언사와 논의에 의하여 표현되지 않는다는 뜻이다. 마음의 본성은 일체一體이지만 그 성능은 다섯 가지로 발생한다는 뜻이다. 그 밖에도 여래성如來性 등 여러 가지 성능의 명칭이 있지만 여기서는 다섯 가지만을 선정하였다. 이들 다섯 가지 성품을 원만하게 깨닫는 분을 불타라 칭한다.

일설一說에는 싯다르타는 12월 8일 새벽에 허공의 밝은 별을 보고 깨달음을 얻었다(見明星悟道)고 한다. 싯다르타의 마음은 번뇌가 없는 청정한 지혜가 발생하고 있기 때문에 밝은 별이 진여의 빛으로 깨달음을 얻게 되었을 것이다. 우주의 진여는 오로지 하나의 성품뿐이기 때문이다. 이와 같은 불가사의한 진리를 깨닫고 불타가 되고자 하는 수행자들을 보살菩薩이라고 한다.

　이제 위에서 말하는 다섯 가지 성품을 화두로 삼아 점차 깨달음을 성취하는 보살들의 수행을 살펴보고자 한다.

제4장 불타의 초기 설법과 중생교화

불타는 35세가 되는 해에 금강삼매의 선정 수행으로 말미암아 아뢰야식과 말나식의 미세 번뇌를 정화하게 되었다.

그 결과 본심本心에 보존해 온 무상정등보리無上正等菩提가 나타나면서 진여심眞如心과 대승심大乘心을 바르게 깨닫고(正覺) 또한 가장 큰 깨달음을 상징하는 대각大覺을 성취하게 되었다. 이로써 명실공히 이 세상의 불타佛陀가 되었다. 불타가 된 조건으로서 흔히 자신이 지닌 진리를 깨닫고(自覺), 다른 사람들을 깨닫게 하며(他覺), 자신을 깨닫고 타인을 깨닫게 하는 것을 완수한 것을(自他俱覺) 말한다. 이와 같이 불타는 깨달음을 완수한 성인을 뜻하며, 자각은 자신의 본심을 뜻하며, 본심은 진여심과 대승심 그리고 대보리심 등을 뜻한다.

성불 이전에 아뢰야식과 말나식의 미세 번뇌가 있었던 것을 최후에 완전히 정화하여 법신의 마음인 아마라식阿摩羅識을 완전히 출현시킨 성자를 불타라고 칭한다.

아마라식은 청정심이라는 뜻으로서 본심을 뜻하며 진여심과 같은 마음을 뜻한다. 이러한 마음을 불타의 마음이라고 칭하며, 중생들은 용맹정진하며 마음을 정화하면 본심에 도달할 수 있다. 불타는 중생들을 교화하여 한 사람도 빠짐없이 성불할 수 있도록 사라쌍수沙羅雙樹 아래에서 80세를 일기로 열반하실 때까지 설법하신 것이다.

불타는 성불하신 후부터 열반하실 때까지 한 글자도 설하지 않았다 (不說一字)라는 기록이 『반야경』과 『능가경』 등에 나타나고 있다. 이들 경전에서 불설일자不說一字라는 말을 해설하여 말하기를 '성불 후부터 열반 전까지 한 글자도 망심妄心에 의하여 설하신 적이 없다'라고 하였다.

그리고 불타는 일생 설법하는 동안 한 글자도 선정의 마음을 떠나 설하신 적이 없다는 뜻이라는 것을 분명히 하고 있다. 이에 대하여 혹자는 경전 내용을 앞과 뒤를 읽어보지 않고 불설일자不說一字의 문자만을 직역하여 불타는 한 글자도 설하신 적이 없다라고 오역한 사람이 있다고 한다. 이는 불타의 설법을 잘못 해석한 오류라고 하지 않을 수 없다.

불타는 이와 같이 항상 선정의 마음과 청정한 마음을 잃지 않고 중생을 교화하신 것이다. 불타는 초기에 『아함경阿含經』을 설하여 범부승凡夫乘, 성문승聲聞乘, 연각승緣覺乘을 교화하였다.

그 다음에는 『대반야바라밀다경大般若波羅蜜多經』을 설하여 보살승 菩薩乘들을 교화하였다. 이와 같이 범부승, 성문승, 연각승, 보살승 등(四乘)을 교화의 대상으로 하여 설교를 많이 하였다. 그 교화 목적은 범부승과 성문승 그리고 연각승을 보다 더 수승한 경지인 보살승으로 승진시키는 데에 있었다. 그리고 보살승을 교화하여 불타가 되는 불승佛乘에 승진할 수 있도록 하기 위하여 교화한 것이다.

이와 같이 불타는 범부로부터 불타에 이르기까지 근기根機에 따라 설법하였는데, 이들 근기를 합하면 오승五乘이 된다. 승乘의 뜻은 마음의 작용을 뜻한다. 마음의 작용을 수레(車)에 비유하여 설명한 것을 말한다. 수레가 짐을 많이 싣고 가거나 적게 싣고 가는 차이를 보일 때가 많다. 수레가 많이 싣고 가면 대승大乘이 되고, 적게 싣고 가면 소승小乘이 되는 것이다. 마음도 마음을 크게 하여 대자대비의 작용을 나타내면 이를 대승大乘心이라 칭하고, 마음을 작게 하여 이기심의 작용을 나타내면 이를 소승심小乘心이라고 칭하는 것과 같다. 이러한 비유에 의하여 승乘은 싣고 간다는 뜻으로 운제運載라고 번역하였다.

이와 같이 인간의 마음은 생각에 의하여 움직이게 되는데, 움직인다는 것은 선행善行일 수도 있고 악행惡行일 수도 있다. 여기서는 악행에서 선행으로 전환하는 움직임이며 또한 무지에서 지혜로 전환하는 움직임이라고 할 수 있다. 그리하여 『화엄경』에서 보리심菩提心이 작동하여 범부에서 성문으로 전환하고 보살의 마음이 불타의 마음으로 전환하는 주체가 된다라고 설하고 있다. 이와 같은 승乘의 뜻은 매우 깊은 뜻이 있다. 『유가론瑜伽論』에서 말하길, 인성人性은 평등하지만 근기에 따라 차별되게 설명한 것은 승乘의 뜻에 따라 정하게 된 것이라고 하였다.

불타는 설법할 때 이와 같은 인간의 근기에 따라 설법하여 인성을 선성善性에 진입하도록 하고 보살이 되고 불타가 되도록 하는 데에 목적을 두고 방편으로 인간의 근기를 오승五乘으로 나누어 설법하였다.

경전에 나타난 오승五乘의 명칭을 살펴보면 1. 범부승凡夫乘, 2. 성문승聲聞乘, 3. 연각승緣覺乘, 4. 보살승菩薩乘, 5. 불승佛乘으로 구분한다.

불타는 이들 오승을 상대하여 근기에 따라 설법을 다르게 하였으며 마음속에서 보리심이 발생하도록 하여 누구나 성불할 수 있다고 설법하였다. 오승을 향하여 각각 다르게 설법한 것을 경전에 의하여 살펴보고자 한다.

1. 범부승과 십선

범부승凡夫乘은 범부의 근기를 갖는 인간을 뜻한다. 범부의 세계(凡夫界)는 무명의 세계(無明界)를 말한다.[1]

범부는 무지를 뜻하는 무명에 포장되어 지혜를 발생하지 못하는 인간을 뜻한다. 범부승은 깨달을 수 있는 불성을 평등하게 소유하고 있음에도 불구하고 선善과 악惡도 구별하지 못하고 행동한다. 평소에 악업을 많이 짓는 중생을 범부라고 한다. 초기 불교는 이와 같은 범부들을 교화하기 위하여 선행을 하라고 가르쳐 주었다.

선행善行에는 열 가지 선행(十善)이 있다.

(1) 살생을 하지 말라(不殺生)

(2) 도둑질을 하지 말라(不偸盜)

---

1 『잡아함경』 권제17, p.117상.

(3) 삿된 음행을 하지 말라(不邪淫)

(4) 거짓말을 하지 말라(不妄語)

(5) 남을 속이는 말을 하지 말라(不兩舌)

(6) 남에게 악담하지 말라(不惡口)

(7) 남에게 꾸미는 말을 하지 말라(不綺語)

(8) 탐욕의 마음을 내지 말라(不貪欲)

(9) 성내는 마음을 내지 말라(不瞋恚)

(10) 우치한 마음을 내지 말라(不愚痴)

이와 같이 몸(身)과 입(口)과 마음(意)의 선행을 열 가지로 분류하여 착하게 살도록 설법하며 교화를 하였다.

2. 성문승과 팔정도

성문승聲聞乘은 불타의 설법을 듣고 불교를 신앙하기 시작한 인성의 소유자를 뜻한다. 성문승은 평소에 착하게 살려고 노력하였으나 인과因果의 참뜻을 모르고 살았다. 불타는 성문승의 근기를 소유한 대중들을 위하여 모든 행동은 원인과 결과의 진리가 있는 것이라고 가르쳤다.

악惡의 행동은 악인惡因이 되어 반드시 악과惡果를 초래케 하는 것이며, 선善의 행동은 선인善因이 되어 반드시 선과善果를 초래케 하는 원리가 있다는 것을 설하여 선행을 하도록 설법하였다. 그 악인은 악과를 초래하고 선인은 선과를 초래하는 것을 사성제四聖諦라는 논리로 가르치고 있다.

사성제는 네 가지 성스러운 진리라는 뜻이다. 사성제의 이론은 다음과 같다.

사성제는 1) 고성제苦聖諦, 2) 집성제集聖諦, 3) 멸성제滅聖諦, 4) 도성제道聖諦를 말한다. 이 네 가지 성스러운 인과의 진리를 다음과 같이 설명하고 있다.

1) 고성제苦聖諦는 과거의 악행으로 말미암아 그 대가로 고통의 과보를 받는 것을 뜻한다. 악한 생각과 악한 행동으로 말미암아 악인惡因이 조성되는 것이며, 그 악인은 반드시 악과惡果를 받게 하는 힘을 발생하게 된다. 이때 고통의 과보를 받는 것을 고성제라고 한다.

2) 집성제集聖諦는 미래에 과보를 받게 하는 업인業因이 집합한 것을 뜻한다. 중생들의 일거수일투족의 행동은 미래에 과보를 받을 씨앗이 되는 것이며, 그 씨앗을 인因이라고 한다. 자신이 행동한 것은 반드시 과보를 받게 하는 원인이 되는 것이며, 그 원인들이 과보를 받을 때까지 보존되는 것을 집성제라고 한다. 이와 같이 집성제는 원인(因)이 되고 고성제는 결과가 된다. 이와 같은 인과론은 대승불교에서는 아뢰야식이라는 마음이 원인을 보존하고 있다가 그 원인의 힘으로 말미암아 과보도 받는다는 인과因果사상으로 발전시킨다. 인간이 행동한 모든 업력은 아뢰야식이라는 마음에 모두 보존되는 것이며, 아뢰야식 내의 업력들은 인연이 도래하면 아뢰야식이 미래의 과보를 받게 된다고 말한다. 말하자면 아뢰야식에 고성제의 뜻도 있고 집성제의 뜻도 있게 된다.

3) 멸성제滅聖諦는 열반을 증득한 성스러운 진리를 뜻한다. 열반은 모든 번뇌가 소멸하였을 때 나타나는 평화로운 마음을 뜻한다. 번뇌는 마음의 평화를 파괴하는 성능을 발휘하는 것이며 열반은 번뇌를 소멸

하고 마음의 평화를 얻는 것을 뜻한다. 그러므로 마음을 정화하는 것은 원인이 되고 열반을 얻는 것은 결과가 된다.

대승불교에서 멸성제는 말나식과 아뢰야식의 미세한 번뇌를 정화하고 대열반大涅槃을 증득한 것을 뜻한다고 하였다. 이와 같이 원시적인 교리와 대승적인 교리가 서로 다른 점이 있다.

4) 도성제道聖諦는 마음의 번뇌를 정화하는 선禪 수행을 비롯한 모든 수행을 뜻한다.

여러 가지 수행 가운데 팔정도八正道는 여덟 가지 사도(八邪道)를 단절하고 발생하는 정도正道이다. 팔정도는 (1) 정견, (2) 정념, (3) 정사유, (4) 정어, (5) 정업, (6) 정명, (7) 정정진, (8) 정정 등을 수행하는 것을 말한다. 이들 팔정도를 각각 살펴보고자 한다.

(1) 정견正見: 정견은 모든 사물을 바르게 보고 안다는 뜻이다. 바르게 본다는 것은 선정을 수행하여 먼저 삿된 견해(邪見)를 제거하고, 보고 있는 대상이 지니고 있는 진리를 바르게 조견照見하는 것을 뜻한다.[2] 이러한 정견을 여실지견如實知見이라고 칭하니. 여실지견은 틀림없이 보고 깨닫는다는 뜻이다.

(2) 정념正念: 정념은 선정의 마음으로 삿된 생각(邪念)을 제거하고 청정한 마음이 지속할 때 발생하는 올바른 생각을 뜻한다.[3] 모든 악과 번뇌로 마음을 가리지 않고 사유를 하게 되면 항상 정념正念을 증득하게 된다고 하였다. 정념을 통하여 올바른 관찰과 올바른 사유를 하면 진리로운 정신세계를 창조하게 된다.

2 『장아함경』 권제28, p.201하.
3 『대반야바라밀다경』 권제539, p.773하.

(3) 정사유正思惟: 정사유는 마음속에서 떠오른 생각들을 바르게 사유하는 것을 뜻한다. 현재와 미래와 과거를 바르게 사유하며 진리의 세계에 접근하는 것을 뜻한다. 정사유는 삿된 사유(邪思惟)를 제거하는 선정을 수행하여 얻어지는 선심禪心을 뜻한다.

(4) 정어正語: 정어는 선정을 수행하는 마음으로 생각을 올바르게 나타내는 언어를 뜻한다. 언어를 발생할 때 삿된 언어(邪語)를 자제하고 항상 올바른 생각으로 바른 언어를 생활화하는 것을 수행이라고 한다. 거짓말(妄語)과 속이는 말(綺語)과 이 말과 저 말을 하여 혼돈하게 하는 말(兩說)과 악한 말을 하는 것(惡口)을 마음으로 억제하는 것을 정어라고 한다.

(5) 정업正業: 정업은 바른 행동을 뜻한다. 업業의 뜻은 마음과 몸의 행동을 뜻하며, 그 행동은 업인業因이 되어 뒤에 과보를 받도록 하는 것이다. 그러므로 수행자는 한 가지 행동을 할 때 선정의 마음으로 하는 것이며, 삿된 행동(邪業)을 하지 않도록 정신을 차린다. 이와 같이 정업은 번뇌가 없는 청정한 마음에만 나타나는 것이며, 이 정업으로 말미암아 정과正果를 받게 된다.

(6) 정명正命: 정명은 바르게 생활하는 것을 뜻한다. 명命은 수명 또는 명근命根의 뜻이 있으며, 인간의 수명을 상속시키는 것은 몸보다 수명을 유지하는 명근이 더욱 중요하다. 명근은 생명의 주체이며 모든 행동을 나타내는 중심이 된다. 명근은 여타의 행동을 시키고 가르치는 역할을 한다. 이와 같이 정명은 모든 행동을 바르게 할 수 있도록 중앙에서 사명을 다하는 정신적인 주체를 뜻한다. 항상 삿된 정신(邪命)을 제거하고 올바른 정신(正命)을 실천하는 것을 뜻

한다.

(7) 정정진正精進: 정정진은 선정禪定의 마음으로 올바르게 노력하고 근면하게 실천하는 것을 뜻한다. 정진은 노력과 근면을 뜻한다. 누구나 노력은 하지만 올바른 생각으로 노력하느냐 또는 올바르지 못한 생각으로 노력하느냐에 따라 그 결과는 선과善果와 악과惡果로 나누어지게 된다. 인간의 행동은 반드시 원인이 되어 다음에 과보를 받게 된다. 그러므로 삿된 일에 노력하지 말고(不邪精進) 올바른 일에 노력(正精進)하라고 권한다. 바른 생각과 바른 마음을 갖는 것도 바른 노력이 필요하다.

대승불교는 대보리심大菩提心과 대열반大涅槃을 깨닫기 위하여 큰 정진을 하라고 권한다. 대보리는 인간의 본성에 지니고 있는 지혜와 깨달음의 체성體性을 뜻하고, 대열반은 본성에 있는 평화와 안락의 성품을 뜻한다. 마음속에 아무리 보배를 지니고 있다고 하더라도 자신이 구현하는 정진을 하지 않으면 별로 공덕이 없는 것이라고 한다. 팔정도를 원만하게 구현하려면 정정진을 부단하게 실천해야 한다.

(8) 정정正定: 정정은 올바른 선정을 뜻한다. 선정을 수행하는 사람들 가운데는 삿된 선정(邪定)을 수행하여 진리에 어긋나는 결과에 만족한 수행자들이 많다. 이러한 삿된 선정을 제거하고 올바른 선정을 수행하라는 가르침을 주고 있다. 삿된 선정은 불교 이전의 외도선外道禪을 뜻하며 올바른 선정(正定)은 불타가 수행한 선정을 뜻한다.

정정은 마음의 의식을 정화하고 더욱 정진하여 마음속 깊이에서 번뇌를 일으키는 말나식末那識까지 정화하는 선정을 뜻한다. 외도들이 수행하는 명상과 불교의 선정과 차별화하여 불교의 선정만이 올바른 선정이라고 하였다.

기원후 4세경에 무착보살無着菩薩은 당시의 외도들이 수행하는 명상을 삿된 선정이라 칭하고 불교의 선禪 수행만이 올바른 선정이라고 논리적으로 설명하였다. 무착보살은 외도들은 의식意識에서 발생하는 잡념과 망상을 억누르고 잠재우는 것을 명상 수행이라고 하지만 이는 번뇌의 작용만을 제거할 뿐 번뇌의 뿌리를 제거하는 선정이 되지 못한다고 하였다. 『해심밀경』 등 대승불교 경전에서는 의식과 말나식의 번뇌를 제거하고 나아가 아뢰야식의 미세 습기까지 제거하는 선정을 수행해야만 해탈과 열반을 증득할 수 있고 성불할 수 있다고 하였다.

이러한 선정을 올바른 선정이라 하며 최상승선最上乘禪이라고 하였다. 이와 같이 불교의 선사상은 근기에 따라 여러 가지 선 수행을 해 왔는데, 대승선大乘禪을 수행하는 것을 정정正定이라고 할 수 있다.

이상으로 팔정도에 대하여 살펴보았다. 팔정도의 수행은 몸과 마음을 정화하는 수행으로서 미래에 열반을 달성할 수 있는 원인(因)이 된다. 물론 도성제道聖諦에는 삼십칠조도품 등 수행사상이 많이 있지만 그 가운데에서 팔정도가 대표적인 수행사상이다.

도성제의 수행이 원인이 되어 멸성제의 결과를 발생하게 된다. 다시 말하면 도성제는 인因이 되고 멸성제는 과果가 된다. 위에서 설명한 사성제는 악인은 악과를 초래하고 선인은 선과를 받는 인과법을 설한 것이다. 중생들은 사성제의 인과법을 잘 이해하고 마음과 몸으로 잘 수행해야 한다.

이와 같은 사성제의 인과설은 성문승聲聞乘들을 위하여 설법한 교리인 것이다.

3. 연각승과 연기법

불타는 연각승緣覺乘들에게 연기법緣起法을 설하여 깨닫게 하였다. 연각승은 연기법을 깨달은 수행자란 뜻이다. 연각승이 깨달은 연기법 은 인연이 집합하여 야기한 법칙이라는 뜻으로 우주 안에 있는 삼라만 상을 뜻한다. 삼라만상은 모두가 여러 인연이 집합하여 생긴 자연의 현상을 말한다.

이 세상에 있는 모든 존재는 여러 가지 인연에 의하여 생겨났으며 인연이 흩어지면 하나하나의 개체는 없어지게 된다. 이것을 경전에서 는 연기법이라고 칭한다. 이러한 연기법을 잘 관찰하는 것을 연기관緣 起觀이라고 한다. 연기법을 잘 설명한 경전은 『아함경』을 비롯하여 『반야경』, 『화엄경』 등 대승경전에서도 설명하고 있다.

연기법은 "이것이 있으면 저것이 있게 되고(此有故彼有), 이것이 없으면 저것이 없게 되고(此滅故彼滅), 이 사물이 없으면 저 사물도 없으며(此事滅故彼事滅)"라고 기록하고 있다. 이 기록을 보면 만물은 이것과 저것이 서로 관계를 맺고 있다는 것을 설명하고 있다. 이것이 없어지면 저것도 없어진다는 것은 이것과 저것이 서로 관계가 있다는 것을 연각승들에게 설명해준 것이다.

그리고 또 이 사물이 없어지면 저 사물도 없어진다고 한 것은 삼라만 상 가운데서 한 사물이 파괴되어 없어지면 바로 옆에 있는 사물에게도 큰 영향을 줄 수 있다는 말이다. 즉 '이 사물이 있기 때문에 저 사물이

52

있게 되고, 이 사물이 없어지면 저 사물도 없어지게 되고, 이 사물이 생기면 저 사물도 생기게 된다는 것을 알아야 한다'라고 하였다.[4]

『화엄경』에 의하면 이와 같은 연기법은 삼라만상의 현상이 생기고 변하고 없어지는 과정을 설명하는 교법이다. 연기緣起라는 말은 인연이 집합하여 생겨난 것을 뜻하며 이를 연생緣生이라고도 칭한다.

연생은 인연에 의하여 출생한다는 뜻으로, 삼라만상은 모두 연생의 뜻이 있다. 우리 인간을 중생衆生이라고 하는데 이 중생의 뜻은 여러 가지가 서로 인연이 되어 출생했다는 뜻이다. 경문에서는 '중연이 집합하여 출생하였다(衆緣而生)'라고 중생을 해설하고 있다.

이러한 중생의 뜻을 오온五蘊이라고 한다. 경전에서 인간을 칭할 때 대부분 오온이라고 칭한다. 오온을 풀이하면 온蘊은 여러 가지 인연이 집합하였다는 뜻이다. 예를 들면 그릇이 작은 씨앗을 소복하게 담아 놓고 멀리 떨어진 곳에서 보면 마치 한 덩어리처럼 보일 수 있다. 그러나 그 덩어리는 씨앗의 모임에 불과한 것이다. 이것을 곡온穀蘊의 비유라고 한다. 중생들은 이러한 오온의 뜻을 잘 관찰하여 무아無我의 진리를 깨닫고 집착하지 말라는 뜻이 담겨 있다.

오온五蘊은 나(我), 사람(人), 중생衆生, 수명(命者)이라고 번역한다. 이와 같은 오온은 인간이라는 뜻으로서 그 내용은 여러 인연의 집합에 불과하므로 공空한 것임을 깨닫게 되고 동시에 집착을 하지 않게 되고, 집착하지 않게 되면 나에 대한 탐욕이 없어지게 되며, 탐욕의 마음이 없어지면 죄업을 짓지 않게 된다.

---

4 『대방광불화엄경』 권제12, p.475하.

오온의 뜻에는 이와 같은 진리가 포함되어 있다. 오온뿐 아니라 삼라만상에도 연기의 도리가 포함되어 있다. 인도의 용수대사(龍樹大師, 서기 1세기)는 '오온(人)은 공空한 것이다'라는 뜻을 나타내기 위하여 손가락과 주먹의 비유라는 뜻에서 지권유指拳喩의 비유를 통하여 공사상을 널리 펼쳤다. 즉 다섯 손가락(五指)을 모으면 주먹(拳)이 된다. 그러나 다섯 손가락을 펼치면 주먹은 없어지고 손바닥만 남게 된다. 본래 주먹은 임시로 있는 모습에 불과하고 그 주먹은 공空한 것이었다.

이러한 비유와 같이 만물은 지권의 공을 지니고 있다고 할 수 있다. 연기법의 현상도 공한 진리를 지니고 있다. 이러한 공空을 상공相空이라고 한다. 모든 현상(相)은 공이라는 진리를 나타내는 명칭이다.

분석공分析空이라는 명칭도 있다. 이는 소승불교에서 사물에 대한 집착을 없애주기 위하여 설명한 것이다. 사물을 분석하여 극미極微에 이르기까지 분석한다. 마지막 극미를 분석하면 극미의 모습까지도 없어지며, 결국 모든 물질은 공(色空)이라는 것을 증명해 보인 것을 분석공이라고 칭한다.

위에서 연기법과 연생법을 여러 가지 비유로 설명하였다. 불타는 연각승들에게 연기법을 설하여 집착과 탐욕심을 없애주는 교화를 하였다. 이러한 연기법을 가르치기 위하여 십이연기법十二緣起法을 설하였다. 십이연기는 연각승들이 반드시 알아야 할 교리다.

이제 십이연기에 대하여 설명해 보고자 한다. 우선 십이연기의 윤곽을 알아보고 다음에 열두 가지의 연기를 살펴보고자 한다.

십이연기의 윤곽이란, 1) 무명無明을 인연하여 행行이 있게 되고,

2) 행을 인연하여 식識이 있게 되고, 3) 식을 인연하여 명색名色이 있게 되고, 4) 명색을 인연하여 육입六入이 있게 되며, 5) 육입을 인연하여 촉觸이 있게 되며, 6) 촉을 인연하여 수受가 있게 되며, 7) 수를 인연하여 애愛가 있게 되고, 8) 애를 인연하여 취取가 있게 되며, 9) 취를 인연하여 유有가 있게 되며, 10) 유를 인연하여 생生이 있게 되며, 11) 생을 인연하여 노老가 있게 되고, 12) 노를 인연하여 사死가 있게 된다.

이와 같이 중생의 윤회를 12가지로 설명하며 12가지의 윤회는 서로 인연이 되어 있다는 것을 설명하고 있다.

이러한 인연관계는 그 밖의 삼라만상에도 해당하는 인연법이다. 이러한 인연관계를 연기법이라고 하고 연생법이라고 한다. 이제 12연기의 인과因果관계와 그 뜻을 자세하게 설명하고자 한다.

1) 무명無明: 명明은 지혜를 뜻하고 무명은 지혜가 없는 것을 뜻한다. 무명은 삼라만상의 인연관계를 망각하고 사물에 대하여 체體가 없음에도 불구하고 실체가 있는 것처럼 착각하여 집착을 한다. 집착은 연기의 공성空性을 망각하여 일으키는 것이며, 따라서 탐욕과 진심과 우치(貪瞋痴)를 나타낸다. 이와 같은 무명은 모든 악행의 원인이 된다.

2) 행行: 행은 마음과 몸의 행동을 뜻한다. 이와 같은 행은 무명을 인연하여 일어난 행동이기 때문에 무지의 행동을 일으키는 것을 말한다. 탐욕과 진심과 우치의 행동으로 악업을 쌓는 일이 많이 있게 된다. 우치하고 악업을 쌓는 행동은 훗날에 반드시 악과惡果를 받을 씨앗이 된다.

3) 식識: 식은 위에서 설명한 무명과 행이 조성한 악업으로 인하여

금생의 과보果報를 받는 생명체를 뜻한다. 과보를 받는 생명체를 아뢰야식阿賴耶識이라고 한다. 아뢰야식을 풀이하면 원시경전과 소승불교에서는 대부분 의식意識이라고 칭하는데, 대승불교에서는 아뢰야식이라고 칭한다. 아뢰야식은 전생의 업력을 보존하고 그 업력에 따라 금생의 과보를 받을 총체가 되는 것이다. 즉 아뢰야식이 부모를 만나 모태에 탁태하게 되며 인간의 몸과 마음을 성숙시키는 총체가 된다는 뜻이다.

4) 명색名色: 명名은 정신을 뜻하고 색色은 몸을 뜻한다. 이와 같은 몸과 마음은 식(아뢰야식)에 의하여 점점 인간의 형체를 조성하게 된다.

5) 육입六入: 육입은 눈, 귀, 코, 입, 몸, 뜻(眼耳鼻舌身意)의 감각기관을 뜻하며 다른 표현으로는 육근六根이라고 칭한다. 육근은 육체적인 의지처를 뜻한다.

6) 촉觸: 여섯 가지 감각기관(六入)을 통하여 인식의 대상을 접촉하는 것을 뜻한다. 접촉의 대상은 색깔, 소리, 냄새, 맛, 촉감, 법칙 등을 말하며 마음(識)은 이들 여섯 가지 대상을 접촉하여 고苦와 낙樂 등 여러 가지 분별을 나타낸다.

7) 수受: 수는 마음이 대상을 접촉함으로 말미암아 고통스럽게 받아들이고(苦受), 즐겁게 받아들이며(樂受), 그리고 고통스럽지도 않고 즐겁지도 않게 받아들이는(捨受) 등 감수와 감정을 나타낸 것을 뜻한다.

8) 애愛: 애는 마음이 대상을 접촉하여 대상의 사실을 받아들인 것에 대하여 애착하는 마음을 나타내게 되어, 일상생활에서 여러

가지 사물을 애착하는 마음은 모두 여기에 해당한다.

9) 취取: 취는 탐욕과 애착으로 말미암아 접촉한 대상을 취착하는 마음을 나타내는 것을 뜻한다. 직설적으로 말하자면 취는 집착의 뜻이 있으며 취득 또는 소득所得의 뜻이 있다. 소유와 소득은 집착의 뜻이 있다. 그러므로 결정적인 업력을 조성하는 때는 취득의 뜻이 강하며, 취득은 업業의 행위를 결정하는 업력을 정하게 된다. 이와 같이 아뢰야식을 중심하여 모든 망식들은 육입을 통하여 경계를 감촉하고 수용하며 애착하고 취득하는 행위들은 업을 짓는 행위들이다. 즉 다음 과보를 받을 씨앗(因)이 되는 것이다. 그 씨앗은 무의미하게 없어지는 것이 아니라 반드시 과보를 받는 데 힘이 되는 것이다.

10) 유有: 유는 촉감과 감수와 애착과 취착으로 말미암아 조성된 종자種子들이 아뢰야식에 남아 있게 되며 과보를 받을 때까지 보존되어 있는 것을 유라고 칭한다. 이와 같은 업력은 선업과 악업 등으로 나누어진다. 욕계에 출생하게 하는 업력은 욕유欲有라 하고, 색계에 출생케 하는 업력을 색유色有라 칭하며, 무색계에 출생케 하는 업력을 무색유無色有라고 칭한다. 이와 같이 업력은 행동에 따라 욕계와 색계 그리고 무색계의 삼계三界에 출생하게 하는 업력이 조성된다.

11) 생生: 생은 전생(有)의 업력에 의하여 삼계에 출생한 것을 뜻한다. 한 세상에 중생이 출생할 때는 전생의 업력이 악한 것이라면 악한 세계에 출생하게 되고, 전생의 업력이 선한 것이라면 선한 세계에 출생하게 된다. 인간으로 출생한 것도 전생에 선업을 많이 지어야 한다. 그러므로 인간의 몸을 받기도 어렵고 불교를 만나기도 어렵다고 하였다. 세상에 살면서 안식·이식·비식·설식·신식·의식·말나식·

아뢰야식 등 팔식八識 망식妄識을 정화하면서 착한 마음으로 이웃 사람들에게 덕德을 베푸는 일을 많이 하면 현생에서 복福을 많이 받는 다. 위에서 말한 팔식은 세간심世間心이라 한다.

12) 노사老死: 노사는, 이승에 출생한 순간부터 늙게 된다. 늙는다는 것은 몸의 변화를 뜻한다. 병들고 수명을 다하면 아뢰야식이 몸에서 벗어나게 된다. 이것을 죽음이라고 한다. 이와 같이 나이에 상관하지 않고 아뢰야식이 몸과 화합하는 여하에 따라 죽음이 정해진다.

이상으로 십이연기를 살펴보았다.

십이연기는 무명을 일으킨 망식妄識을 중심으로 하여 윤회하게 된 순서를 정리한 학설이다. 이러한 삶과 죽음에 대한 관찰을 순관順觀이 라고 칭한다. 그러나 인간은 본성에 불성佛性을 지니고 있기 때문에 인생에 대하여 사유하고 관찰하여 고통의 삶에서 벗어나려는 해탈의 깨달음이 떠오른다. 죄인이 죄에 대한 참회의 마음이 떠오르는 것은 모두 불성의 작용에 의하여 나타난다. '나는 누구인가? 나는 어디로부 터 왔는가? 어찌하여 인간은 고통을 받아야 하는가?'라는 화두도 자신의 불성에 의하여 나타난다. 결국 인간은 고통에서 해탈하는 도리를 깨닫게 된다.

인간의 늙음과 죽음은 생生이 있었기 때문이다. 그 생은 전생의 업력에 의하여 출생한 것이다. 그 업력(有)은 어디에서 조성되었는가? 그것은 사물에 대한 애착과 취착에 의하여 조성된 것이다. 그 애착과 취착(愛取)은 어디서 나타나는가? 하고 사유해 보면 식識과 명색名色과 육입六入과 촉觸과 수受에 의하여 발생한 것이다. 이와 같은 무지의 마음(아뢰야식)과 몸과 촉 등은 어디에서 생기는 것인가? 하고 사유한 다면 그것은 무명無明과 행行에 의하여 발생한 것이라는 깨달음을 갖게 된다.

이와 같이 생生과 노사老死의 근원을 거슬러 추구하고 사유하여 보면 그 결과는 무명 때문에 윤회하게 되었다는 것을 깨닫게 된다. 이러한 관법을 역관逆觀이라고 칭한다. 이와 같이 십이연기를 순관과 역관의 관법은 단순한 마음속 생각이 아니라 일종의 선 수행인 것이다. 연기관緣起觀이라고 하는 것은 십이연기를 비롯하여 삼라만상은 모두 인연에 의하여 생겨난 것이기 때문에 공空한 것이라고 관찰하는 선禪을 뜻한다. 따라서 인간의 몸과 마음 그리고 삼라만상의 현상은 인연의 법칙에 의하여 존재하는 것이기 때문에 공한 것이며, 공성을 관하면 유식학唯識學에서는 마음의 번뇌가 없어진다고 하며, 이러한 법칙을 의타기성依他起性이라고 칭한다. 의타기성은 다른 인연들에 의거하여 생겨난 성품이라는 뜻으로서 이것은 공성空性의 뜻과 같이 관찰한다.

연기법의 성질은 본래 공한 것이며 공한 것이기 때문에 공을 관찰할 수 있는 지혜가 발생하며, 지혜의 힘이 강해지면 무명도 제거할 수 있게 된다. 십이연기를 설한 것은 중생들로 하여금 윤회에서 해탈할 수 있는 지혜를 넓게 열어주는 방편이다. 이러한 십이연기의 설법을 들은 연각승은 나와 나의 것(我我所)에 대하여 집착하지 않고 선행을 잘할 수 있게 되는 것이다.

4. 보살승에 대한 설교

『아함경』에 의하면 불타는 성문승을 위하여 사성제의 인과를 설명하여
깨닫게 하고 있으며 연각승을 위해서는 십이연기법을 설법하여 연기법
을 깨닫게 하였다.

　이들 설법 내용은 삼라만상의 현상을 조성하는 인과因果와 연기법을
깨닫게 한 것이다. 정신과 물질의 현상은 인과와 연기의 법칙에 의하여
조성되었기 때문에 이로 말미암아 생生하였다가 멸滅하게 되는 자연의
모든 현상이 변화가 심한 것은 인연因緣의 조화인 것이다.

　불타는 범부승과 성문승과 연각승들에게 연기법을 설하여 중생들의
삶을 일깨워 주셨다. 무량겁 전부터 맺어온 인연의 도리로는 해탈할
수 없다. 자신이 지은 죄는 받아야 하는 것이 인연의 도리이다. 이와
같은 인연의 관계를 맺어온 주인공은 마음이다. 불타는 중생들에게
모든 행동은 마음이 일으킨 것이며, 마음을 청정하게 하면 청정한
행동이 일어나며 마음과 몸도 안락하게 된다는 진리를 가르쳤다.
『아함경』에서 마음이 청정한 행동이 일어나면 마음과 몸도 안락하게
된다는 진리를 가르쳤다. 『아함경』에서는 "마음이 청정하면 중생도
청정하고(心淨則衆生淨), 마음이 부정하면 중생도 부정하다(心染則衆
生染)"라고 가르치고 있다.

　이 게송은 모든 마음의 사상을 담고 있다. 일체는 마음이 창조한다(一
切唯心造)라는 사상과 조금도 다름이 없다. 그리하여 불타는 대중들에
게 『대반야바라밀다경』을 비롯하여 대승경전을 설할 때 마음의 도리를
많이 가르쳤다. 대승경전에서는 특히 인간의 본성은 본래 생사生死가

없고 변함이 없는 대승성大乘性과 진여성眞如性과 공성空性과 불성佛性과 보리성菩提性 등을 지니고 있다고 설명하였다. 본성은 일성一性이지만 다양한 성품을 일으키기 때문에 그 이름도 다양하게 붙여졌다.

보통 마음에는 불성이 있다고 하며 불심佛心이라는 이름이 많이 알려졌다. 불타가 사라쌍수 아래에서 열반하시며 『열반경涅槃經』을 설할 때 "일체중생은 모두가 불성을 지니고 있느니라(一切衆生悉有佛性)"고 설한 것이 널리 알려진 탓이다. 그러나 불타는 초기에 『반야경般若經』이라는 대승경전을 설할 때 인간은 모두가 본성에 대승선과 진여성과 공성 등을 지니고 있다고 하였다. 이러한 성품이 마음에서 일어나면 대승심大乘心 또는 진여심眞如心 그리고 공심空心이라고 이름을 붙여 부른다.

『열반경』보다도 인간의 본성을 먼저 설명한 경전이 『대반야바라밀다경』이다. 이 경전을 줄여서 『반야경』이라고도 하는데, 이 『반야경』에서 마음의 성품을 대승성大乘性이라 하였고 마음의 이름도 대승심大乘心이라고 칭하게 되었다. 불타는 인간의 본성을 대승성이라 하였고 마음을 대승심이라고 칭하고, 마음의 위대함을 허공에 비교하면서 이 마음은 자비성慈悲性과 타인을 배려하고 구제하려는 성품을 지니고 있다고 설명하였다.

인간의 본성은 본래 선성善性이며 대승의 성품을 지니고 있다고 설하였다. 이러한 설법을 듣는 대중 가운데서 감동하고 대승심을 신앙하는 신심信心을 일으키는 대중이 많았다. 대승심을 신앙하고 자비심을 일으키는 사람을 보살菩薩이라는 칭호를 붙여주는 일이 많아졌다. 보살은 보리살타菩提薩埵를 줄인 명칭이다. 보리는 지혜 또는 깨달음을 뜻하며, 살타는 중생의 뜻이 있다. 즉 지혜가 많고 진리를 많이 깨달은 사람을 보살이라고 칭한다.

대승성과 진여성을 깨달은 보살은 모든 일에 대승적이고 항시 진실한 마음을 잃지 않은 선각자라고 할 수 있다. 그러므로 보살은 대중들 가운데서도 뛰어난 지혜를 구비하고 앞장서 대중을 선도하는 지도자가 된다. 그러기 때문에 보살들의 수행을 대승상大乘相이라고 한다. 매사에 대승의 모습과 이타의 행동을 보이는 것을 말한다. 그러므로 『아함경』에서는 37보리분법三十七菩提分法이라고 칭하지만, 『반야경』 등 대승경전에서는 대승상이라고 칭한다.

대승상이라고 칭하는 것은 보리심을 발생하여 나타나는 모습을 가리키는 것이다. 보리분법은 깨달음의 수행법을 칭하는 이름이며, 이 수행법 가운데 사섭법四攝法과 사무량심四無量心과 같은 수행 덕목도 있다. 이를 해설하면 다음과 같다.

1) 사섭법四攝法은 섭선법계攝善法戒, 섭율의계攝律儀戒, 섭중생계攝衆生戒, 섭심법계攝心法戒를 말한다. 이들을 요약 풀이하면 다음과 같다.

(1) 섭선법계는 모든 선법을 모두 섭입하여 실천해야 한다.

(2) 섭율의계는 모든 율법을 섭입하여 실천해야 한다. 이때의 율법은 번뇌 망상을 일으키지 않고 마음의 질서를 지키는 것을 뜻한다.

(3) 섭중생계는 모든 중생들을 섭입하여 보살펴 주어야 한다.

(4) 섭심법계는 마음의 본성을 잘 보존하며 대승성과 진여심에 도달하는 마음 수행을 행해야 한다.

이와 같은 사섭법의 수행은 모든 보살의 필수적인 수행이다.

2) 사무량심은 자무량심慈無量心, 비무량심悲無量心, 희무량심喜無量心, 사무량심捨無量心을 말한다. 그 내용을 살펴보면 다음과 같다.

(1) 자무량심은 모든 중생들에게 무량한 자비심을 베풀어주는 마음을 말한다.

(2) 비무량심은 중생들에게 무량한 고통을 없애주는 마음을 말한다.

(3) 희무량심은 중생들에게 무량한 기쁜 마음을 베풀어주는 마음을 뜻한다.

(4) 사무량심은 모든 중생들에게 차별 없이 평등하게 자비를 베풀어주는 마음을 뜻한다.

이와 같이 네 가지 무량한 마음을 나타내는 본심이 있는데 그 본심은 대승심이며 진여심이라는 것을 알 수 있다. 본심의 깊이와 넓이는 허공처럼 광범위하기 때문에 대중을 위하여 자신의 몸을 희생하며 봉사하기도 한다.

그러므로 보살의 수행을 대승상이라고 칭한다. 불타는 모든 보살들의 이타행을 바라밀다波羅蜜多라고 하였다. 바라밀다는 도피안到彼岸을 뜻한다. 즉 피안에 도달한다는 뜻이다. 이때의 피안은 대승심을 뜻하며 진여심을 뜻한다. 보살들의 수행은 대승심에 도달한다는 뜻이며 또한 성불成佛을 뜻한다.

그러므로 경전의 이름을 '대반야바라밀다경'이라고 칭한 것이며 보살의 필수적인 수행법을 육바라밀이라고 정한 것이다. 불타는 이러한 대승행을 발취대승發趣大乘이라고 칭하였다. 보살이 보시, 지계, 인욕, 정진, 선정, 지혜의 육바라밀을 수행하지 않으면 보살 자격이 박탈된다.

불타는 발취대승은 모든 보살들의 수행은 대승심에 도달하기 위한 수행이라고 하였다. 무착논사는 대승심에 도달한 경지는 말나식과 아뢰야식의 망식에서 완전하게 해탈한 것을 말한다고 하였다. 말나식은 아뢰야식을 실제의 자아라고 착각하여 아집我執의 망심을 일으킨다. 이 아집의 뿌리가 되어 제6의식第六意識에 충동하여 현실 생활에서 나의 이익을 우선하여 행동하게 된다. 그러므로 중생들의 생각은 매사에 나만을 생각하는 행동을 하기 때문에 시비가 생기는 일이 많아지게 된다. 그러므로 죄업을 많이 짓게 된다.

아집我執은 인연의 집합으로 말미암아 생기는 망심의 작용이기 때문에 생각 속에 나를 해체하여 나가 없다는 무아無我의 생각을 많이 해야 한다. 그리하여 무아는 공空으로 변하여 나라는 자체가 없어지게 된다.

공空으로 돌아간다는 생각을 하게 되면 모든 접촉의 대상과 충돌이 없어지고, 상대가 없는 경지에(境智不二) 도달하게 되며, 항상 평등하고 열반과 해탈의 대승심과 진여심에 도달하게 된다. 이것을 발취대승이라 하며, 이를 통해 불타는 대승심으로 돌아간다는 도피안到彼岸의 사상을 가르쳐 주셨던 것이다.

제5장 보살승과 대승불교

대승불교는 인간으로 하여금 대승의 마음(大乘心)을 발생하는 불교를 말한다. 대승의 마음이 발생하면 남을 도와주는 이타행利他行을 하게 되며, 대중들을 교화하여 성숙하게 하고, 대중들이 살고 있는 세계를 장엄하고 불국토를 건설하는 불사(成熟有情 嚴淨佛土)를 펼치게 된다. 이를 대승불교라 말한다.

대승심은 인간의 본심을 뜻한다. 대승심은 자기 이익(自利)은 물론 타인에게도 이익(利他)을 주는 자비의 마음을 뜻한다. 자리와 이타를 함께 실행하는 생각을 일으키는 마음을 대승심이라 칭한다. 대승심에 의하여 발생하는 대자대비大慈大悲의 이타행을 실천하는 행동을 대승행大乘行이라고 한다.

대승심을 일으켜 대승행을 실천하는 사람을 보살菩薩이라고 칭한다. 보살은 대승심을 굳게 믿고 대승심에서 발생하는 대자대비의 이타행을 실천하게 된다. 대승보살大乘菩薩은 중생들의 고통을 덜어주는 대비大悲를 이념으로 삼아 수행하는 사람을 칭한다. 대승보살은 대승불교를 실천하는 주인공으로서 육바라밀을 실천하며, 인간의 본심인 대승심으로 원만하게 되돌아가는 수행을 한다. 이와 같이 대승불교는 대승심으로 돌아가자는 운동을 펼치는 불교이다.

대승불교의 수행은 번뇌를 조복받는 선정을 수행하고 번뇌의 뿌리를 단절하는 금강삼매金剛三昧의 선정을 수행한다. 또 보살들이 용맹정진하여 금강삼매를 일으켜 모든 번뇌를 정화하고 대승심으로 돌아가는 수행을 말한다. 대승심을 생각하지 않고 수행하는 것은 대승행이라고 말할 수 없다. 이러한 교리를 설명하는 경전을 대승경전이라고 칭한다.

대승경전은 『반야경』과 『화엄경』과 『법화경』과 『해심밀경』 등이 있다. 불타가 제일 먼저 설한 대승경전은 『대반야바라밀다경』이다. 이 경전은 제일 먼저 설한 대승경전이라는 뜻에서 초기 대승경전이라고 칭한다. 이 초기 대승경전을 토대로 보살마하살의 뜻과 대승의 뜻과 바라밀다波羅蜜多의 뜻 등 대승불교사상을 자세히 살펴보기로 한다.

1. 보살과 대승의 종체

보살은 대승심을 믿고 대승종체大乘宗體를 깨닫고 불타의 세계에 도달하기 위하여 정진하는 수행자이다.

『대반야바라밀다경』에 의하면 무명을 비롯한 탐진치貪瞋癡의 번뇌를 일으키는 망심을 정화하고 본래의 본심인 대승심大乘心을 깨닫는 것이 대승의 수행이다. 그리고 나의 망심을 정화하고 나의 대승심에 도달하는 수행을 바라밀다波羅蜜多라고 하였다. 『반야경』에서 바라밀다는 중생들에게 본심으로 돌아가라는 사상을 가르친다. 본심은 곧 대승심이며 보리심을 뜻한다.

바라밀다는 도피안到彼岸이라고 번역한다. 이를 의역하면 망심을 정화하고 대승심에 도달한다는 뜻이다. 망심은 현재 나의 마음속에서 번뇌를 일으키는 마음이고, 대승심은 마음속에서 자비를 일으키는 나의 본래의 마음이다. 본래의 대승심을 불타의 마음(佛心)이라고 한다. 다시 번역하면 '보살은 망심을 정화하고 불타의 마음에 도달한다' 라는 뜻을 바라밀다라고 한다.『반야경』을 비롯한 모든 대승경전은 대승심과 보리심으로 귀의하는 신앙사상을 설명하고 있다.

모든 대승경전에서 대승이라는 명칭을 쓰고 있는데 이는 대승심에 근원을 두고 있다. 대승불교운동은 인간으로 하여금 대승심을 일으켜 새로운 대인大人이 되는 운동이다. 대인은 곧 마하살을 뜻하고 마하살 은 대보살을 뜻하며 대인을 뜻한다.

『반야경』에는 인간 본심을 대승심大乘心, 보리심菩提心, 진여심眞如 心, 공심空心, 불심佛心이라고 칭한다. 이들 마음의 명칭들은 대승불교 형성에 중요한 근원이 된다. 이 가운데에서 대승심은 대승불교라는 명칭에 결정적인 연원이 되고 있다. 이들 마음은 뒤에 자세하게 설명하 고자 한다.

성문聲聞과 연각緣覺은 대승심을 믿지 않고, 보살菩薩들은 이들 대승 심을 믿고 신앙하는 사람들이다. 즉 보살은 대승심의 발심發心을 확신 하며 자신의 보리심과 대승심에 귀의하여 실천 덕목인 육바라밀(보시, 지계, 인욕, 정진, 선정, 지혜)과 사무량심四無量心과 사섭법四攝法 수행을 통하여 대승심에 도달하는 것이다. 대승심은 대승불교의 근원이 되며 대승 학도들의 신앙의 대상이 되었다.

이러한 대승심을 굳게 믿고 대승심에 귀의하는 운동을 전개한 분은 역사적으로 용수보살(龍樹菩薩, 서기 1세기)과 무착보살(無着菩薩, 서기 4세기)을 들 수 있다. 대승불교를 크게 발전시킨 무착보살은 『대승장엄론』에서 "대승심에 귀의하는 것이 제일"이라고 하였다. 진제삼장(眞諦三藏, 서기 5세기경)이 번역한 『대승기신론大乘起信論』은 논전의 이름 자체가 대승심을 일으키고 있다. 즉 '대승에 대하여 신심을 일으키는 논전'이라는 뜻이다. 이때의 대승은 대승심大乘心을 뜻한다.

또한 우리나라에서는 신라의 고승 원효대사(元曉大師, 617~686)는 『대승기신론소大乘起信論疏』에서 대승심大乘心을 대승종체大乘宗體 라고 하여 상세하게 설명하고 있다. 대승에는 본래 이름이 없으며 진리의 체體에 대하여 어떤 이름을 정하여 칭한다 할지라도 진리에 적당한 이름이 될 수 없다. 그러나 어쩔 수 없이 방편으로 이름을 정하게 되는데, 그 가운데서 가장 적합하다고 생각된 것을 엄정하여 어쩔 수 없이 대승大乘이라고 이름을 정하게 된 것이라고 하였다. 원효대사는 대승종체라고 칭하며 진리의 근본체가 곧 대승종체라고 하였다. 그리하여 모든 사람들이 마음의 근원으로 돌아가자는 뜻으로 환귀심원還歸心源이라고 크게 외쳤다.

『반야경』을 비롯한 모든 대승경전은 대승심을 신봉하여 대승심의 이름을 따서 대승이라는 명칭을 사용하였다. 이와 같이 대승심과 보리심을 신봉하고 대승심으로 되돌아가고자 서원을 세운 수행자를 대보살마하살이라고 칭한다.

2. 보살과 보리심

보살의 명칭은 보리菩提와 살타薩埵를 합친 명칭이다. 보리는 깨달음과
지혜라는 뜻이며, 살타는 인간 또는 중생 그리고 유정有情의 뜻이다.
마치 오온五蘊을 나(我), 사람(人), 중생衆生이라고 번역한 것과 같다.
이와 같이 보살은 보리와 살타를 합친 명칭이다. 보살의 명칭은 인간과
같이 지혜로울 수 있고 깨달음을 성취할 수 있는 가능성을 함축한
명칭이다.

『열반경涅槃經』에서 중생은 모두가 불성을 지니고 있다(衆生悉有佛
性)라고 하였다. 불성은 모든 진리를 깨달을 수 있는 성품을 뜻한다.

보리성菩提性과 불성은 같은 뜻이다. 이제 보살이 지니고 있는 보리
菩提의 성품을 살펴보기로 한다. 경전에서는 보살의 성품에서 발생하
는 열 가지 성능을 해설하고 있다. 다음은 그 열 가지의 성능을 알아보고
자 한다.

1) 무소유無所有: 보리의 성품(菩提性)에는 무소유의 성능이 있다.
무소유는 집착할 수 있는 것이 없다는 뜻으로서 공空의 뜻이 있다.[1]

2) 원리遠離: 보리의 성품에는 원리의 성능이 있다. 원리의 뜻은
모든 집착과 번뇌 망상을 멀리 여의였다는 뜻이다.

3) 적정寂靜: 보리의 성품에는 적정의 성능이 있다. 적정은 모든
번뇌가 정화된 것이며 항상 고요하다는 뜻이다.

4) 공空: 보리의 성품에는 공의 성능이 있다. 공의 뜻은 번뇌와

---

1 『대반야바라밀다경』 권제50, p.287하.

망상을 버리고 집착을 단절하며 청정함을 의미한다.

5) 무상無相: 보리의 성품에는 무상의 성능이 있다. 무상의 뜻은 모습이 없음을 뜻하고, 모습이 없기 때문에 번뇌 등에 의하여 오염되지 않는다는 뜻이 있다. 현상을 넘어선 만법의 성품을 뜻한다. 그러므로 무상은 한 모습(一相)만을 지닌 성품이라고 한다.

6) 무원無願: 보리의 성품에는 무원의 성능이 있다. 무원의 뜻은 모든 수행이 원만하게 성취된 것을 뜻한다.

7) 무생無生: 보리의 성품에는 무생의 성능이 있다. 무생은 본래 생이 없었다는 것을 뜻한다.

8) 무멸無滅: 보리의 성품에는 무멸의 성능이 있다. 무멸은 멸하거나 변하는 것이 아니라는 뜻이다.

9) 무염無染: 보리의 성품에는 무염의 성능이 있다. 무염은 본래 청정한 것이며 무엇에도 오염되지 않는다는 뜻이다.

10) 무정無淨: 보리의 성품에는 무정의 성능이 있다. 무정은 본래 청정한 것을 뜻하며 새롭게 청정하게 할 것이 없다는 뜻이다.

이와 같이 보리의 성품에는 무소유와 원리 등의 열 가지 성능이 있다. 열 가지 성능은 보리성이 본래 청정하고 원만하게 성취된 진리의 체성을 지니고 있음을 입증한다.

보리성뿐 아니라 진여성眞如性에도 열 가지 성능이 있다. 그러므로 보리성과 진여성은 그 체가 동체同體이다. 보리성은 오고감이 없는 부동의 체임을 다음과 같이 설명하고 있다.

1) 보리불타의 본성(菩提佛陀本性)은 오지도 않았고(無來) 가지도 않았으며(無去), 또한 머무르지도 않았다(不住)라고 하였다.

2) 보리불타의 진여(菩提佛陀眞如)는 오지도 않았고 가지도 않았으며, 그리고 또한 머무르지도 않았다라고 하였다.[2]

이 문장에서 보리불타라고 칭한 것은 보리심의 각체覺體를 뜻한다. 이 보리심의 본성과 진여는 시공을 초월하여 시작도 없고 끝도 없는 진리의 생명체이다.

위에서 보리성은 절대불변의 진리의 체성임을 살펴보았다. 성품은 마음을 통하여 발생하면 심心을 가하여 보리심菩提心이라고 칭한다. 본성에 있는 대승 성품(大乘性)도 마음을 통하여 발생하면 대승심大乘心이라고 칭한다. 진여성도 정신과 물질에는 평등한 성품이 되지만 마음을 통하여 발생하면 진여심眞如心이라고 칭하게 된다.

진여성은 온 우주에 평등하게 가득 차 있기 때문에 물질을 통하여 진여성이 발생하면 색진여色眞如라 칭한다. 물질도 여러 종류가 있으며 종류에 따라 송진여松眞如, 석진여石眞如 등의 명칭이 생生할 수 있다.

이와 같이 보리성은 마음을 통하여 발생하는 것이기 때문에 보리심이라고 칭한다. 마음을 통하여 보리심이 발생한 것을 발심發心이라하며, 보살의 근기를 상근기上根機라고 한다. 상근기는 지혜가 많다는 뜻이다. 지혜가 많기 때문에 마음과 물질 등 모든 법을 관찰하는 능력도 뛰어나게 된다.

위에서 이미 살펴본 성문승과 연각승의 인간은 근기가 약하기 때문에 마음과 물질의 모습이 있는 면(有相)만을 관찰할 수 있는 지능을

---

2 『대반야경』 권제59, p.332중.

갖게 된다. 그러나 보살승은 모습이 없는 면(無相)을 관찰할 수 있는 지혜를 갖게 된다. 그러므로 불타는 성문승과 연각승을 위하여서는 모습이 있는 사물의 진리를 설하여 주었고, 보살승을 위하여서는 모습이 없는 물질의 진리를 설하여 주었다. 보살들에게 모습이 없는 진리를 설한 경전을 대승경전이라고 한다. 대승경전은 진여성과 보리성 등의 성품을 설하고 있다.

이제 보살들이 발심하는 본뜻을 살펴보고자 한다. 보살은 보리성을 발생하여 번뇌의 마음을 뚫고 위로 나타나도록 하는 신심信心을 갖게 된다. 신심은 보리심과 대승심과 진여심들을 굳게 믿고 일상생활에서 생활하는 것을 뜻한다. 이러한 신심에 의하여 지혜력이 강해지고 관찰과 사유의 힘이 강해진다. 이는 보리심의 힘을 얻어 마음의 청정함과 지혜의 견고함에 의거한 까닭이다. 이러한 보살의 마음을 발심한 마음이라고 칭한다.

보살의 발심에 매우 깊은 뜻이 있다. 『화엄경』에서는 발심설을 다음과 같이 설명하고 있다.

1) 이 세상에서 부처의 종자가 단절되지 않도록(不斷佛種) 하기 위하여 보리심을 발생하였다(發菩提心).

2) 일체중생을 모두 제도하고 해탈(度脫衆生)시키기 위하여 보리심을 발생하였다(發菩提心).

3) 일체세계의 창조와 파괴되는(世界成壞) 것을 모두 알기 위하여 보리심을 발생하였다(發菩提心).

4) 일체세계의 중생들이 부정과 청정(衆生垢淨)을 일으키는 것을 모두 다 알기 위하여 보리심을 발생하였다(發菩提心).

5) 일체세계의 자성이 청정(自性淸淨)함을 모두 알기 위하여 보리심을 발생하였다(發菩提心).

6) 일체중생의 허망한 번뇌 습기煩惱習氣를 모두 알기 위하여 보리심을 발생하였다(發菩提心).

7) 일체중생이 여기서 죽고 저기에서 출세出世하는 것(衆生死生)을 모두 알기 위하여 보리심을 발생하였다(發菩提心).

8) 일체중생의 모든 근기(衆生根機)를 모두 알기 위하여 보리심을 발생하였다(發菩提心).

9) 일체중생의 마음과 마음의 생각(心心所念)을 모두 알기 위하여 보리심을 발생하였다(發菩提心).

10) 삼세三世의 일체중생을 모두 분별(分別衆生)하기 위하여 보리심을 발생하였다(發菩提心).

11) 일체제불의 평등한 경계(諸佛境界)를 모두 알기 위하여 보리심을 발생하였다(發菩提心).[3]

위에서 보살이 보리심을 발생한 이유에 대하여 살펴보았다. 종합하여 보면 불타의 경지에 도달하겠다는 발심을 한 이후에 서원을 세운 것을 뜻한다. 앞으로 열심히 정진하여 이 세상에 불타의 종자를 이어주는 것을 목적으로 삼아 수행하겠다는 서원을 세운 것이다. 그리고 마음과 번뇌 습기와 생사와 근기根機 등을 알기 위하여 보리심을 발생하게 되었다는 것을 밝히고 있다. 그리고 세상의 자성이 청정(自性淸淨)한 것과 성주괴공性住壞空과 중생의 구정垢淨도 모두 알기 위하여 발심하

---

3 『대방광불화엄경』 권제9, p.450중.

였음을 밝히고 있다. 이와 같은 것을 모두 안다는 말은 성불成佛을 뜻한다.

이와 같이 모든 진리를 깨닫고 중생을 구제하며 모든 세계를 청정하게 건설하는 것이 발심의 목적이라고 할 수 있다. 여기서 알 수 있는 것은 보리심을 발한 보살들은 이 대승적인 수행으로 보리심과 대승심을 증득하여 성불을 목적하고 있다는 것이다.

이 발심은 시작에 불과하다. 그러므로 초발심보살初發心菩薩이라고 한다. 초발심보살은 보리심에 귀의하여 보리심 전체를 깨달을 때까지 대승행大乘行을 자재하게 하며, 중생들을 성숙케 하고(成熟有情) 장엄하고 청정한 불국토(嚴淨佛土)를 건설하는 수행을 한다.

『반야경』에서는 보리심은 곧 대승심大乘心이며, 대승심은 보리심과 둘이 아닌(不二) 하나의 종체宗體라고 하였다. 그러므로 보살이란 명칭은 보리심이 바탕이 되지만 동시에 대승심이 바탕이 되는 명칭이다. 그러므로 보살의 수행은 보리심의 지혜와 대승심의 대행大行을 수행한다. 모든 수행이 대승적인 수행으로 가득 차게 된다는 뜻이다. 이러한 뜻에서 보리보살이라고 칭할 수도 있지만, 대승보살이라고 칭하는 것이 보다 더 자연스럽게 들릴 수 있다. 이와 같은 이치에 의하여 보살의 명칭에는 보리심과 대승심의 합성어라고 할 수 있다.

이제 대승의 뜻을 요약하여 알아보기로 한다.

3. 대승심의 개요

대승심의 성품은 허공과 같아서 앞의 경계와 뒤의 경계와 중간의 경계를 얻을 수 없는 광대한 체성을 뜻한다. 이와 같이 대승체는 과거세와 미래세와 중간의 세간이 없는 것이며 삼세가 평등한(三世平等) 성품을 뜻한다.[4] 대승은 이와 같이 과거세와 미래세와 현재세가 공空한 성능을 지니고 있기 때문에 시간과 세간이 없는 것이다.

보살마하살은 대승성大乘性의 성품을 지니고 있다. 마치 허공에는 1, 2, 3, 4, 5, 6, 7, 8, 9, 10이라는 서로 다른 숫자와 모습이 없는 것과 같다.[5] 이와 같이 보살마하살의 성품과 대승의 성품은 허공과 같이 크면서도 가히 얻을 수 있는 것이 없는 것이다. 즉 중생들이 자신이 지니고 있는 보리성과 대승성도 허공과 같은 성품이기 때문에 집착할 수 있는 대상이 아니라는 것을 가르치고 있다. 경전에 의하면 보리불타菩提佛陀의 성품과 진여眞如의 성품은 움직임(動)도 없고 머무름(住)도 없다고 하였다. 동요가 없는 본성과 진여는 가고 오고 하는 움직임이 없는 것이다. 본성과 진여는 절대불변의 진리라는 것을 다음과 같이 말하고 있다.

"불타가 이 세상에 출세하시거나 출세하지 않으시거나 관계없이 변함없이 항상 존재하는 것이다." 그리고 "본성과 진여는 불타가 창조한 것도 아니고 다른 사람이 창조한 것도 아니다. 이 본성과 진여는 항상 변함없이 본성 그대로 존재하는 것(本性爾)이다."[6]라고 하였다.

이와 같이 인간을 비롯한 삼라만상은 본성 그대로 존재하고 있는 것을 본성이本性爾라고 한다. 본성이는 만물은 절대로 창조된 것이

---

4 상동 59, p.332하.

5 『대반야바라밀다경』 권제59, p.332하.

6 『아함경』. 『반야경』.

아니고 본래부터 변함없이 그대로 존재한다는 뜻이다.

위에서 보리성菩提性에 대하여 설명하였다. 보리성은 인간의 본성이며 진여성이다. 그리고 보리성은 대승성大乘性과 동체이다. 보리성과 대승성은 허공과 같이 불변하고 넓고 광대한 성품이다. 또한 위에서 인간의 본성이 지니고 있는 보리심이란 어떤 것인가를 살펴보았다. 보리심은 무소유無所有와 무상無相 등 열 가지 성능을 지고 있으면서 진여성과 대승성 등과 근원이 같은 것이다.

이와 같이 보리심을 확신하고 이타행을 하는 수행자를 보살이라고 한다. 보살은 보리심과 대승심의 힘을 얻어서 신심과 지혜력을 증가하면서 수행하는 사람들을 말한다.

『반야경』에서 다음과 같은 문장을 볼 수 있다.

1) 과거와 미래와 현재의 모든 보살마하살은 모두가 대승심에 의거하여 근면하게 수행해야만 최상의 정등보리를 속히 증득할 수 있다(摩訶薩皆依大乘速證菩提).

2) 불타가 설한 대승大乘사상은 반야바라밀다와 모두가 서로 순응하고 어긋나지 않는다(佛陀設 大乘於般若波羅蜜多 悉皆隨順 無所違越).

이와 같이 보살들은 마음속에 있는 대승심을 믿고 대승심에 의하여 자비심과 지혜심을 나타내며 대승의 이타적인 수행을 한다.

4. 보리심과 대승심

불교의 포교는 인간의 참나(眞我)를 깨닫게 하는 것이다. 인간에는 인연으로 형성된 나(我)가 있다. 이것을 가아假我라고 한다. 가아는 아뢰야식 등의 망식이 선업과 악업을 일으키며, 고苦와 낙樂을 받으며 살아가는 나를 뜻한다. 그러므로 중생들은 생로병사의 고통을 겪어야 하는 공포의 나이다. 그러나 진아眞我는 아뢰야식이라는 망식이 생기기 이전에 보존되어 있었던 진여심眞如心과 보리심菩提心과 대승심大乘心으로 이루어진 나와 다르지 아니하고, 나는 대승과 다르지 않다(大乘不異 五蘊 不異大乘)[7]라고 하였다. 이 말씀은 인간도 대승심을 지닌 대승인이 될 수 있다는 뜻이다. 다시 말하면 이 진아는 절대불변의 진실한 나이며, 지혜와 이타심을 나타내는 나이며, 생로병사가 없는 나를 뜻한다. 그러나 현재 인연으로 집합한 가설의 나(假我)는 생로병사가 있다.

대승불교는 보리심을 일으켜서 현재의 가아를 소멸시키고 보다 깊이 자리잡고 있는 진여심과 보리심과 대승심에 의하여 이루어진 진아의 삶을 살도록 교화하는 불교이다. 본성의 보리심을 믿으라는 것이다. 보리심을 믿게 되면 보리심이 망심妄心을 퇴치하고 위로 솟아 오른다. 보리심이 위로 솟아오르는 순간을 발심이라고 칭한다.

교화의 첫째 조건은, 본성에 자리잡고 있는 보리심이 아뢰야식과 말나식과 의식의 장애를 뚫고 밖으로 나타나도록 노력하는 것을 수행이라 한다. 보리심이 망심의 장애를 뚫고 의식 위로 나타나게 한다는 것은 쉬운 일이 아니다. 이것은 인연을 만나야 한다.

경전에 의거하여 살펴보면, 불타 재세 시에는 인간의 마음에는 보리심이 존재한다고 하는 설법을 듣고 마음 바탕에 보리심과 대승심

---

7 『대반야경』 권제61, p.345중.

이 존재한다는 것을 확신하게 된다. 이러한 확신을 신심信心이라고 한다. 즉 신심은 보리심을 믿는다는 뜻이다. 이와 같은 신심이 생기는 순간을 발심이라 하며, 발심은 보리심이 발생한다는 뜻에서 발심하게 된 순간을 보살이라고 칭한다. 보살이 보리심을 발생한 순간은 마음이 고요하고 지혜의 마음이 활기차게 나타난다. 이와 같이 신심과 발심은 보살을 탄생시키는 결정적인 원인이 되는 것이다. 그리고 신심과 발심은 곧 대승불교에 입문하는 근본이 된다. 이러한 발심을 초발심이라고 한다.

대승경전에서 초발심으로부터 성불할 때까지의 수행을 자주 거론하고 있다. 처음 발심한 보살은 대승불교를 수행하는 시작이 된다. 그리고 십지十地의 수행을 하여 성불할 때까지의 기간에 어떤 수행을 하고 몇 년이나 걸릴 것인가에 대하여 여러 가지 설이 있다. 유식학의 창시자인 무착논사는 『섭대승론攝大乘論』에서 삼겁三劫이 걸린다고 하였다. 그러나 어떤 수행자는 삼겁은 너무 긴 세월이 아닌가라고 논쟁을 일으키기도 하였다.

『섭대승론』에서는 시간이란 본래 체성이 없는 것이기 때문에 삼겁도 찰나刹那에 이루어지는 부사의한 시간의 도리가 있음을 제기한다. 그것을 섭재찰나攝在刹那의 시간이라고 한다. 수행 기간은 마음에 달려 있다. 수행을 하는 척하고 열심히 하지 않으면 몇 겁이 걸려도 성불하지 못하는 것이다. 그러나 마음을 집중하여 정진하면 시간을 단축할 수도 있다.

보살이 발심하여 성불할 때까지 수행 기간을 세 가지로 나누어 살펴보기로 한다.

중생들의 망심妄心에는 선행과 악행을 일으키는 업력이 있다. 인연에 따라 악행을 일으키고 선행을 일으키기 때문에 중생들을 향하여 지악수선止惡修善의 인과법을 설한다. 악한 마음을 정지하고 선한 마음을 수행하라는 뜻이다. 평범한 진리의 가르침이지만 중생들이 행동으로 옮기기에는 쉬운 일이 아니다. 마음은 착하게 살고 싶지만 자신도 모르게 악한 행동을 일으키는 일이 종종 있다. 그것은 과거에 지은 업력 때문이다. 업력설에 의하면 습기설習氣說이 있고 훈습설薰習說이 있다. 이는 몸과 마음에 익혀 놓은 기운을 습기설이라 하고, 또 무의식적으로 접촉하는 대상을 익히고 문화와 자연을 익히는 것을 훈습설이라고 한다. 이러한 것을 세속에서는 습관이라고 한다.

원시경전에서는

"모든 악을 짓지 말고(諸惡莫作)

모든 선을 행하라(衆善奉行)

스스로 의식을 정화하는 것을(自淨其意)

모든 불교라고 하느니라(是諸佛敎)."

라고 가르치고 있다. 위 글에서 주목할 수 있는 것은 모든 선행과 악행은 의식意識을 통하여 일어난다는 것이다. 선행을 일으키고 악행을 일으키는 것은 의식이라는 마음이 결정하여 일으키는 것이기 때문에 의식을 정화하라고 가르치고 있다. 원시경전에는 의식이 중심이 되는 것은 마음이라고 가르치고 있다. 그러나 이들 선행과 악행은 의식의 작용에 불과하다. 소승경전에서는 안식·이식·비식·설식·신식·의식 등 육식六識만을 설명한다.

그러나 대승경전은 인간의 마음에는 말나식末那識과 아뢰야식阿賴

耶識이 있다고 두 식을 가르친다. 이 두 가지 망식이 정화되어야 성불이 가능하다고 하였다. 이 두 가지 망식을 살펴보면 다음과 같다.

1) 말나식은 의식보다도 더 깊은 곳에 자리잡고 아뢰야식을 상대하여 나(我)라고 집착하면서 모든 번뇌의 뿌리가 되고 있다. 말나식이 일으키는 번뇌 가운데는 네 가지 번뇌(四煩惱)가 뿌리 역할을 하고 있다. 네 가지 번뇌는 다음과 같다.

(1) 아치我痴의 번뇌이다. 아치는 항상 무아無我의 참모습을 망각하고 실제로 내가 있다(有我)고 믿으며 집착하는 번뇌이다.

(2) 아견我見의 번뇌이다. 아견은 나에 대한 망견으로 나의 모습을 보고 참나라고 착각하는 번뇌이다.

(3) 아만我慢의 번뇌이다. 나는 여러 인연이 집합한 나임에도 불구하고 실제의 나라고 집착하여 거만을 나타내며 남을 비하하는 번뇌이다.

(4) 아애我愛의 번뇌이다. 아애의 번뇌는 나에 대하여 애착을 일으키며 애착으로 말미암아 많은 죄업을 짓는 번뇌이다.

이와 같은 네 가지 번뇌는 말나식이 일으키며, 이들 번뇌로 말미암아 나를 집착하고 나를 위한 죄업을 많이 짓게 된다. 그리고 접촉하는 대상을 인정하지 않은 생활을 하게 한다.

2) 아뢰야식은 인간이 행동한 모든 업력을 보존하고 있다가 인연을 만나면 과보果報를 받게 하는 마음이다. 그러므로 장식藏識이라는 별명을 갖게 된다. 장식의 뜻은 모든 업력을 보존하고 있는 마음이라는 뜻이다. 이 아뢰야식 안에 있는 업력이 모두 정화되고 그리고 장식 안에 훈습된 습기까지도 정화되어야 성불할 수 있다.

이와 같이 마음 안에 망심이 번뇌를 일으켜서 마음과 몸을 괴롭히고 있다. 번뇌煩惱는 번요煩搖와 뇌란惱亂의 뜻이다. 번요는 마음을 흔들어 산란케 하며 기억력을 상실시키고 마음의 지혜를 장애하여 무지하게 만드는 것을 뜻한다. 그리고 뇌란은 마음과 몸을 고뇌케 하고 마음을 난잡하게 하는 것을 뜻한다.

이 번뇌를 다르게 표현하면 번뇌장煩惱障과 소지장所知障이라고 칭한다. 번뇌장은 번뇌가 마음의 평등과 평화를 장애한다는 뜻이며 마음의 대열반大涅槃을 장애한다는 뜻이다. 그리고 소지장은 마음의 지혜를 장애한다는 뜻이며 마음의 대보리大菩提를 장애한다는 뜻이다.

이와 같은 번뇌들을 정화하는 가장 중요한 수행은 선정 수행이다. 선 수행은 보리도菩提道를 수행하는 것이라고 한다. 보리도는 신심信心과 청정심淸淨心을 뜻한다. 그리고 첨곡심諂曲心을 여의고 평등심平等心을 행하는 것을 뜻한다.[8] 또한 자비심으로 일체유정들을 손뇌損惱하지 않고 일체 바라밀다와 사섭법과 사무량심의 보리분법菩提分法을 근행하는 것을 대보리도라고 한다.

보살은 마음의 번뇌를 정화하기 위하여 육바라밀의 수행과 선정 등을 수행한다. 그러나 수행에 따라 마음의 정화에 차별이 있게 된다. 마음은 천차만별의 선정심을 발생하며 그 선정심의 차별에 따라 보살의 직위도 정해진다. 예를 들면 선정의 힘이 약하면 마음과 사물의 현상만을 관찰할 수 있게 된다. 그러나 선정의 힘이 강하면 마음과 사물의 현상은 물론 마음과 사물의 진여성眞如性까지도 관찰할 수 있는 지혜를 발생하게 된다.

---

8 『대반야바라밀다경』 권제571, p.952상.

호법논사護法論師는 『성유식론成唯識論』에서 다음과 같이 말하고 있다. "보살들이 선정을 수행할 때 지혜가 강하면 망식이 약해지고(智强識劣), 망식이 강해지면 지혜가 약해진다(識强智劣)." 이 말은 선정 수행자가 선정을 잘 수행할 때 지혜의 힘이 더욱 강해지고, 반면에 선정을 느슨하게 수행하고 집중하지 않으면 망식과 잡념이 강하게 일어나게 되며 지혜와 열반이 저하되는 결과를 초래한다는 말이다.

『반야경』과 『화엄경』 그리고 『해심밀경』 등에는 보살 수행의 등급을 정하고 상급으로 올라가는 수행방법을 가르치고 있다. 그리하여 『해심밀경』은 보살 수행의 개위階位에 대하여 41위로 정하고 있다. 『화엄경』에서는 52위로 정하고 있는데, 여기에서는 52위 설의 제목만 알리고자 한다.

52위는 1) 십신十信, 2) 십주十住, 3) 십행十行, 4) 십회향十廻向, 5) 십지十地, 6) 등각지等覺地, 7) 묘각지妙覺地 등으로 구별한다. 이 52위 설에 의하면 보살들의 근기와 관찰력과 선정력 등을 알아볼 수 있다. 제1위의 십신위에서 제4위의 십회향위까지 40위는 수행력의 차별이 있지만 대체로 마음과 물질의 인연법과 나타나는 현상의 진리만을 알고 깨닫는 지혜를 발생한다. 이들 40위를 지전보살地前菩薩이라고 칭한다. 지전보살의 뜻은 십지十地 이전의 보살들이라는 뜻이다. 그리고 지상보살地上菩薩이라는 명칭이 있는데, 이는 초지初地의 보살로부터 제십지까지의 보살들을 칭하는 말이다. 경전에서는 이와 같이 지전보살과 지상보살의 선정과 지혜 등의 차별이 있다는 것을 자주 거론한다.

위에서도 이야기한 바와 같이 지전보살들의 지혜력은 모든 법의 모습만을 관찰하여 그 진리를 깨닫는다. 그러나 지상보살들은 지혜력이 강하여 모든 법의 본성을 관찰하여 그 진여성을 깨닫는다. 이와 같이 지전보살과 지상보살의 관찰력과 지혜력이 서로 다르다는 것을 확실하게 밝히고 있다. 따라서 신심信心의 차이도 있다. 지전보살은 비록 보리심을 믿고 이타적 대승행을 한다고 할지라도 간혹 신심이 흔들려 본래의 이타행을 멈추기도 한다. 그러나 지상보살은 중생교화의 이타행을 할 때 대비大悲를 상수上首로 하여, 아무리 어려운 불사라 할지라도 후퇴하지 않는다. 이러한 수행력을 평가하여 지전보살을 가명보살假名菩薩이라 칭하고 지상보살들을 진실보살眞實菩薩이라고 칭한다. 그리고 지전보살들을 그대로 보살이라고 칭하지만 지상보살들을 특별히 마하살摩訶薩이라고 칭한다. 마하살은 대보살大菩薩이라는 뜻이다.

이제 보살들의 수행과 마하살의 수행을 각각 살펴보고자 한다.

마음의 본성에 보존하고 있는 보리심과 대승심을 확신하고 보리심과 대승심을 정신생활에서 현실화하려는 수행자를 보살이라고 한다.

보리심을 믿음으로써 큰 지혜를 나타낼 수 있고 대승심을 믿음으로써 큰마음으로 활동하는 대인大人이 될 수 있다. 마음가짐에 따라 행동이 마음과 같이 나타나는 것이기 때문에 대승심을 믿으면 대승행이 나타나고 보리심을 믿으면 대지혜가 나타나는 인과因果의 도리가 구현된다. 보살은 공심空心을 믿음으로 말미암아 공지空智를 발생하여 집착이 없는 깨달음을 갖게 된다.

마음 본성에는 본래 만법이 공하다는 진리를 깨달을 수 있는 공심空心이 있다고 설한다. 마음을 비롯하여 만법은 본래 공한 진리를 포함하고 있다는 뜻에서 본래공本來空이라고 한다. 그리고 만법은 본바탕까지 모두 공한 진리라는 뜻에서 필경공畢竟空이라고 칭한다.

모든 보살들에게 외적인 형상도 공(外空)하고 내적인 현상도 공(內空)하다고 설하며 십팔종의 공(十八空)을 설명하고 있다. 십팔종의 공을 설명한 것은 모든 것에 집착을 일으키지 말라는 훈시의 설법이다. 모든 죄업은 집착으로부터 시작하기 때문에 죄업의 근원을 단절하기 위하여서는 집착심을 버려야 한다는 것을 가르치고 있다. 그러나 공성空性은 관찰되어지는 대상(所觀)이고 지혜는 관찰하는(能觀) 마음이다. 관찰하는 마음의 지혜와 관찰되어지는 공성이 하나(不二)의 경지에 이를 때 집착심이 완전하게 제거된다. 보살들은 집착을 없애는 수행을 지혜바라밀다智慧波羅蜜多라고 칭한다. 지혜로서 불이不二의 경지에 도달하는 것을 지혜바라밀다라고 한다.

바라밀다는 피안에 도달한다(到彼岸)라는 뜻으로서 피안은 공심空心, 보리심, 대승심, 진여심, 불심, 여래장심如來藏心, 무구심無垢心 등을 말한다.

이러한 마음을 피안이라고 칭하는 것은 불타가 이들 본심本心을 피안으로 삼아 깨달은 마음들이기 때문이다. 그리고 이들 마음은 불타의 마음을 진리롭게 나타내는 마음들이기 때문이다. 불이不二는 곧 한마음(一心), 한 성품(一性)을 뜻한다. 한마음과 한 성품은 삼라만상과 평등하고 화합하며 차별이 없는 것이며, 법계의 진리와 하나가 될 만큼 상통하는 것이기 때문이다. 우주법계 삼라만상의 성품과 서로 통하는 성품이다. 이를 대승大乘이라 하고 일승一乘이라고 한다. 대승은 인간의 마음이 허공과 같은 세계를 움직이는 중심이 된다는 뜻이고, 일승은 마음이 허공과 삼라만상의 성품과 하나와 같이 움직이고 평등하게 유지되는 성품을 뜻한다.

예를 들면 큰 바다의 물은 한 성품뿐이며 아무리 큰 파도가 일어난다고 하더라도 바다와 물과 파도의 물은 그 성품이 동일한 것이며 서로 다름이 없는 것과 같다. 이와 같이 보살은 발심을 시작으로 하여 불이不二의 피안에 도달하기 위하여 용맹정진한다. 『반야경』과 『열반경』 등에서는 이二, 그리고 불이不二, 이이불이二而不二라는 말을 하고 있다. 이二는 상대적인 경지이며 분별分別과 사량思量의 경지이다. 그러나 불이는 일승一乘의 경지이며 무분별의 경지이며 성자의 경지라고 하였다. 보살은 이와 같은 성자의 경지에 도달하기 위하여 열심히 정진한다.

수행의 계위설에 의하여 말하자면 지전地前의 보살들은 지혜력과 신심信心이 약하여 사물을 분별하게 된다. 그리고 대승심과 보리심을 견고하게 유지하지 못하고 대중과 사회를 정화하고 교화하는 이타행을 확고하게 수행하지 못한다. 그러나 지상보살들은 초지부터 제십지까지 보리심과 대승심과 진여심과 공심 등의 불심을 굳게 믿고 초지일관 흔들리지 않으면서 대비大悲를 상수上首로 하여 수행을 한다. 그러므로 지전보살들을 현자賢者라 칭하고 지상보살들을 성자聖者라고 칭한다.

불교 수행에 입문하여 성문승과 연각승의 계위를 걸쳐 보살의 계위에 오르는 것만도 상근기에 속한다. 그리고 이들 보살들은 이타행을 수없이 수행하는 보살들이지만 보살들 가운데서도 수행의 정도를 엄격히 구별하여 십신 내지 십회향까지 계위를 정하여 설명한다. 그러나 보살들은 십지의 계위에 승진하기가 더욱 어렵다. 이는 신심과 이타행의 차별에 의하여 정해진다.

대승불교는 십지보살의 수행을 최고의 수행이라고 찬탄한다. 『반야경』과 『화엄경』 등 모든 대승경전은 지혜는 관찰력과 사유력을 발생하는 성능을 지니고 있고, 대승은 허공만큼 큰마음으로 만법을 포용하고 모든 생명체에 이익을 주는 이타행을 발생하는 성능을 지니고 있다고 하였다.

보살은 대승의 마음을 구현하면서 생활하는 수행자를 의미하며 보살의 수행은 지혜를 구비하여 만법을 관찰하면서 만법의 현상(法相)과 만법의 성품(法性)을 깨닫는다.

만법의 현상과 성품을 올바르게 깨달으면 낙樂이 되고 잘못 깨달으면 고苦가 된다. 마음은 일시에 지혜로워지지 않는다. 점진적으로 두터운 마음의 때(心垢)를 씻어내기를 되풀이하여야 마음의 지혜가 조금씩 나타나기 시작한다. 마음의 때가 제거됨에 따라 지혜도 조금씩 밝아지게 되는 것이다. 이러한 과정을 경전에서는 바라밀다라고 가르치고 있다. 이쪽(此岸)에서 저쪽(彼岸)으로 도달한다는 뜻으로서 도피안到彼岸이라고 번역한다. 차안은 망심妄心을 뜻하고 피안은 곧 불타의 성품을 뜻한다. 이를 의역하면 지금의 망심을 정화하고 때 묻지 않은 본심으로 돌아가자는 것이다. 피안에 도달하기 위하여 보살들은 육바라밀과 선정과 사무량심 등의 수행을 하여야 한다.

이들 수행설은 다음에 설명하기로 하고, 여기서는 『반야경』에서 설하고 있는 집착이 있는 수행(有所得)과 집착이 없는 수행(無所得)을 살펴보고자 한다.

보살들의 수행을 어떻게 구별할 수 있을까? 매우 어려운 문제이다.

그러나 경전에서는 보살들의 수행을 크게 나누어서 유소득有所得의
수행과 무소득無所得의 수행으로 나누어 설명하고, 무소득의 수행과
함께 대비大悲의 이타행利他行을 구현하는 것을 마하살의 수행이라고
칭하고 있다.[9]

마하살의 수행은 누구나 따라할 수 없는 최고의 수행으로 뭇 대중이
찬탄하는 수행을 말한다. 이와 같이 경전에서 보살들의 수행을 크게
세 가지로 나누어 설명한 것에 의거하여 유소득의 수행과 무소득의
수행 그리고 마하살의 수행으로 나누어 살펴보고자 한다.

먼저 집착이 있는 유소득有所得의 선정 수행을 살펴보자.

마음에 무명과 번뇌가 있는 동안에는 사물이 공空한 것을 망각하고
사물의 모습(相)에 집착한다. 이러한 마음을 망식妄識이라 하며, 망식
은 항상 사물에 대하여 집착을 일으키기 때문에 유소득의 마음(有所得
心)이라고 칭한다. 언제나 상相을 집착하는 것을 유소득有所得이라고
칭한다. 사물의 모습을 집착할 때는 마음이 사물의 모습(相)을 마음
안으로 가져와서 그것을 대상으로 삼아 집착하는 것을 말한다. 이를
상분相分이라고 칭한다.

이 상분을 상대하여 집착하는 것을 견분見分이라고 칭한다. 견분은
상분을 분별하고 집착하여 업력業力과 종자種子를 만들어낸다. 이들
상분과 견분을 증명하는 작용을 자증분自證分이라고 칭한다. 이들을
심분心分이라고 하는데, 식識 자체에서 발생하는 작용들을 뜻한다.

---

9 『대반야바라밀다경』 권제47, p.263상.

흔히 이들 심분설을 인식의 현상이라고 말한다.

하나하나의 식체識體에는 이와 같은 현상을 만들어내어 행동으로 나타내며, 행동은 업業과 인因과 종자種子를 조성하는 근원이 된다. 이제 집착을 조성하는 마음의 현상을 좀 더 살펴보고자 한다.

인간의 망심에는 거친 번뇌(麤煩惱)와 미세한 번뇌(細煩惱)가 훈습되어 있기 때문에 선정의 수행을 통하여 정화한다고 하더라도 쉽게 없어지지 않는다. 번뇌가 있는 한 지혜가 자재하게 발생하지 못하게 된다. 그리하여 번뇌를 장애障碍라고 칭하게 된다.

번뇌는 마음과 몸에 고통을 주고 결박結縛한다는 뜻이 있다. 번뇌가 강하면 지혜가 약해지고 지혜가 강하면 번뇌가 약해진다. 번뇌를 제거하고 지혜를 강하게 하려면 선정의 수행이 필요하다. 기도하고 참회하는 것도 번뇌를 제거하는 데에 효과가 있기는 하지만 선정만큼 큰 효과는 없다. 보살승들은 성문승과 연각승들보다 근기가 수승하기 때문에 선정을 수행할 때도 더욱 강하게 수행한다. 그러나 보살이라 할지라도 마음 안에는 번뇌가 매우 많이 남아 있다. 마음과 물질을 관찰하고 사유하는 선정을 수행한다고 하더라도 번뇌로 인하여 집착 있는(有所得) 선정을 수행하게 된다. 경전에서는 유소득有所得과 무소득無所得의 명칭을 사용하여 번뇌가 있고 또한 번뇌가 없고를 구별하고 있다.

유소득의 뜻은 마음이 집착하고 있다는 뜻이다. 집착은 눈, 귀, 코, 입, 몸을 통하여 색깔, 소리, 냄새, 맛, 촉감 등 다섯 가지 대상을 인식할 때 대상의 모습(相)만을 인식하고 집착하는 것을 뜻한다. 다섯 가지 대상에 대하여 마음이 좋다 또는 싫다 하는 등 집착심을 발생하게 된다.

망식은 모습(相)만을 보고 좋다 또는 싫다 하며 분별하는 것이며, 지혜는 성품性品을 관찰하며 성품은 분별의 대상이 아닌 것을 깨닫게 된다. 망식은 현상을 집착하는 마음이라 분별심分別心이라 칭하고, 지혜는 성품을 깨닫는 마음이라 무분별지無分別智라고 칭한다. 모습을 분별할 수 있지만 성품은 분별할 수 없다. 그러나 마음에 번뇌가 있으면 대상을 망각하고 소득의 마음으로 집착하게 된다. 이를 유소득의 선정(有所得三昧)이라고 한다. 선정은 번뇌를 퇴치하는 수행인데 어찌하여 집착의 마음이 생기는가? 그것은 분별심이 개입한 선정이며 사량심思量心이 개입한 선정이기 때문이다.

이제 만법 가운데서 인간인 나(我)를 예로 들어 유소득有所得의 뜻을 알아보기로 한다.

1) 마음이 나를 상대로 인식할 때 나는 변하지 않은(常) 모습(相)을 집착하고, 또한 나는 항상 변하고 있는 존재라는 모습(無常相)을 집착한 것을 뜻한다.[10]

2) 마음이 나를 인식할 때 나는 공한 것임을 망각하고 나는 고통의 현상(苦相)이 있고, 나는 즐거움의 현상(樂相)이 있다고 집착한 것을 뜻한다.

3) 마음이 나를 인식할 때 나는 공한 것임을 망각하고 나는 청정한 모습(淨相)이 있다고 집착하고, 그리고 나는 부정한 모습(不淨相)이 있다고 집착한 것을 뜻한다.

---

10 『대반야바라밀다경』 권제45, p.251중.

4) 마음이 나를 인식할 때 나는 공한 것임에도 불구하고 나는 모습이 있는 현상(有相相)이 있다고 집착하고, 그리고 또 나는 모습이 없는(無相) 것의 모습(相)이 있다고 집착한 것을 뜻한다.

5) 마음이 나를 인식할 때 나는 공한 것임에도 불구하고 나는 공했다는 현상(空相)이 실제로 있다고 집착하고, 그리고 또 나는 공한 것이 아닌 현상(不空相)이 실제로 있다고 집착한 것을 뜻한다.

6) 마음이 나를 인식할 때 나는 공한 것임에도 불구하고 이를 망각하고 나는 나의 모습(我相)이 실제로 있다는 모습을 집착하고, 그리고 또 나는 나가 없다는 모습(無我相)이 있다는 모습이 실제로 있다고 집착한 것을 뜻한다.

7) 마음이 나를 인식할 때 나는 공한 것임을 망각하고 고요하다고 생각하는 적정의 모습(寂靜相)이 있다고 집착하고, 그리고 또 나는 공한 것임을 망각하고 적정하지 않은 모습(不寂靜相)이 있다고 집착한 것을 뜻한다.

8) 마음이 나를 인식할 때 나는 공한 것임을 망각하고 나는 원하는 대로 될 수 없다는 모습(無願相)이 있다고 집착하고, 그리고 또 나는 원하는 대로 만족할 수 있는 모습(有願相)이 있다고 집착한 것을 뜻한다.

9) 마음이 나(五蘊)를 인식할 때 나는 공한 것임을 망각하고 번뇌를 멀리 여읠 수 있다는 모습(遠離相)이 있다는 것을 집착하고, 그리고 또 나는 번뇌를 멀리 여읠 수 없다는 모습(不遠離相)이 실제로 있다고 집착하는 것을 뜻한다.

위에서 설명한 내용들은 마음이 결정한 분별의 현상이다. 이러한 결정은 분별심分別心이 결정한 현상이라는 뜻이다. 한 진리의 체體를 둘로 나누어 그 모습만을 고집한 것은 소득이 있는 마음의 작용에 의하여 이루어진 결과이다. 이러한 마음의 현상을 유소득有所得의 현상이라고 칭한다. 유소득은 인식의 대상을 둘로 나누어 집착하는 것을 뜻하며 이러한 분별심은 편견과 시비만 발생할 뿐이다.

경전의 표현에 의하면 접촉하는 대상의 모습을 가히 얻었다라는 뜻으로 상가득相可得이라고 설명하고 있다. 만물의 모습만을 집착하면 성품의 깨달음(悟)에서 멀어진다. 그리고 수행할 때도 마음의 집착으로 말미암아 자신만을 우선하는 자리自利의 수행을 이끄는 원인이 된다. 연기법은 상대와 연결되어 있기 때문에 이타利他의 수행이 필수적이다.

제6장 대승인의 무소유관

보살은 한때 집착심이 있는 마음의 선정을 수행하였다. 그 후 용맹정진하여 집착이 있는 마음을 정화하고 집착이 없는 마음의 선정을 수행하게 된다. 경전에서는 모습이 있는 것을 유소득有所得이라 하고, 모습이 없는 것을 무소유無所有라고 칭하였다. 유소득의 마음은 집착이 있다는 뜻이고, 무소유는 집착이 없다는 뜻이며 이는 곧 공空과 같은 뜻이다.

모든 것은 공한 것이기 때문에 현상은 있지만 그 현상은 없는 것이라고 한다. 그것은 모든 현상이 자성이 없기 때문이다. 이를 무자성無自性이라고 한다. 자성이 없는 것은 무소유 또는 공空이라고도 칭한다. 그러나 범부들은 삼라만상의 실체가 있는 것으로 착각하고 욕심을 발생한다.

이제 무소유에 대하여 살펴보고자 한다.

보살이 접촉하는 사물에 대하여 집착하지 않은 무소유의 마음을 일으키게 되면 지혜의 마음이 자재하게 발생하게 된다. 보살의 명칭도 모습도 없는 것(無所有)이라고 한다. 경전에 의하면 보리는 생긴 일이 없고(菩提不生) 중생은 본래 없었다는 뜻의 살타비유薩埵非有라는 말이 있다. 보리는 깨달음의 성품을 뜻하며 지혜를 뜻한다. 보리는 본래 생生하는 것이 아니다. 그러므로 불생不生이라고 한다. 보리와 같은 진리의 체는 생하지 않고 멸하지도 않는다(不生不滅)라고 한다. 보리는 시작도 없고 끝도 없는(無始無終) 진여의 생명체이다.

살타薩埵는 중생, 나(我), 즉 인간을 뜻한다. 다른 이름으로는 오온五蘊이라고 칭한다. 이 오온은 여러 인연의 집합으로 말미암아 출생한 것이다. 그러므로 없다(非有)라고 한다. 완전히 없는 것이 아니라 자성이 없다(無自性)는 뜻이다. 이와 같이 보살이라는 명칭도 소유가 없다는 뜻이 포함되어 있다. 이와 같이 보살의 이름을 갖는 수행자는 먼저 자신에 대한 무소유의 관찰을 철저히 하여 무아의 도리를 깨닫게 하고 있다.

이제 보살의 명칭에 무소유의 뜻이 있다는 것을 설명하는 몇 가지 비유를 들어 보기로 한다. 이 비유를 통하여 무소유의 사상을 이해하는 도움이 될 것으로 생각된다.

1. 무소유의 비유와 의미

1) 공중의 흔적과 무소유

공중에는 새가 많이 날아다니는데 그 새들은 공중에 흔적(鳥跡)을 남기지 않고 있다. 새의 흔적을 얻을 수 없는 것과 같이 보살의 명칭도 자성이 없기 때문에 흔적을 얻을 수 없는 것이다. 무소유도 이와 같다.

2) 환사幻事와 무소유

환과 같은 일(幻事)은 없는 것이나 다름없다. 그러므로 어떠한 모습도 얻을 수가 없다. 보살의 명칭도 환과 같기 때문에 그 모습을 얻을 수가 없다.

3) 공화空花와 무소유

꿈(夢境)과 빛(陽焰), 그림자(光影)와 공화空花와 메아리(響)와 변화사 變化事와 같은 것은 그 모습은 없는 것과 같기 때문에 얻을 수가 없다. 이같이 보살의 명칭도 자성이 없는 것이기 때문에 얻을 수가 없다.

4) 진여와 무소유

진여眞如는 본래 모습이 없는 진리이기 때문에 그 모습을 얻을 수가 없다. 보살의 명칭도 자성이 없는 것이기 때문에 모습을 얻을 수 없다.

위에서 모습을 집착하는 유소득의 뜻을 살펴보았고 모습이 없는 것을 뜻하는 무소득의 뜻을 살펴보았다. 마음이 대상을 인식할 때 그 대상은 공한 것임에도 불구하고 대상의 모습에 실체가 있는 것으로 착각하고 집착을 일으키는 것을 유소득이라고 한다. 그러나 지혜의 눈으로 대상을 관찰하면 모습이 없는 성품을 관찰하기 때문에 이를 무소유의 관찰이라고 한다. 보통 보살은 무소유의 진리를 점진적으로 깨달아 들어가지만 대보살은 찰나에 모두를 깨닫게 된다. 대보살이 무소유의 깨달음을 경전에서는 다음과 같이 설명하고 있다.

모습이 없는 것이기 때문에 얻을 것이 없다(無所有不可得).

대승을 실천하는 사람은 모습을 집착하지 않는다(乘大乘者不可得).

왜냐하면 필경에는 청정한 것이기 때문이다(所以者可畢竟淨故).

이 문장을 풀이하여 보면, 먼저 모습이 없기 때문에 얻을 것이 없다라고 하는 말은 인식의 대상을 말한다. 사람이 접촉하고 있는 삼라만상은 인연이 집합한 현상이기 때문에 자성이 없는 것이며, 자성이 없는 것이기 때문에 없는 것과 같다는 것이다. 없는 것과 같기 때문에 얻을 것이 없다라고 말한다.

이러한 무소유의 삼라만상을 상대하여 관찰하면서 진리를 깨닫는 사람을 대승자大乘者라고 칭한다. 대승의 진리를 실천하는 사람(乘大乘者)은 무소유의 삼라만상을 상대하여 깨달았기 때문에 그 대상을 집착하지 않는다(不可得)라고 한 것이다.

그것은 아무것도 없는 것(無所有)의 삼라만상과 무소유의 진리를 깨달은 대승인大乘人은 필경에는 하나(不二)가 된 청정한 성품에 귀의한 것을 말한다. 그러므로 경전의 말씀은 대승심에 의하여 대승행을 실천하는 근기를 최상으로 보여준 사람들이라고 할 수 있다.

무소유의 마음을 갖게 되면 성품을 깨닫는 견성見性의 근기에 도달한다. 견성은 견도見道라고 칭하며, 견도의 지위에 오른 수행자를 초지보살初地菩薩이라고 칭한다. 초지보살부터 제십지에 이르기까지의 대승보살을 마하살摩訶薩이라고 한다.

이제 마하살의 수행을 살펴보고자 한다.

2. 마하살의 수행

불타는『반야바라밀다경』등 대승경전에서 보리심을 발생하는 사람들을 보살이라고 칭하였다. 보살이라고 칭한 것은 성스러운 인성을 자각시키는 가장 훌륭한 호칭이라고 할 수 있다. 인간이 보살이 되면 자신을 정화하고 사회를 정화하는 이타적인 인격자가 되는 것을 의미한다. 인간은 본래 자신만을 생각하는 존재였지만, 보리심을 지닌 존재라는 것을 깨달았을 때 마음을 크게 변화시켜 대심大心을 일으키고 대인大人의 인격체를 구족하게 된다.

대심은 대승심을 뜻하고 대인은 대승인을 뜻한다. 여기서 말하는 보리심은 깨달음을 일으키는 마음을 뜻한다. 이미 위에서 말한 바와 같이 인간의 본성은 부사의하고 무량한 성능을 발생한다. 이러한 본성의 성능 가운데서 인간을 자각시키는 데 가장 친근한 이름을 붙여서 보리심菩提心이라 하고 대승심大乘心이라 하며 진여심眞如心이라고 하였다. 그러므로 이들 마음은 한마음(一心)이며, 한몸(一體)인 것이다. 이러한 본성의 마음을 가장 잘 깨닫고 확고한 믿음을 갖는 인간을 보살이라고 칭한다.

이러한 사람을 발심한 보살이라고 한다. 보살이 처음 발심(初發心)함으로부터 모든 인간이 보리심과 대승심을 지니고 있음을 깨닫는 인간 자각 불사를 해야 하는 의무를 지니게 된다. 이와 같은 보살의 이타행을 동체대비同體大悲라고 한다. 동체대비는 인간의 본성은 동일한 것임을 일깨워주고 고통을 덜어주는 대승행을 뜻한다. 보리의 마음과 대승의 마음으로 발생하는 행위 가운데 동체대비가 가장 수승한 대승행이다.

그러므로 대승보살의 수행 덕목 가운데서 대비大悲를 으뜸(上首)으로 하여 중생들을 교화한다. 『대승기신론大乘起信論』에서는 본성의 마음을 심심深心과 직심直心, 대비심大悲心 등 세 가지 마음으로 기록하고 있다.

이제 경전에서 대승사상을 배우고 깨닫는 보살과 대승의 이념을 실천하는 마하살摩訶薩의 근기를 알아보기로 한다.

3. 배우고 깨닫는(應學應知) 보살 수행

경전에 의하면 보리심을 발생하여 대승심을 확고하게 믿는 수행자를 보살이라고 하였다. 평범한 보살 수행을 뛰어넘어 중생들을 자신의 몸과 같이 생각하고 온몸을 아끼지 않고 중생구제를 일삼는 대비의 수행자를 마하살이라고 한다. 보살은 처음 발심하여 대승심을 신앙하게 되었지만 대승의 교리는 체계 있게 배우고 대승의 도리를 깨닫는 기초적인 수업이 필요하다. 이러한 과정을 응학응지應學應知라고 하였다.

보살은 성문승과 연각승들보다는 근기가 높다. 그리고 인과법과 연기법을 달관한 것을 보살이라 할지라도 대승의 교리는 기초부터 배워야 한다고 하였다.

불타는 대승사상에 귀의한 보살들에게 대승의 교리를 기초부터 잘 배워서 교리를 관찰하면서 수행하도록 하라는 설법을 자주 하였다. 대승의 교리는 다음과 같다.

1) 육바라밀六波羅蜜의 수행사상

2) 금강삼매金剛三昧의 선정사상

3) 십팔공十八空의 공空사상

4) 십이진여十二眞如의 이법理法사상

5) 보리심과 대승심과 진여심 등의 본심本心사상 등이다.

이들 교리는 영원한 진리의 체體로서 대승불교의 토대가 되고 보살들의 귀의처가 된다. 보살들은 이들 교리를 배우고 선정을 통하여 깨닫도록 하라는 수학설受學說에 의하여 교리를 배운다. 불타는 무소유 등 대승사상을 반드시 배우고 깨닫도록 하라는 설법을 다음과 같이 하였다.

불타는 일체법一切法은 그 모습이 공空한 것이고 그리고 모습이 없는 무소유無所有를 바탕으로 하고 있다는 것을 마땅히 배우고 마땅히 깨닫도록 하라(應學應知)라고 설하였다. 일체법이란 이 세상에 있는 모든 것을 지칭하는 말이며 이와 같은 일체법은 모두 무소유의 존재라는 것을 가르치고 있다.

일체법은 다음과 같다. 즉 일체법은 선법善法과 악법惡法, 세간법世間法과 출세간법出世間法, 유루법有漏法과 무루법無漏法, 공법共法과 불공법不共法 등을 말한다.[1] 그리고 이들을 일체법이라 하며 이러한 법은 분명히 모습이 있지만(有相) 그러나 내면은 모습이 없다(無相)는 것을 여실히 관찰(如實觀察)하여 잘 깨달아야 한다고 하였다. 그리고 이들 법에 대하여 집착하지 않는 지혜를 갖게 된다는 것이다. 이제 일체법에 대하여 그 뜻을 알아보기로 한다.

---

1 『반야경』 권제46, p.261하.

1) 선법과 불선법

(1) 선법善法은 부모에게 순종하고 효도하는 것(孝順父母)과 스승과 어른들을 공경하고 잘 모시는 것(敬事師長)을 뜻한다. 그리고 법을 설하는 법사님께 공양을 올리며(供養沙門) 병든 사람들을 치료해 주고 잘 도와주는(供侍病者) 등 복 짓는 일을(福業事) 많이 하는 것이라고 한다.

(2) 불선법不善法은 착하지 못한 행위를 뜻한다. 즉 악한 행동을 뜻하며, 악한 행동은 부모에게 불효하고 스승과 어른들을 공경하지 않고 모시는 일을 하지 않는 것을 뜻한다. 그리고 설법하는 법사님에게 공양을 올리지 아니하고 병든 사람에게 치료하여 주지 아니하고 잘 돌보지 않는 것들을 불선법이라 칭한다. 그리고 몸과 입과 마음(身口意)으로 발생하는 열 가지 악법(十不善法)을 말한다.

2) 세간법과 출세간법

(1) 세간법世間法은 현상이 있는 오온五蘊 등 삼라만상의 법을 뜻한다. 인간을 비롯한 삼라만상은 인연의 집합으로 이루어졌기 때문에 전체의 모습이 있고 개체의 모습이 있으며, 모습이 있는 것은 반드시 변천의 무상함이 따른다. 학문적인 이름을 들면 오온五蘊, 십이처十二處, 십팔계十八界, 십업도十業道, 십이연기十二緣起 등을 세간법이라고 한다.

(2) 출세간법出世間法은 물질과 정신의 모습을 초월한 것을 뜻한다. 모습이 없는(無相) 진리의 세계를 출세간이라 칭한다. 학문적인 이름을 들면 공법空法과 진여법眞如法 그리고 무위법無爲法 등을 말한다.

3) 유루법과 무루법

(1) 유루법有漏法은 번뇌와 부정이 있는 법을 뜻한다. 루漏는 번뇌의 뜻과 부정의 뜻이 있다. 특히 마음의 번뇌와 마음의 부정을 유루라고 칭한다. 그러므로 업력과 종자를 말할 때는 유루업有漏業 또는 유루종 자有漏種子라고 칭한다.

(2) 무루법無漏法은 번뇌가 없고 부정함도 없는 법을 뜻한다. 청정한 생각과 청정한 깨달음을 발생하는 것은 모두가 무루법이라고 칭한다. 업력을 말할 때도 선업 또는 청정한 업을 무루업이라 하고, 종자 또는 업인을 말할 때도 무루인無漏因 또는 무루종자無漏種子라고 칭한다.

4) 유위법과 무위법

(1) 유위법有爲法은 이 세상의 삼라만상이 생生과 멸滅이 있고 생生과 사死가 있으며 성립하고 파멸되는 모든 현상을 뜻한다. 가고 오는 것이 있으며 증가하고 감소하며 시작이 있고 끝이 있는 현상을 유위법 이라고 칭한다. 그러므로 위爲는 조작造作의 의미가 있으며 변천의 뜻이 있으며, 따라서 시간이 부수적으로 생기게 되는 것을 모두 합하여 유위법이라고 한다.

(2) 무위법無爲法은 절대불변의 법이라는 뜻이다. 생도 없고(不生) 멸도 없으며(不滅) 증가도 없고 감소함도 없는 진리를 뜻한다. 이와 같은 무위법은 진여眞如를 뜻하며 진여는 법계法界, 법성法性, 법주法 住, 불허망성不虛妄性, 불변이성不變異性, 평등성平等性, 실제實際 등 십종의 별명이 있다.[2]

진여와 같이 허망한 성품이 아니며 평등한 성품이며 변화가 없는 만법의 본성이 된다. 그러므로 만법의 현상은 변화가 있지만 본성인 무위법은 변하지 않는다.

무위법은 만법의 성품이며 생명체라 할 수 있다. 우주 삼라만상을 모습(相)과 성품(性)으로 나누어 말한다면 모습이 변화하는 현상은 유위법에 해당하고, 모습이 없는 성품은 변하지 않는 무위법에 해당한다. 그리하여 유위법과 무위법은 따로 떨어져 있는 것이 아니라 둘(二)이 아닌 한몸(不二)이 되어 이 세상을 움직이고 있는 것이다.

5) 공共과 불공不共

(1) 공共은 공동의 업력(共業)을 뜻한다. 우주의 삼라만상은 공동의 인연으로 창조되었음을 뜻한다. 이 세상의 모든 존재는 이 세상에서 살고 있는 모든 생명체의 업력에 의하여 창조되었다는 뜻이다. 인간이 살고 있는 사회도 각자의 업력이 도와서 공동의 업력으로 이루어지게 되었다. 공업共業과 공연共緣의 성능은 우주 창조의 근원이 되어 왔다.

(2) 불공不共은 개인과 개체를 형성하는 업력을 뜻한다. 모든 개체는 오로지 개인의 업력만으로 조성되는 것이다. 이를 불공업不共業이라고 칭한다.

이와 같이 업력은 공동의 업력이 있고 단독의 업력이 있다. 그러나 서로 떨어져 있는 것이 아니라 서로 화합하며 이 세상을 유지한다. 모든 존재는 서로 인연하여 존재하는 것이며 개체는 개성을 유지하게 하는 인연의 도리道理로 존재하며, 이는 부사의한 인과因果의 법칙이라

---

2 『대반야경』 권제46, p.262하.

할 수 있다.

이상 경전에 의거하여 일체법의 뜻을 살펴보았다. 그 내용에서 알 수 있는 바와 같이 유위법과 무위법 그리고 유루법과 무루법 등을 깊이 관찰하여 보면 전 우주의 모습(相)과 성품(性)을 모두 관찰하게 된다. 이와 같이 법法을 일체법이라 칭하고 일체법은 모두 무소유無所有하다는 것을 바르게 배우고 깨닫도록(應學應知)하라고 가르치고 있다.

이처럼 보살들에게 대승 교리를 마땅히 배우고 마땅히 깨닫도록 하라고 하는 응학응지의 권학설勸學說은 보살들에게는 필수과목이다.

제7장 마하살의 대비행

보살은 대승심大乘心에 귀의하여 보리심을 발생하는 수행을 한다. 불타는 수행자들에게 반드시 무소유와 공空, 진여심 등의 교리를 배우고 깨닫도록 하라(應學應知)고 훈시하였다. 대승 교리를 알게 된 보살은 이들 교리를 화두로 삼아 모든 법의 성품을 깨닫는 선정禪定을 수행한다. 불타는 선정을 통하여 마음을 정화하고 마음의 지혜를 발생시키는 마음의 수행을 열심히 하라고 하였다. 마음의 번뇌가 제거됨에 따라 지혜의 힘은 더욱 강해지는 것이며, 지혜가 강해짐에 따라 있는 것이 없다는 무소유無所有의 진리를 깨닫게 된다. 이때의 지혜는 무소유의 진리를 깨닫고 집착하지 않는 것으로서 무소득無所得이라고 칭한다. 보살은 접촉하는 대상은 자성自性이 없다는 것을 깨닫고 집착하지 않는 지혜를 발생한다.

망식은 접촉하는 대상에 대해서 선악과 고락 등이라고 분별하여 인식한다. 그러나 대지혜는 대상의 현상은 물론 대상의 성품을 깨닫는다. 이러한 대지혜를 마하반야摩訶般若라 하고 금강반야金剛般若라고 칭한다. 마하반야는 대지혜를 뜻하고 대지혜는 대승심에서 발생하는 지혜를 뜻한다. 금강반야도 금강과 같은 견고한 지혜를 뜻한다. 대승불교에서 최상의 지혜를 금강반야라 하고 최상의 삼매를 금강삼매라고 한다. 이와 같은 금강의 뜻은 대승의 뜻과 같다.

대승은 마치 이 세상에서 허공보다 더 큰 것이 없는 것과 같이 우주를 감싸고도 남음이 있는 것을 뜻한다. 이러한 대승과 금강의 사상을 가장 잘 수용하는 수행자를 마하살이라고 한다. 마하살이라는 칭명 자체가 대승의 뜻을 구족한 칭명이며, 마하살이 수행하는 선정의 힘도 금강과 같아서 금강삼매라고 칭한다.

대승불교는 지혜를 중시한다. 지혜로 말미암아 만법을 깨닫게 되며 성불成佛도 할 수 있기 때문이다. 이러한 지혜를 불모佛母라고 칭한다. 그래서 경전의 제목을 '대반야바라밀다경大般若波羅蜜多經'이라고 정한 것은 대지혜로 피안에 도달케 하는 경전이라는 뜻이다.

망식은 고苦와 낙樂 등이라 분별하지만, 지혜는 현상을 깨닫는 것은 물론 나아가 성품의 진여眞如를 깨닫는다. 이 지혜는 보리심과 대승심에서 발생한다. 일설에서는 지혜는 법신法身에서 발생한다고 하였다. 그러므로 지혜와 대승은 다르지 않다(般若不二大乘)라고 하였다.

모든 보살은 보리심과 대승심에 도달하기 위하여 대자대비의 수행을 한다. 대지혜로서 대승심과 보리심에 도달하기 위하여 육바라밀을 수행하고 금강삼매의 선정 등을 수행한다. 보살은 또 사무량심과 삼십칠조도품三十七助道品 등을 수행한다.

이들 수행을 대승상大乘相이라고 칭한다. 대승심大乘心에서 발생하는 모습이라는 뜻이다. 이들 수행사상 가운데 중생들에게 이익을 주는 수행을 육바라밀이라고 한다. 육바라밀의 수행은 『반야경』 등 대승경전에서만 설하고 있다. 대승경전에서는 수행 덕목 가운데서 육바라밀 수행을 가장 먼저 설하고 있다.

『반야경』에서는 육바라밀의 수행을 대승상大乘相이라고 칭한다. 대승상은 대승심에 의하여 나타난 모습을 뜻한다. 그 모습은 곧 육바라밀 등 수행의 모습을 말한다. 육바라밀뿐만 아니라 선정(三昧) 수행을 비롯하여 사무량심 등의 수행을 대승상이라고 칭한다. 이와 같은 수행의 모습을 대승상이라고 한 것은 내면의 대승심으로부터 발생한 대승의 모습이라는 뜻이 함축되어 있다. 대승심을 신봉하고 대승심으로부터 발생하는 대승적인 행위를 대승상이라고 한다. 보살들은 이러한 대승상의 긍지를 갖고 보다 더 대승적인 수행을 하고자 서원을 세운다.

대승행을 집약한 문구를 환대승개環大乘鎧라고 한다. 수행을 대승의 갑옷을 입고 한다고 한 말은 용맹정진을 가리키는 말이다. 이는 보살들이 자신의 정화에 치우치는 수행만을 하다가 대승의 사상을 깨닫고 한층 더 대승적인 이타행을 하겠다는 맹세와 같은 비유의 명칭이라 할 수 있다. 환대승개의 수행사상은 대승불교의 수행사상을 가장 잘 표현하고 있으며 대비大悲의 이타사상을 한눈으로 알 수 있게 하고 있다. 이러한 환대승개의 이타행을 구현하는 수행자를 마하살이라고 칭한다. 마하살은 대승의 진리를 통달하고 대비의 이타행을 통하여 유정들을 성숙시키고(成熟有情) 불국토를 청정하게 장엄한다(嚴淨佛土)라는 불사를 한다.

이제 마하살의 뜻과 수행사상을 살펴보고자 한다.

1. 마하살의 대승선

마하살은 대승사상을 가장 잘 실천하는 보살을 뜻한다. 마하摩訶는 대승을 뜻하고 살薩은 보살을 줄인 명칭이다. 대승의 뜻을 요약하면 대大는 허공과 같이 크다는 뜻이다. 특히 마음이 광대함을 뜻하며, 대심大心 또는 광대심廣大心의 명칭도 대승의 뜻에 따라 지은 명칭들이다.

이와 같은 대승의 마음은 허공과 같이 클 뿐만 아니라 허공이 항상 때 묻지 아니하고 청정함을 뜻한다. 그리고 허공은 만물을 포용하고 만물이 자유자재하게 왕래하고 자유롭게 존재하도록 함과 같이 대승의 마음도 일체중생을 자비롭게 대하고 그들의 고통까지도 없애주는 대자대비의 행行을 나타낸다.

승乘의 뜻은 마음의 움직임을 뜻하며 모든 행동을 뜻한다. 그러므로 승乘을 운재運載라고 번역한다. 운재를 직역하면 짐을 싣고 운반해 간다는 뜻이다. 이는 마음의 힘을 나타내는 것을 비유로써 설명하는 것이다.

마음은 크고 작은 행동을 나타내는 힘을 가지고 있으며 지혜로운 마음으로 힘을 크게 나타내는 것을 대승大乘이라고 한다. 본래 대승은 보리심과 진여심과 함께 법계에 충만한 절대의 대승을 뜻한다. 그러나 발심하여 성불에 이르기까지 마음의 정화에 따라 차별이 있게 된다. 이에 의하여 소승과 대승으로 나누어 칭하게 될 뿐이며 정해져 있는 것이 아니다. 누구나 대승의 보살이 될 수 있는 사상을 대승사상이라고 한다.

보살 가운데서 대승사상을 마음에 가득 채운 수행자를 마하살이라고 칭한다. 경전에서는 보살이 대승사상을 실천하여 마하살이 되는 과정을 설명하고 있다. 여기에서 보살이 마하살의 명칭을 갖게 되는 것을 몇 가지 간추려 설명하고자 한다.

1) 마하살의 수행

불타는 보리수 아래에서 스스로 체득한 금강삼매를 수행하고 정각을 이루어 성불하였다. 성불한 이후에는 금강삼매의 수행법을 제자들에게 전수하였다. 보살 가운데 금강삼매를 수행하여 자신을 정화하고 초지初地 이상의 대보살이 된 이를 마하살이라고 한다. 이와 같이 금강삼매의 선법은 대승심을 발생케 하는 선정이기 때문에 대승선大乘禪이라고 칭한다.

이제 『반야경』을 비롯한 대승경전에서 설명하고 있는 금강삼매의 진면목을 알아보기로 한다. 금강삼매는 대승선의 뿌리가 되고 있기 때문에 매우 주목된다.

『반야경』에서 보살이 마하살이 되는 수행을 다음과 같이 설명하고 있다. 보살과 마하살이 반야바라밀을 수행할 때 다음과 같이 수행한다. 마하살은 삼라만상에 집착하지 않은 무소득無所得을 수행의 방편으로 삼아 금강삼매(金剛三摩地)의 선정 수행을 한다. 그리고 집착하지 않는 것(無所得)을 방편으로 삼아 집착하지 않고(無着), 조작함이 없으며(無爲), 오염되지 않고(無染), 번뇌의 구속에서 벗어난 해탈解脫의 선정을 수행한다.

보살은 허공삼매(虛空三摩地)의 선정을 수행하며 깨달음을 얻어 무애자재하다. 이와 같은 여러 가지 인연에 의하여 보살마하살은 대유정들 가운데(大有情衆中)에서 우두머리(上首)가 되어 대중들을 교화한다. 이러한 까닭으로 보살의 이름은 다시 마하살이라는 이름을 얻게 된다(菩薩復名摩訶薩)[1]라고 기록하고 있다.

이 문장은 『대반야경』「마하살품摩訶薩品」에 기록된 내용이다. 여기서는 보살이 발심하여 마하살이라는 최상의 이름을 얻을 때까지의 과정을 잘 정리하고 있다.

보살마하살은 집착이 없는 마음으로 금강삼매를 수행한다. 금강삼매는 삼라만상을 접촉하여도 집착하는 마음이 일어나지 않는 선정을 말한다. 이 금강삼매는 대승경전에서만 설하고 있다. 대승심을 신봉하는 마하살들이 수행하는 최고의 선정이다.

금강삼매를 수행해야 성불할 수 있다는 점에서 대승선大乘禪이라고 칭한다. 한편 다른 선정은 번뇌의 힘을 조복하여 마음을 고요하게 하는 성능은 있다. 그러나 시간이 지나면 번뇌를 다시 야기하게 된다. 그러나 금강삼매의 선정은 말나식과 아뢰야식이 훈습한 번뇌의 뿌리까지 단절시킨다. 이와 같은 금강삼매를 수행하는 보살은 마하살의 칭호를 받게 된다.

금강삼매는 대승심과 진여심과 보리심에서 발생한다. 금강삼매를 구족하는 보살은 대중을 위하여 이타행을 하면서 대중의 상수가 된다. 이러한 인연으로 보살을 다시 마하살이라고 칭하는 것이다.

---

1 『대반야경』 권제47, p.264중.

2) 마하살의 금강심

위에서 마하살이 수행하는 금강삼매를 살펴보았다. 다음에는 보살이 금강심金剛心을 일으켜서 마하살의 이름을 얻게 되는 문헌을 살펴보고 자 한다.

보살마하살은 금강유심金剛喩心을 발생한 연후에는 결정코 후퇴하 거나 파괴되지 아니한다. 이 금강유심으로 말미암아 중생도 불성佛性 의 소유자임을 깨닫고 이타심利他心을 일으킨다. 이타심으로 말미암아 대유정大有情들 가운데서 지도자(上首)가 된다. 보살은 중생을 교화할 때 견고한 갑옷을 입고(環堅固鎧), 또한 대승의 옷을 입고(環大乘鎧) 정진한 인연으로 마하살의 이름을 얻었다라고 하였다. 이와 같이 용맹정진하면 수승한 금강삼매가 발생하며 동시에 금강심도 발생한 다. 금강삼매가 발생하면 망심이 찰나에 없어지고 최상의 지혜가 가득 차게 된다. 금강삼매가 발생하면 금강심도 발생하게 된다. 이와 같이 금강삼매를 수행하는 보살을 마하살이라고 칭한다.

이들 마하살은 성문승과 연각승의 선정과 차별하는 수행을 한다. 그러므로 보살들은 성문승과 독각승과 함께하지 않는다(不共聲聞獨 覺). 그리고 성문승과 독각승과 함께 섞이지 않는다(不雜聲聞獨覺).

이와 같이 소승적인 수행과 대승적인 수행을 비교하는 논설이 있다. 성문승과 독각승은 자신만을 위한 수행을 하고 대중을 위해서는 매우 소극적이다. 그리고 대승 교리를 부정하는 태도를 자주 보인다.

(1) 유방편有方便과 무방편無方便의 차별

불타는 수행자들에게 방편이 있는 것과 없는 것을 차별하고 있다.

방편은 수행의 방법을 뜻한다. 방편이 있는 수행을 무소유無所有의 수행이라 하고 무소득無所得의 수행이라고 한다. 무소유는 삼라만상이 공空한 것을 뜻하고, 무소득은 삼라만상이 공한 것을 깨닫고 집착하지 않는 것을 뜻한다. 이와 같이 무소유의 진리를 관찰하고 무소득의 수행을 방편수행이라고 한다. 그러나 방편이 없는(無方便) 수행은 곧 공空의 뜻과 같은 무소유의 진리를 착각하고 집착하게 되는 것(有所得)을 뜻한다.

그러므로 보살들은 방편이 있는 수행을 하여 집착을 하지 않는 수행을 한다. 집착이 없는 방편을 수행하는 마하살은 결국 금강삼매와 금강심을 증득하게 되며 보살 수행자의 명칭도 마하살이라고 칭한다.

(2) 금강삼매의 대승선

성문과 연각은 마음을 고요하게 하고 마음만을 편하게 하는 것을 열반으로 알았다. 또한 이승二乘들은 보고 듣고 냄새 맡고 맛을 알고 촉감을 아는 주체를 의식意識이라고 생각하였다. 그리고 의식을 정화하면 열반과 해탈의 실현이 될 것으로 생각하였다. 그러나 대승불교를 신앙하는 보살들은 의식은 물론 말나식과 아뢰야식이 일으키는 미세한 번뇌까지도 정화해야 한다고 생각하였다.

말나식과 아뢰야식의 번뇌는 소승적인 선정 수행만으로는 번뇌의 세력을 단절하지 못하고 조복調伏할 뿐이었다. 그러나 지혜 있는 보살들은 대승경전을 읽고 대승적인 선정만이 번뇌를 단절할 수 있다는 것을 알게 된다.

대승적인 선정은 곧 금강삼매를 뜻하며 금강삼매는 대승심大乘心에서 직접 발생하는 선정을 뜻한다. 금강삼매는 보통 보살의 마음에는 잘 나타나지 않는다. 대승의 갑옷을 입고 정진하는 선정이 축적되어야만 금강삼매가 발생하게 된다. 금강삼매가 발생하는 선정을 수행하는 보살만이 성불할 수 있고 마하살이라는 칭호를 얻게 된다.

경전에 의하면 일반 보살들도 육바라밀 등을 필수적으로 수행하지만 그러나 대승의 갑옷을 입고 수행하듯이 용맹스럽게 수행해야 한다고 하였다.

대승의 갑옷을 입는다는 것은 수행자의 마음에 대승심의 정신력으로 무장한 것을 뜻한다. 대승심의 심력心力은 법계法界에 가득 찬 광대한 힘을 뜻한다. 대승의 갑옷을 입는 정신으로 선정을 수행하면 금강삼매가 신속하게 형성되며 이런 선사禪師를 마하살이라고 칭한다.

2. 마하살의 대비와 홍익인간

인성人性을 뜻하는 대승성大乘性은 혼자만을 생각하는 성품이 아니다. 대승성은 모든 중생들이 평등하게 지니고 있는 인간의 성품이다. 이 대승성은 모든 중생들을 구제하고 고통을 제거해 주는 대비심大悲心을 발생하는 성품이다. 대비심은 이타행을 발생하는 근원이 되므로 대비심이 없는 마하살은 있을 수 없다. 그러므로 마하살의 수행은 대비를 상수上首로 하는 것이다. 육바라밀의 수행도 대비에 의하여 실현된다.[2]

---

2 『대반야경』 권제48, p.227하.

경전에서는 다음과 같이 나타나고 있다.

"마땅히 일체지지심一切智智心과 상응하고 무소득無所得을 방편으로 삼아 일체중생과 공동으로 아뇩다라삼먁삼보리를 증득하는 정진을 해야 한다. 그리고 일체법은 모두 필경에는 공空한 것임을 관찰하면서 대비심大悲心을 상수上首로 삼아 정진해야 한다."

일체지지심은 보리심 또는 대승심에서 발생하는 불타의 지혜를 뜻한다. 보살은 일체의 법이 공한 것임을 관찰하여야 모든 중생들도 평등함을 깨닫게 된다. 중생들의 불성을 지니고 있을 깨달음으로 말미암아 중생을 교화해야겠다는 마음이 발생하게 된다. 이를 대비심이라 하며 대비심을 지닌 보살을 마하살이라고 칭한다.

초기불교는 몸과 마음을 정화하고 악업을 짓지 말고 선업을 지으라는 자리自利적인 교리를 설하였다. 그러나 이타행의 뿌리가 되는 대비사상大悲思想도 초기 경전에 나타나고 있다. 『증일아함경增壹阿含經』에는 "대비의 이타행으로 중생들을 널리 이익케 한다(弘益衆生)"라는 문장이 나타나고 있다. 이 문장은 불타가 설한 최초의 대비사상이며 대자대비의 이타행을 강조한 근원이 된다고 할 수 있다. 너무나 소중한 대비의 이타사상이기 때문에 경전의 전문을 옮겨 보고자 한다.

(1) 어린아이는 우는 것으로 힘을 삼고(小兒以啼爲力)

(2) 여인은 성내는 것으로 힘을 삼으며(女人以瞋恚爲力)

(3) 사문은 참는 것으로 힘을 삼고(沙門以忍爲力)

(4) 국왕은 교만한 것으로 힘을 삼으며(國王以驕慢爲力)

(5) 아라한은 고요한 마음으로 힘을 삼고(阿羅漢以靜慮爲力)

(6) 불타는 대자비를 이루고 대비로서 힘을 삼아 중생들을 널리

이익케 한다(諸佛世尊 成大慈悲 以大悲爲力 弘益衆生). [3]

이와 같이 『증일아함경』에는 여러 신분의 인간이 자신의 생각을 나타내는 데 있어서 독특한 힘을 나타내어 언설로 삼는다고 하였다.

여기서 주목하고 싶은 것은 모든 부처님과 세존께서는 대자비를 성취하고 대자대비 가운데서 대비로서 힘을 삼아 중생들에게 이익을 준다는 설명이다. 중생들을 교화하고 구제하는 데 대자大慈보다는 대비大悲의 이타행이 최상이라는 것을 잘 나타내주고 있는 것이다. 그리고 중생은 곧 인간을 뜻한다. 그러므로 홍익중생弘益衆生은 홍익인간弘益人間의 뜻과 같다.

인간에게 이익을 주는 이타행은 대비의 이타행이 근본이 된다는 것이다. 『증일아함경』의 대비사상은 모든 경전의 대비사상의 근원이 되고 있다는 것이다.

3. 마하살과 유정들의 상수

대승불교는 보리심을 발생하여 중생들을 교화하고 구제하는 이타행을 한다. 이타행의 사상은 대비를 상수한다(大悲爲上首)라는 문구에서 잘 나타내고 있다.

보살은 중생들과 함께 생활하면서 중생들의 고통을 없애주는 것을 대비大悲라고 한다. 자慈는 중생들에게 즐거움을 주는 것(興樂)을 뜻하

---

3 『증일아함경』 권제31, p.717중.

고, 비悲는 고통을 없애주는 것(拔苦)를 뜻한다. 대승불교는 중생들의 고통을 없애주는 공덕을 더욱 높이 평가한다. 그러므로 대비를 상수上首로 한다고 한다. 상수는 우두머리 또는 으뜸 그리고 지도자라는 뜻이다. 보살은 여러 가지 방편으로 중생을 구제하는 정진을 하는데, 그 가운데서 중생의 고통을 없애주는 대비를 상수로 한 이타행을 하기 때문에 보살을 다시 마하살이라고 칭한다.

보살은 이와 같은 자비심으로 대비의 이타행을 함으로 말미암아 필연적으로 대중들 가운데에서도 상수가 된다(於大有情衆中定當得爲上首). 경전에 의하면 보살은 대유정들 가운데서 상수가 되어 무지無智를 타파하고 교화를 하며 고통을 없애주는 수행을 한다. 그리고 생사生死 윤회를 하는 삼계의 윤회세계에서 한없는 세월이 지나는 동안 생사에서 해탈케 하는 대비의 이타행을 한다. 이와 같이 중생들을 교화하고 구제하는 보살을 다시 마하살이라고 칭한다.

이와 같은 여러 가지 이타행의 공덕으로 마하살을 인중용人中龍이라고 찬탄한다. 사람 가운데서 용이 된다는 말이다. 이는 마하살이 인간의 지도자가 되어 유정들을 성숙케 하고(成熟有情) 국토를 정화하여 청정한 불국토(嚴淨佛土)를 창조하는 불사를 하고 있기 때문이다.

대승불교는 마하살의 인격과 대비심을 심어주는 종교이다. 혼자서 참선하고 기도하여 마음을 정화하는 것을 자리적 수행(自利行)이라 한다. 자리적 수행만으로 성불하기가 어렵다고 한다. 경전에 의하면 마하살과 같이 대자대비의 이타행을 해야만 신속하고도 마땅히 부처가 될 수 있다고 하였다. 이러한 수행의 이념을 사자성어로 속당작불速當作佛이라고 하였다.[4]

불타는 마하살의 이타행에 대하여 성불할 수 있다는 수기授記를 주고 있다. 수기는 마하살들만이 진실한 불타의 제자이며 반드시 성불할 수 있는 자격이 있다는 것을 인정한다는 뜻이다.

---

4 『대반야경』 권제47, p.271하.

제8장 초발심과 구경각

1. 초발심과 대승심

보통 중생들의 마음을 망심妄心이라고 말한다. 망심은 진리를 망각하여 무지를 발생한 무명無明을 비롯하여 번뇌를 일으키는 마음을 뜻한다.

망심의 체體는 아뢰야식을 비롯하여 말나식未那識과 의식意識 등 팔식八識을 말한다. 이들 망식은 스스로 장애하고 결박하여 여러 고통을 조성한다. 탐진치貪瞋痴 등의 크고 작은 번뇌를 조성한다. 망식은 보통 선한 마음과 악한 마음을 발생하여 선업과 악업을 조성한다. 이들 업력은 반드시 선과善果와 악과惡果를 받게 하는 요인이 된다. 그리고 삼계와 육도에 윤회하게 하는 힘을 발생하게 하는 것을 업력業力이라고 한다. 그러므로 망심을 정화하는 노력이 필요하다. 망심을 정화하려면 먼저 중생의 마음에는 진여심眞如心과 대승심大乘心이 보존되고 있다고 스스로 깨달아야 한다. 진여심과 대승심은 중생의 본심本心이다. 본심은 중생이 지니고 있는 본래의 마음을 뜻한다.

인간은 망심에 가려져 본심이 있는 것을 망각하고 본심을 외면하면서 살고 있다. 그러나 불교를 만나 진여심과 대승심을 보존하고 있는 것을 알게 되고 아는 것으로 끝나는 것이 아니라 진여심과 대승심을 믿게 된다.

진여심을 깨닫고자 하는 마음이 간절하면 본심으로부터 망심을 정화하면서 의식 위에 나타나게 된다. 이것을 발심發心이라고 한다. 발심은 내면의 보리심菩提心이 발생한 것을 뜻한다. 처음으로 보리심이 마음 위에 발생한 것을 초발심初發心이라고 칭한다. 초발심은 처음으로 보리심이 마음 위에 발생했다는 뜻이다. 보리심은 진여심을 뜻하며 대승심을 뜻한다. 그리고 바른 깨달음(正覺)을 발생하게 하는 원인이 된다. 그리고 청정한 마음속에서 신심信心과 보리심이 화합하여 발생하는 것을 초발심이라고 칭한다.

처음 발심한 찰나부터 그 수행자는 보살이 된다. 보살은 보리심을 발생하여 다른 사람을 도와주는 이타적인 수행자를 뜻한다. 보리심은 대승심을 뜻하며 대승심은 보리심을 뜻한다. 그러므로 보리심을 발생한 수행자를 대승보살이라고 칭한다.

대승심을 믿고 보리심을 믿는 것을 신심이라고 한다. 신심이 있어야 올바른 수행을 할 수 있다. 선정을 수행하고 육바라밀을 수행하는 것은 신심을 갖고 모두가 본심인 보리심과 진여심을 깨닫기 위한 수행이다. 깨달음은 본심으로 되돌아가는 수행이다. 이에 대하여 원효대사는 환귀심원還歸心源이라고 하였다. 즉 마음의 근원인 진여심으로 돌아간다는 뜻이다. 이러한 환귀심원의 사상은 경전에서는 피안에 도달한다(到彼岸)라는 사상과 일치된다. 피안은 곧 심원을 뜻하며 심원은 마음의 근원을 뜻하며, 마음의 근원을 보리심이라 하고 진여심이라 하며 대승심이라고 한다.

초발심으로부터 망심을 정화하고 마음의 본심인 대승심 또는 진여심으로 돌아가자는 사상이 바라밀다波羅蜜多 사상이다. 바라밀다는 피안에 도달한다는 뜻으로 도피안到彼岸이라고 한다. 경전에 의하면 초발심으로부터 내지 구경각究竟覺에 이르기까지라 하고, 또는 초발심으로부터 내지 성불에 이르기까지[1]라고 기록하고 있다.

한 기록에 의하면 보살은 피안에 이르러 구경각을 이르고 성불하는 것을 목적으로 하여 용맹정진의 수행을 해야 한다고 하였다. 경전에서는 중생이 발심하여 보살이 되는 과정을 다음과 같이 기록하고 있다.

불자는 불타의 설법을 들음으로 말미암아 신심이 견고하게 되고 대승심大乘心을 신앙하는 신심信心이 깊어지게 된다. 불성은 깨달음의 근원이 되기 때문에 깨달음의 인연을 만나면 누구나 성불할 수 있다. 『대열반경大涅槃經』에서는 "일체중생은 모두가 불성이 있으며, 불성佛性은 대신심大信心이라고 이름하여 대자대비大慈大悲를 일으키는 성품을 불성이라고 이름한다(一切衆生悉有佛性 佛性者名大信心 大慈大悲 名爲佛性)"[2]라고 하였다.

이와 같이 일체중생들은 불성을 지니고 있다. 불성은 큰 신심을 일으킬 수 있으며 그리고 또 대자대비의 마음을 일으킬 수 있는 근원이 된다는 것을 설명하고 있다. 불교에 입문하려면 불교의 교리를 접하여

---

1 『대반야바라밀다경』 권제513, p.621중.

2 『대반열반경』 권제32, p.556하.

신심을 일으켜야 한다. 그 신심은 마음속의 불성에서 발생한다. 신심은 불성을 믿는 것을 뜻하며 대승심을 믿는 것을 말한다. 대승심을 믿는다는 것은 '대승기신론'이라는 저술의 명칭에서 잘 나타내주고 있다.[3] 이 저술의 이름을 풀이하여 보면 '대승심大乘心'에 대하여 믿음을 일으키는 논전'이라는 뜻이다. 이와 같이 불성과 대승심은 신심을 일으키는 근원이 되는 것이다.

『반야경』에서는 "모든 보살과 마하살은 모두가 대승심에 의거하여 근면하게 배우고 수행하면 무상정등보리를 신속하게 깨달을 수 있게 된다(諸菩薩摩訶薩 皆依大乘 精勤修學 速證無上正等菩提)"[4]라고 하였다.

이 문장도 모든 보살과 마하살들이 대승심에 의거하여 정근하고 불교를 배우며 수행해야 한다는 것을 가르치고 있다. 중생은 무명과 번뇌를 일으키는 망심에 의하여 생활한다. 그러나 보살들은 망심을 멀리하고 본성에 있는 대승심까지 관조하여 들어가서 대승심의 힘을 받아 수행하게 된다. 선정의 힘으로 망심의 세력을 약화시키고 지혜의 힘을 받아서 자유로운 선정을 수행하게 된다. 마침내 선정과 대승심이 둘이 아닌 경지에 도달하여 대승심을 완전하게 발생시킨다. 이때에 삼매를 금강삼매金剛三昧라 하며 금강삼매에 의하여 미세한 번뇌를 청정하게 소멸시키게 된다.

이때에 대반야(大智慧)가 발생하고 대열반大涅槃이 발생한다. 대지혜와 대열반은 어디에서 생기는가! 보리심과 대승심에서 발생한 것이다. 대승심은 대비심을 떠나서 생각할 수 없다. 그리고 대비심은 육바라

3 원효 찬, 『대승기신론소』 p.2.
4 『대반야바라밀다경』 권제60, p.343중.

밀을 행하는 것을 상수로 삼는다. 육바라밀다를 수행하면서 집착하지 말라고 한 것은 수행자들에게 자신만을 높이는 아만을 갖지 말라고 훈시한 것이다.

2. 육바라밀다와 발취대승

육바라밀다는 보살들의 계율이다. 보리심을 발생하였기 때문에 보살의 자격이 있게 되었으며, 보리심을 발생한 보살은 반드시 이타적인 육바라밀다를 수행해야 할 의무를 갖게 된다. 이유는 보리심이 곧 중생을 구제하고 교화해야 할 이타심의 근원이 되기 때문이다.

　그러므로 경전에서는 육바라밀다를 수행하는 보살의 실천을 대승상大乘相이라고 하였다. 대승상은 대승심에서 발생한 모습이라는 뜻이다. 보살은 대승의 진리를 깨닫고 대승심을 신앙하며, 소승심에서 대승심으로 전환하여 대승보살이 되는 것이 보살의 수행이다. 이것을 발취대승發趣大乘이라고 칭한다. 발취대승의 수행은 다음과 같다.

　첫째, 집착이 없는 무소득無所得의 마음으로 수행해야 한다.

　둘째, 일체지지심一切智智心이라는 최상의 지혜에서 떠나지 않고 수행해야 한다.

　셋째, 발취대승은 대비大悲의 수행을 뜻한다. 대비의 수행은 일체중생들의 고통을 없애주는 것을 뜻한다. 경전에는 대비에 대한 중요한 덕목을 다음과 같이 설하고 있다.

　1) 성품이 포악한 자에게는 인욕을 행할 수 있도록 가르쳐 준다(性暴惡者敎行忍辱).

124

2) 게으른 자에게 근면과 정진을 행하도록 가르쳐 준다(懶惰懈怠教行精進).

3) 마음이 산란한 자에게는 고요한 마음을 수행하도록 가르쳐 준다(散亂心者教行靜慮).

4) 마음이 우치한 자에게는 오묘한 지혜를 배우도록 가르쳐 준다(諸愚痴者教學妙慧).

5) 유정들을 제도하기 위하여서는 비록 여러 가지 극도의 고통과 어려운 일을 만난다 할지라도 끝까지 대보리심을 버리지 않고 제도한다(爲度有情 雖遭 種種極苦 難事 終不捨離 大菩提心). 이와 같은 종류의 수행을 대비라고 이름한다(如是等類名爲大悲).[5]

이처럼 같이 대비의 뜻은 매우 광범위하다. 이와 같은 수행을 하는 것을 발취대승發趣大乘이라고 한다. 마음의 대승심에 도달하려면 혹독한 수행을 해야 한다. 안으로는 두터운 번뇌를 정화하고 밖으로는 대비의 이타행을 수행하여 복福과 덕德 그리고 지혜를 구족한다. 이와 같이 초발심 이후에는 동요가 없는 마음인 부동심不動心으로 보시, 지계, 인욕, 정진, 선정, 지혜 등 육바라밀다를 수행한다.

대승불교의 모든 수행은 대승심 또는 보리심으로 돌아가기 위한 수행이다. 그것을 바라밀다라고 한다. 바라밀다의 수행은 금강삼매金剛三昧의 선정을 비롯하여 모든 선정사상도 대승심과 진여심 그리고 보리심과 공심空心의 본래의 마음으로 돌아가자는 것이다. 경전에서는 대승심으로 귀의하는 수행을 발취대승이라고 하였다.

---

5 『대반야바라밀다경』 권제568, p.931상.

발취대승의 뜻은 대승의 마음을 돌아가자는 뜻이다. 이 뜻을 경전에서는 다음과 같이 설명하고 있다. 불타는 중생들에게 이기심으로 나(我)만 알고 욕심만 내는 작은 마음(小心)을 버리고, 남을 배려하고 남을 포용하며 자비를 발생하는 큰마음(大心)으로 돌아가라고 하였다. 큰마음으로 돌아가는 것을 바라밀다라고 줄여서 가르쳤다.

바라밀다는 대승심에 도달한다(到彼岸)는 뜻이다. 대승심으로 돌아가자는 사상은 인도불교의 대표적인 학자인 무착보살(無着菩薩, 서기 4세기)에게 크게 영향을 끼친 것 같다. 무착보살은『대승장엄론大乘莊嚴論』이라는 책에서 "삼보三寶에 귀의하는 가운데서도 대승에 귀의하는 것이 제일이다(釋日 一切歸依 三寶中應知 大乘歸依 最爲第一)"라고 하였다. 무착보살은 대승불교를 크게 발전시킨 학자로서 대승불교 발전을 위하여 힘주어 주장한 것을 나타내고 있다. 불타는 대중들에게 모든 보살들의 수행은 대승상大乘相이라고 칭하고 대승의 갑옷을 입고(環大乘鎧) 대승심을 향하여 나아가라(發趣大乘)라고 하였다.

대승불교에 귀의한 보살은 이와 같이 수행하여 마하살이 되며 구경에는 성불하게 되는 것이다. 또 하나의 초발심 사상을 살펴보고자 한다.

3. 대비심과 구경각

마하살은 처음 발심(初發心)하여 내지 구경각에 이르기까지 일체지지심一切智智心을 여의지 않는다. 그리고 항상 대비심을 상수로 삼는다. 그리고 비록 육바라밀다를 수행한다고 하더라도 그 육바라밀의 현상을 집착해서는 안 된다고 하였다. 이 문장은 처음 발심하여 최고의 지혜에 해당하는 일체지지심을 마음에서 떠나지 않도록 하며 이타적인 수행을 대표한 대비심을 구현하는 수행을 해야 한다고 하였다. 그리고 육바라밀을 수행할 때는 육바라밀다라는 현상에 집착하지 말고 아만이 없는 진실한 마음으로 수행해야 한다고 하였다. 이 문장은 대승보살이 수행해야 하는 교리로서 귀감으로 삼고 수행의 법도로 삼으라는 수행 사상을 가르친 것이다.

'처음 발심하면 곧 정각을 이룬다(初發心是便正覺)'라는 말이 있다. 이 말은 발심하면 모든 것을 바르게 깨닫는다는 말이다. 왜냐하면 보리심은 지혜를 발생하는 마음이기 때문에 항상 접촉하고 있는 대상들을 바르게 깨닫게 된다는 뜻이다. 초발심과 더불어 정각을 이루고 수행하는 것을 보살의 수행이라고 한다.

반야는 곧 대승과 다름없다(般若不異大乘)라고 한 바와 같이 처음 발심한 보살은 지혜의 마음과 대승의 마음을 함께 지니고 크게 정진한다. 그리고 불타는 일체의 법을 접하여도 집착하지 않고 항상 선정의 마음으로 산란하지 않는다(一切諸佛於 一切法 常定不亂)[6]라고 한 바와 같이 보살들은 불타의 가르침에 따라 선정의 마음에서 일탈하지 않는다. 그러므로 보살의 수행은 항상 집착이 없는 무소유의 사상을 구현한다. 마치 공중에서 나는 새는 뒤에 실제로 흔적을 남기지 않는 것과 같다(如空中鳥跡實無所有)고 한 바와 같이 수행하는 것이다.

『반야경』에는 다음과 같이 설하고 있다. "보살마하살은 발심하여

---

6 『대방광불화엄경』 제31, p.600하.

대승심에 나아가 도달한다는 것이며, 육종의 바라밀다를 수행할 때 일지一地로부터 일지에 나아가는 수행을 하였다. 이러한 수행을 보살 마하살이 대승심에 나아간다는 것을 마땅히 알아야 한다(菩薩摩訶薩 發趣大乘者는 若菩薩摩訶薩 修行六種 波羅蜜多時에 從一地 趣一地 齊此當知 菩薩 摩訶薩 發趣大乘)."[7]

이 글은 처음 발심하여 육바라밀을 수행하며 일지에서 일지에 나아 가며 대승심을 향하여 나아가는 수행사상을 잘 설명하여 주고 있다. 이 글은 무량한 번뇌를 일으키는 망심을 정화하면서 청정한 대승심으 로 돌아가는 것을 뜻한다. 마음을 정화하는 수행은 찰나라도 초월할 수 없음을 말한다. 또한 『반야경』에 다음과 같은 말이 있다.

"일체법은 모두가 다라니와 선정의 수행(三摩地)으로 진취하게 된 다. 보살마하살은 이와 같은 진취(趣)의 수행에서 가히 초월할 수 없는 것이다(一切法皆以陀羅尼 門三摩地 門爲趣 諸菩薩摩訶薩 於如是 趣不 可超越)."

이 글은, 모든 수행자는 마음 수행과 보살도 수행에서 건너뛰는 일이 있을 수 없다는 것을 가르치고 있다. 일지에서 일지에 도달한다는 것을 대승경전에서는 52위로 나누어 설명하고 있다. 52위는 초발심부 터 십신十信, 십주十住, 십행十行, 십회향十迴向, 십지十地, 등각等覺, 묘각妙覺인데, 이러한 52위의 수행 단계를 밟아 성불할 때까지 털끝만 치도 그 순서를 어기거나 건너뛰는 일이 없다고 하였다.

수행의 52위설은 『화엄경』과 『해심밀경』 등에 있는 학설로서 절대

---

7 『대반야경』 권제446, p.249상.

로 수행 순서를 어기거나 건너뛰는 일은 없다는 것을 강조하고 있다. 이와 같은 기록은 수행자들에게 올바른 수행 절차를 밟아 수행하라는 가르침이라고 할 수 있다. 보살과 마하살은 대승의 갑옷(環大乘鎧)을 입고 정진하는 자세로 수행하면 반드시 성불할 수 있다. 대승의 갑옷을 입고 수행한다는 말은 마음의 대승심을 견고하게 하고 수행하라는 뜻이라고 할 수 있다.

『기신론起信論』에서는 진리를 처음 깨닫기 시작한 것을 시각始覺이라 하고, 52위를 수행하여 성불의 경지에 도달한 것을 본각本覺이라고한다. 본각은 본성을 깨달은 것을 뜻한다. 시각과 본각의 뜻을 다르게표현하면 시각의 기간을 점오漸悟라 하고, 본각의 찰나를 돈오頓悟라고한다. 다르게 표현하면 52위의 수행 기간을 점오라 하고, 구경각究竟覺을 이루고 성불하는 순간을 돈오라고 칭한다. 또 다른 이론을 들면의식과 말나식과 아뢰야식 등의 망식이 정화되고 동시에 지혜가 발생하는 동안을 점오라 하고, 망식이 모두 정화되고 구경각이 성취되는순간을 돈오라고 한다.

이와 같이 깨달음이 점차적으로 이루어지는 것을 점오라 하고, 구경각의 경지에 도달하여 모든 진리를 한꺼번에 깨닫는 것을 돈오라고 한다. 불타가 되는 순간을 돈오라고 한다. 돈오는 불타의 깨달음만이칭하는 호칭이라 할 수 있다.

제9장 지혜로 성불하는 수행

불타는 마음을 깨닫고 정각正覺을 이루었다. 마음에는 번뇌를 일으키는 마음이 있고 진리를 깨닫게 하는 마음이 있다. 번뇌를 일으키게 하는 마음을 망심妄心이라 하고, 진리를 깨닫게 하는 마음을 보리심이라고 한다. 『아함경』에 의하면 불타는 보리수 아래에서 금강삼매金剛三昧라는 선정을 수행하여 무상정등보리심無上正等菩提心과 진여심眞如心과 법주심法住心 등을 깨닫고 성불하였다고 하였다. 불타는 성불하신 후 『아함경』을 먼저 설하셨고 다음에는 『반야경』을 설하셨다.

『아함경』에서는 중생들에게 죄를 짓지 말고 착하게 살도록 하는 설법을 많이 하였다. 대표적인 설법을 거론하여 보면 '모든 악을 짓지 말고(諸惡莫作) 모든 선을 행하라(衆善奉行)'라고 하였다. 그리고 불타는 '마음이 청정하면 중생도 청정하게 되고(心淨卽衆生淨) 마음이 고뇌하면 중생도 고뇌하게 된다(心惱卽衆生惱)'라고 하였다. 이러한 설법은 중생의 행복과 불행은 모두가 마음에 달려 있다는 것을 가르친 것이다. 이와 같이 『아함경』은 우리 인간에게 착한 마음을 갖고 착한 행동을 하면 복을 많이 받고 고통에서 벗어날 수 있다는 도리를 가르쳐 주신 것이다.

이러한 설법은 우리 인간에게 악인은 악과를 초래하고 선인은 선과를 초래하다는 인과법을 가르친 것이다. 이러한 마음의 도리를 유식학唯識學에서는 세간유식世間唯識이라고 하였다. 그러나 『반야경』의 대승경전에서는 인간의 본성을 설명하기 시작하였다. 인간의 본성은 절대로 변하지 않고 진리로운 성품을 항상 지니고 있으면서 불가사의한 성품을 발생한다. 마음의 체體는 하나지만(一心體) 그 체성은 무량하게 작용을 일으키는 것이다. 무량한 체성 가운데서 항상 인간의 마음을 일깨워주는 체성을 알리기 위하여 방편으로 이름을 정하여 보리심, 진여심, 대승심, 공심空心 등이라고 칭하였다.

『반야경』에서는 이들 대승심으로부터 큰 지혜(摩訶般若)와 심오한 지혜(甚心般若)의 작용이 나타난다고 하였다. 그러므로 지혜심은 보리심과 다르지 아니하고, 지혜심은 대승심과 다르지 않으며, 지혜심은 진여심과 다르지 않으며, 지혜심은 공심과 다르지 아니하다고 하였다. 이러한 지혜심은 망심의 장애를 뚫고 밖으로 나타나 중생들의 마음을 비추어 지혜롭게 하는 데 원인이 된다. 이와 같은 지혜는 중생으로 하여금 망심을 정화하고 다시 보리심으로 돌아가는 주도적인 역할을 한다.

중생들이 처음 발심하면(초발심) 이때부터 보리심에 의거한 힘으로 대승행을 하게 된다. 이러한 것을 보살행이라 하며, 보리심은 자비를 발생하는 근원이 되기 때문에 타인을 도와주고 구제하는 이타행을 하게 한다. 그러므로 보살의 명칭은 보리심을 발생한 수행자 그리고 자비의 이타행을 실행하는 수행자라는 뜻이 부여된다. 이러한 보살은 처음 발심하여 성불할 때까지의 수행자가 되는 것이며 이러한 수행을 반야바라밀다라고 한다. 반야는 지혜를 뜻하고 바라밀다는 피안에 도달한다의 뜻이다. 피안彼岸은 구경각究竟覺 또는 대각大覺의 뜻이 있다. 모든 진리를 완전하게 깨닫는 것을 구경각이라 하고 모든 진리를 크게 깨달았다는 뜻을 대각이라고 한다. 이 두 가지 깨달음은 모두 같은 뜻이며 성불을 성취하는 원인이 된다. 이와 같이 발심하여 성불에 이르기까지의 수행을 반야바라밀다라고 한다. 그러므로 대승불교의 수행을 반야바라밀다의 수행이라 하며, 대승경전에서는 반야바라밀다의 수행이 제일이 되기 때문에 모든 수행 가운데서 제일 먼저 수행하도록 가르치고 있다.

이 반야바라밀다의 뜻과 그 밖의 수행사상과 함께 지혜 제일의 뜻을 살펴보고자 한다. 『대반야경』을 펼치면 '행심반야바라밀다行深般若波羅蜜多'라는 문구가 수없이 나타난다. '심반야深般若'는 깊은 지혜를 뜻하며, 바라밀다는 피안에 도달한다(到彼岸)는 뜻이다. 이를 함께 번역하면 '깊은 지혜로 피안에 도달하는 수행을 한다'는 뜻이다. 피안이라는 말은 최상의 깨달음을 뜻하는 구경각을 뜻한다. 다시 말하면 피안은 성불을 뜻한다. 보살은 처음 보리심을 발생하여 성불할 때까지 심오한 지혜를 깨닫기 위하여 수행한다는 뜻이다. '행심반야바라밀다' 의 뜻을 좀 더 자세하게 설명해 보고자 한다.

1. 심반야深般若의 뜻

심반야는 깊은 지혜를 뜻하며 이를 의역하면 깊은 진리를 깨닫는 지혜라는 뜻이다. 깊은 진리는 얕은 지혜로는 깨닫지 못하며 오로지 깊은 지혜만이 깨달을 수 있다는 말이다. 여기서 말하는 깊은 지혜는 불타의 지혜를 뜻하며 불타의 지혜를 증득한 수행자만이 피안에 도달할 수 있다는 뜻이다. 깊은 지혜를 이해하려면 깊은 뜻을 사유하여야 한다. 경전에서는 심심반야甚深般若라고도 칭하며, 심심에 대하여 여러 가지로 해설하여 수행자들을 일깨워 주고 있다.

경전에서 심심甚深의 뜻을 이해하는 데 도움이 될 수 있는 문장을 인용해 보면 다음과 같다.

1) 허공은 매우 깊은 까닭에 이 법도 매우 깊다(虛空甚深故此法甚深).

2) 진여와 법성은 매우 깊은 까닭에 이 법도 매우 깊다(眞如法性甚深故此法甚深).

3) 무량무변의 진리는 매우 깊은 까닭에 이 법도 매우 깊다(無量無邊甚深故此法甚深).

4) 오고감이 없는 진리는 매우 깊은 까닭에 이 법도 매우 깊다(無去無來甚深故此法甚深).

5) 생하고 멸함이 없는 진리는 매우 깊은 까닭에 이 법도 매우 깊다(無生無滅甚深故此法甚深).

6) 오염되거나 청정하지도 않을 만큼 깊은 까닭에 이 법도 매우 깊다(無染無淨甚深故此法甚深).

7) 조작이 없는 진리는 매우 깊은 까닭에 이 법도 매우 깊다(無造無作

甚深故此法甚深).[1]

　이와 같이 심오한 진리를 깨달으려면 심오한 지혜를 증득해야 한다
는 것을 깨닫게 하여주고 있다. 문장 가운데서 이 법(此法)은 지혜를
뜻한다. 이와 같이 진리의 심오함을 나타내고 있는 것을 심심甚深이라
고 말하고 있다. 만법의 진리는 진여의 심오함과 거래去來가 없는
심오함과 생멸이 없는 심오함과 조작이 없는 심오함이 있다고 해설하
고 있다. 이와 같은 심오한 지혜를 수행한다(行深般若)라고 한 것도
진여와 공 등의 심오한 진리를 깨닫는 지혜를 수행한다는 뜻을 나타내
고 있다. 이러한 매우 깊은 진리를 무위無爲라 하고 무상無相이라고
칭한다. 무위는 시작도 없고 끝이 없는 본래의 진리를 뜻하며 창조되거
나 조작된 것이 아니고 절대불변의 진리를 뜻한다. 그리고 무상은
모습이 있는 세간을 초월한 모습이 없는 진리를 뜻하며 모든 세간을
초월한 출세간의 진리를 뜻한다. 이러한 진리를 심오하다고 하며
불가사의라고 칭한다. 이와 같이 지혜의 심오함을 심심甚深이라고
한다.

2. 마하반야摩訶般若의 뜻

마하는 대승大乘을 뜻한다. 대승은 허공에 비유하여 해설하는 예가
많다. 허공은 세상에서 제일 크다는 뜻이 있으며 대승도 역시 허공만큼

---

1 『반야경』 권제513, p.619상.

크다는 뜻이 있다. 허공은 모든 사물이 자재하게 존재하도록 하며 항상 청정하고 모든 것을 포용한다. 대승도 역시 자유자재하며 항상 청정하고 모든 중생을 포용하는 뜻이 있다. 이와 같은 대승의 성능은 지혜의 성능으로 나타나 전 우주의 삼라만상을 빠짐없이 관찰하며 깨닫게 해준다. 그러므로 경전에서는 반야지혜는 대승과 다르지 않으며(般若不異大乘) 대승은 반야와 다르지 않다고 하였다. 그리고 반야와 대승은 동일하다고 설명하고 있다. 대승과 지혜는 근원이 같으며 마음의 본성에서 함께 발생한다. 본성은 곧 불성佛性이며, 불성에서 지혜가 발생하기 때문에 지혜와 부처는 다르지 않다고 하였다. 몇 가지 예문을 살펴보고자 한다.

1) 부처는 반야바라밀다와 다르지 아니하고(佛不異般若波羅蜜多), 반야바라밀다는 부처와 다르지 않다(般若波羅蜜多不異佛).

2) 부처는 곧 반야바라밀다이며(佛卽是般若波羅蜜多) 반야바라밀다는 곧 부처이다(般若波羅蜜多卽佛). 왜냐하면 모든 부처와 보살과 독각과 성문은 모두가 반야바라밀다로 말미암아 이 세상에 출현할 수 있기 때문이다.[2]라고 기록하고 있다. 이와 같은 기록은 반야 바라밀다는 모든 수행의 근본이 되는 것이며 피안에 도달하게 하는 안내자가 된다는 것을 확신시켜 주고 있다.

또 다른 문장을 살펴보면 '반야바라밀다로 말미암아 성문과 독각과 보살과 불타가 될 수 있고 능히 피안에 도달할 수 있게 된다. 그러므로 반야바라밀다라고 이름한다'[3]라고 기록하고 있다. 이 문장도 지혜는

2 『대반야경』 권제505, p.576하.
3 『대반야경』 권제306, p.558하.

수행자들을 피안에 도달케 하는 것이며, 보살도 되고 부처도 되게
하는 원인이 된다는 것을 강조하고 있다. 다르게 말하면 모든 인간은
마음의 지혜를 발휘하여 행복한 인생이 되라는 권고의 설법이기도 하다.
그리고 지혜는 대승인이 될 수 있도록 인성 계발의 원인이 되고 있다.

경전에서 대승은 반야바라밀다와 항상 어긋나지 아니하고 초월하지
도 아니한다(我設大乘 將無違越所說般若波羅蜜多)[4]라고 하였다. 지혜 있
는 사람은 대승의 인간이 된다는 것을 말하고 있다. 이러한 사상은
아뇩다라삼먁삼보리심阿耨多羅三藐三菩提心의 마음에서 나타난다. 이
는 무상정등보리심無上正等菩提心의 뜻이다. 더 이상 위없는 바르고
평등한 지혜의 마음이라는 뜻이다. 이것을 줄여서 보리심이라고 한다.
보리심은 항상 망심과 번뇌를 정화하고 단절하는 근원이 되며 중생들
을 일깨워주는 성능을 발생한다.

그러나 중생들은 자신의 보리심을 믿지 않는다. 수행자들은 불타의
설법을 듣고 그리고 경전을 많이 읽은 인연으로 마음에 보리심과
대승심이 보존되어 있다는 것을 확신하게 된다. 이와 같은 믿음을
신심信心이라 하며 이와 같은 신심은 대승심과 보리심을 믿는다는
뜻이다. 이를 '대승기신大乘起信'이라고 한다. 대승심에 대하여 신심을
일으킨다는 뜻이다. 신심으로 말미암아 보리심이 나타나며, 보리심이
지혜의 작용을 발생하게 된다. 보리심에 의하여 발생한 지혜는 마음과
물질 그리고 진여심을 환하게 비추어 깨닫게 된다. 이러한 경우를
능작조명能作照明이라고 한다. 지혜는 조명을 발생한다는 뜻이다.

---

4 『대반야경』 권제556, p.869상.

경전의 원문에는 다음과 같이 기록하고 있다. "매우 깊은 지혜로 피안에 도달하기 위하여 수행할 때 지혜는 조명으로 밝게 비추어 준다. 그것은 마음이 필경에 청정하기 때문이다(甚深般若波羅蜜多 能作照明畢竟淨故)."[5]

마음의 지혜는 항상 조명하고 있다. 『반야심경』에서 마하반야(摩訶般若)라 하고 그 지혜의 작용을 조견照見이라고 하였다. 여기서 말하는 조견은 『대반야경』에서 말한 조명照明과 같은 뜻이다. 이러한 조견과 조명의 뜻은 마음의 광명(心光)을 뜻하며 모든 것을 환하게 비추어 알 수 있다는 것을 말한다. 이와 같이 지혜는 조명과 조견의 빛을 발생하며 이를 심등心燈이라고도 칭한다. 마음(心)은 보리심을 뜻하며 보리심은 지혜의 체體를 뜻한다. 등燈은 보리심에서 발생하는 지혜를 뜻한다. 이와 같이 지혜를 등불에 비유하여 설명하는 것은 사물을 환하게 비추어 그 내용을 완전하게 깨닫는다는 것을 설명하기 위함이다. 지혜는 사물의 현상을 아는 것은 물론 성품까지도 완전하게 깨닫는 것을 말한다. 이러한 깨달음을 견성見性이라고 한다.

3. 지혜의 조명과 견성見性

위에서 심오한 지혜와 대승의 지혜를 살펴보았다. 이제 지혜가 무엇을 깨닫고, 깨닫는 대상은 무엇인가에 대하여 살펴보고자 한다. 지혜가 깨닫는 대상은 마음이 접촉하고 있는 대상을 말한다. 접촉의 대상은

---

5 『대반야경』 권제505, p.576중.

다음과 같다.

1) 눈으로 접촉하고 있는 색깔(色境)

2) 귀로 접촉하고 있는 소리(聲境)

3) 코로 접촉하고 있는 냄새(香境)

4) 혀로 접촉하고 있는 맛(味境)

5) 몸으로 접촉하고 있는 촉감(觸境)

6) 의식으로 접촉하고 있는 법(法境)

7) 말나식未那識은 아뢰야식을 접촉한다.

8) 아뢰야식은 종자와 몸과 우주를 접촉한다.

우리 마음이 평소에 접촉하고 있는 대상은 위에서 말하는 여덟 가지라고 할 수 있다. 이러한 대상을 접촉하면서 살아가는 인간은 겉모습만을 접촉하며 선善과 악惡 그리고 고苦와 낙樂을 분별하며 살아가는데, 이를 중생衆生이라고 한다. 그러나 보살은 접촉하는 대상을 겉모습과 대상의 성품까지 미세한 곳까지 접촉하여 대상의 진여성眞如性까지 관찰하여 깨닫는다. 이러한 관찰력으로 말미암아 최상의 열반을 누리게 된다. 지혜의 사유와 관찰력으로 말미암아 대상이 지니고 있는 진여성을 깨닫고 열반을 누린다.

접촉의 대상이 지니고 있는 성품의 내용은 다음과 같다.

1) 지혜는 공空을 상相으로 삼아 깨닫는다(以空爲相).

2) 지혜는 모습이 없는 것(無相)을 상相으로 삼아 깨닫는다(以無相爲相).

3) 지혜는 조작이 없는 것을 상相으로 삼아 깨닫는다(以無作爲相).

4) 지혜는 가고 오고 하는 것이 없는 것을 상相으로 삼아 깨닫는다(以無來無去爲相).

5) 지혜는 자성이 없는 것을 상相으로 삼아 깨닫는다(以無性爲相).

6) 지혜는 생과 멸이 없는 것을 상相으로 삼아 깨닫는다(以無生無滅爲相).[6]

위에서 살펴본 육종의 내용들은 진여심眞如心과 보리심菩提心의 체성을 말한 것이다. 진여성과 보리심은 인간의 본성으로서 절대불변의 진실한 성품을 뜻한다. 보리심은 항상 지혜로움과 깨달음을 발생시켜 주는 것이다. 이러한 진여성과 보리심은 마음의 본성이기도 하지만 만물의 성품이기도 하다. 그러므로 만법의 성품은 공空한 것이며, 모습이 없는 것이며(無相), 조작된 것도 아닌 것이며(無作), 가고 옴도 없는 것이며(無來無去), 인연으로 된 자성도 없는 것이며(無性), 생과 멸도 없는 것이다(無生無滅)라고 한 것이다. 이러한 경지는 『반야심경』에서 불생불멸不生不滅 그리고 부증불감不增不減이라고 한 것과 같은 뜻이다. 생과 멸이 없고 증가하거나 감소한 것도 아니라는 뜻이다.

이와 같은 교리는 인간이 살고 있는 지구를 비롯하여 전 우주의 성품은 추호도 변함이 없다는 뜻이다. 지진이 일어나고 화산이 폭발하고 폭풍이 불어 해일이 생기는 등 지구는 찰나찰나 변하고 있기는 하지만 지구의 성품은 본래 그대로이며 추호도 변함없다고 한다. 이러한 현상을 법이法爾라고 한다. '법法은 항상 그대로이다'라는 뜻이다. 이러한 현상과 성품을 본이本爾라고 한다. 이 역시 '만물은 본래 그대로다'라는 뜻이다. 본이의 문구와 같은 뜻을 본연本然이라고 한다. 이러한 문구들은 만물의 본성인 진여성을 설명할 때 가끔 쓰는 문구들이다.

삼라만상은 조작되거나 창조된 것이 아니고 자연히 이루어지고 성립된 것이라고 해서 자연성自然成이라 한다. 인간은 자연에 순응하고 화합하면서 사는 것을 열반涅槃이라고 한다. 자연을 거스르면 고통(苦)이 생기고 자연과 화합하면 즐거움(樂)이 생기는 것이다. 고락苦樂이 발생하는 것은 자연을 성품을 관찰하여 깨닫지 못한 것에서 생겨난다. 그러므로 정신과 물질 그리고 만법의 성품을 깨닫게 되면 자연과 거스르지 않고 둘이 아닌 경지(不二境)를 이루게 되며 열반과 해탈을 성취하게 된다.

4. 대지혜(摩訶般若)의 공관空觀

위에서 지혜는 성품을 관찰하여 깨닫는 성능을 갖는다고 말하였다. 만법萬法의 성품은 공성空性과 진여성眞如性 등을 말한다. 이들 성품은 우주에 평등하게 보존되어 있으며 삼라만상의 진실성을 유지해 주는 성능이다. 위에서 이미 살펴본 바와 같이 진여성은 생멸한 것도 아니고 (不生) 거래去來하는 것도 아니며, 항시 시공을 초월한 절대불변의 생명체이다. 이러한 성품이 마음을 통하여 나타날 때 진여심 또는 공심이라 칭하게 된다.

진여심 또는 대승심은 인간의 참나(眞我)를 유지해 주는 생명의 근원이 된다. 이러한 진여심과 대승심은 인간이 진실하고 큰마음으로 살게 하는 생명의 근본이 된다고 하여서 종체宗體라고 칭한다.[7] 종宗은 근본을 뜻하며 종체를 가르쳐 깨닫게 하는 것을 종교宗敎라고 한다. 불교의 종교는 인간의 불성佛性과 대승심과 진여심을 종지宗旨로 가르친다는 뜻이다. 화엄종華嚴宗과 공종空宗 등의 종명도 법성法性과 공성空性 등을 숭배하는 종교와 종지를 나타내고 있다. 이제 집착을 단절시키는 공空사상만을 요약하여 살펴보기로 한다.

지혜는 만법의 공성을 관찰하여 청정을 발생한다. 본래 공의 뜻은 청정을 뜻하며, 어떤 것에 의하여 오염되지도 않고 청정함을 그대로 유지한다는 뜻이 있다. 이를 비유로 설명하면, 허공은 어떤 것에 의하여 오염되지도 않고 항상 청정한 것과 같이 공심空心도 그와 같다고 하였다. 이는 본래부터 공한 것이라는 뜻에서 본공本空이라고 한 것과 같다. 이와 같은 공심을 보존한 인간에 대해서 본심 그리고 본성은 청정한 것이라고 한다. 공사상은 마음에 있는 망심妄心을 제거하는 것과 물질에 대한 집착을 제거하는 데 있다. 이 망심을 제거하고 물질에 대한 집착을 제거하는 사상을 각각 살펴보고자 한다.

1) 망심의 집착과 단절

망심은 진리를 망각하는 무명無明에 의하여 형성된 마음을 뜻한다. 중생은 무지의 마음으로 접촉한 대상에 대하여 대상의 진여성을 망각한 마음을 발생한다. 마음 안에서 말나식은 아뢰야식의 진여성을

---

7 원효 찬, 『대승기신론소』, p.1.

망각하고 자아가 실제로 있다고 집착하는 아집我執을 일으킨다. 이러한 아집을 네 가지로 나누어 설명한다.[8] 이와 같은 아집이 발생하면서 네 가지 망각이 일어난다. 첫째 진실한 나(眞我)를 망각한 것을 아치我痴라고 하며, 둘째 나(我)라고 생각하는 망견妄見을 나타내는 것을 아견我見이라 하며, 셋째 집착의 나에 대해서 거만(慢)을 발생하는 것을 아만我慢이라고 하며, 넷째 나에 대해서 애착을 나타내는 것을 아애我愛라고 한다. 이와 같이 나에 대한 집착으로 인하여 나의 모습을 마음속에서 항상 나타내는 것을 아상我相이라고 한다. 이와 같은 아집들을 사번뇌四煩惱라고 하며 이를 번뇌의 뿌리(根本煩惱)라고 한다.

모든 번뇌의 죄업은 말나식이 나에 대한 집착으로부터 발생한다. 이와 같은 네 가지 번뇌로 말미암아 탐욕(貪), 진심(瞋), 우치(痴)의 삼독번뇌三毒煩惱를 발생하게 된다. 이러한 번뇌로 말미암아 온갖 죄업을 짓게 되고 고통의 세계에 윤회하게 된다. 그러나 이들 번뇌와 망심들은 무상한 것이고 찰나찰나 변화가 심하다. 망심과 번뇌는 여러 인연으로 얽혀진 허상이기 때문이다. 그러므로 번뇌를 일으키는 망심은 공空한 것이다. 겉으로는 있는 것 같지만 내용은 공空한 것이다. 그러므로 망심은 공한 것이다고 관觀하는 것이다. 공이라고 관하면 번뇌는 관행觀行의 힘에 의하여 점점 없어지고 그 자리에서 지혜가 발생한다. 그러므로 『성유식론成唯識論』에서 말하기를 '망식이 강하면 지혜가 약해지고(識强智劣) 지혜가 강하면 망식이 약해진다(智强識劣)'라고 하였다. 보살들은 지강식열智强識劣의 사상을 선정 수행의 근본으로 삼는다. 바라밀다의 사상과 잘 통하는 사상이다.

이 마음의 수행은 수행자들에게 큰 교훈이 되고 있다. 수행자들뿐 아니라 일반대중들도 아뢰야식이라는 업력의 보존처에 선업을 많이 저장하면 악업의 세력이 약해진다. 그리고 반대로 악업을 많이 저장하면 선업의 세력이 약해진다고 하였다. 선업을 청정한 종자(無漏種子)라 하고 악업을 청정하지 못한 종자(有漏種子)라고 한다. 청정한 종자의 세력이 청정하지 못한 종자의 세력을 완전히 물리치면 그 선업으로 말미암아 윤회에서 해탈하게 된다. 그 업력과 종자는 마음의 행동과 몸의 행동이 조성한다.

그러므로 마음과 몸의 행동을 착하게 해야 한다. 착한 행동으로 말미암아 복덕과 지혜의 종자가 아뢰야식 안에서 무성하게 조성된다. 복덕과 지혜의 종자는 이 세상에서 행복하게 하는 원동력이 되고 지혜롭게 하는 씨앗이 되어 준다. 이러한 대사大事는 지혜에 의하여 이루어진다. 지혜만이 아집我執이 공한 것을 관찰하여 망심妄心의 집착을 단절할 수 있기 때문이다.

2) 물질의 집착과 단절

위에서 망식은 공空한 것이기 때문에 단절될 수 있는 것이라고 하였다. 물질도 공한 것이기 때문에 물질에 대한 집착을 단절할 수 있는 것이다. 그러나 중생들은 물질이 공한 것을 모르기 때문에 집착하게 되며 집착으로 인하여 욕심을 내게 되며 많은 죄업을 짓게 된다. 이와 같은 집착을 없애주기 위하여 공한 것을 관찰할 줄 알도록 공관空觀을 가르치게 되었다. 공관은 만물은 공한 것임을 관찰하는 지혜를 말한다.

물질은 분명히 모습을 지니고 있는 것이기 때문에 대중들은 그 모습을 집착한다. 이것을 상집相執이라고 칭한다. 모습에 집착하여 그것을 소유하려고 욕심을 낸다. 욕심 때문에 옳지 못한 행동을 하게 되며, 옳지 못한 행동은 반드시 뒤에 고통의 과보를 받을 수 있는 업인業因이 된다는 것이 인과因果의 법칙이다.

불타는 이러한 물질에 대한 집착을 단멸시키기 위하여 본래공本來空이라는 공관을 가르치고 방편으로 분석공分析空의 사상을 설하였다. 분석공은 중생들이 물질을 집착한 것은 무지無智 때문이며 지혜로 물질의 내용을 관찰하면 그 내용이 공한 것임을 깨달을 수 있다는 것이다. 그러나 지혜가 없는 사람들에게 비유로 설명하여 준 것을 분석공이라고 한다. 『반야경』에서 다음과 같이 설명하고 있다.

"일체 여래와 모든 보살들은 반야바라밀다로서 수승한 진리에 의하여 모든 법을 분석하였다. 마치 모든 물질을 분석하면 극히 미세한 미량에 이르게 되며 볼 수도 없고, 가히 얻을 수도 없게 되는 것과 같다. 그러므로 반야바라밀다라고 이름한다. 이 반야바라밀다에는 진여와 실제와 법계가 포함되어 있기 때문에 반야바라밀다라고 이름한다."[9]

이와 같이 모든 여래와 보살들은 모든 법을 지혜로서 물질의 극미량까지 분석하여 공空을 깨닫기도 하였다. 여기서 주목할 것은 지혜에 진리와 실제 그리고 법계가 포함되어 있다고 한 점이다. 소승불교를 총정리한 『구사론俱舍論』에 의하면 일극미는 물체 가운데서 가장 작은

---

9 『대반야경』 권제363, p.872중.

물체로서 법안法眼 또는 불안佛眼만이 볼 수 있는 극소의 물체를 뜻한다. 이 극미를 더 분석하면 극미의 모습까지 없어지게 되며, 물체로서 구실을 못하게 되고 본래의 공성空性으로 돌아간다. 이와 같이 그 물체는 모습만 없을 뿐 그 성질까지 없어진 것은 아니다.

이와 같이 분석하여 모습이 없는 것을 분석공이라고 한다. 그러나 대승불교는 한 물체를 분석하기 전에 그 자체가 공한 성품을 가지고 있다고 관찰하여 물체에 대해서 집착성을 내지 않은 수행을 한다. 다시 말하면 물체는 견성堅性과 습성濕性과 난성煖性과 동성動性과 공성空性 등 오대성五大性의 인연이 화합하여 성립된 것이기 때문에 인연의 집합이라는 것을 연상하면 공의 모습(空相)이 떠오르게 된다. 마음속의 공상空相을 향하여 지혜가 사유하면 공상의 성품을 깨닫게 된다. 이러한 것을 반야공관般若空觀이라고 한다. 지혜가 공성空性을 관찰하여 깨닫는 것을 뜻한다. 이때의 경지는 지혜와 공성이 하나가 된 경지(不二境)를 이룬다. 둘이 아닌 경지를 무소득無所得이라고 한다. 무소득은 능히 얻는 것(能得)이 없고, 얻어지는 것(所得)도 없는 절대의 경지를 뜻한다. 절대성(不二境)에 도달하면 집착의 여지가 없어진다. 그러므로 무소득을 불이不二라 하고 무집無執이라 하며 공空이라고 한다.

무소유無所有도 같은 뜻이다. 무소유는 상대적 소유(有對)가 아니라 절대적 소유(無對)를 뜻한다. 상대적인 소유는 집착의 소유를 뜻하고 절대적인 소유는 집착이 없는 소유를 뜻한다. 그러므로 『반야경』에 말하기를 '소득이 없는 것이 곧 참된 소득(無所得而眞得)'이라고 하였다. 이는 소유를 하되 소유물에 대하여 집착을 하지 말라는 뜻이다.

이상으로 마음이 공한 것(心空)과 물질이 공한 것(色空)을 살펴보았
다. 불타는 중생들이 마음의 모습(心相)과 물질의 모습(色相)을 집착하
여 많은 죄업을 짓는 것을 미연에 정지시켜 주기 위하여 공空사상을
설하셨다. 불타의 설법을 듣고 만법이 공하다는 깨달음을 얻은 보살들
은 지혜로서 모습을 집착하지 않고 바로 진여眞如를 관찰하는 수행을
하기 시작하였다. 경전에서는 보살들의 수행을 다음과 같이 기록하고
있다.

1) 모습에 대한 집착을 여의는 마음으로 안으로 공한 진리에 안주해
야 한다(以離相心安住內空).

2) 모습에 대한 집착을 여의는 마음으로 진여에 안주하여야 한다(以
離相心安住眞如).

3) 모습에 대한 집착을 여의는 마음으로 일체지를 수행하여야 한다
(以離相心修行一切智).

4) 모습에 대한 정착을 여의는 마음으로 도상지와 일체상지를 수행
해야 한다(以離相心修行道相智一切相智).

이와 같이 보살들은 제 현상에 대한 집착을 여의는 마음으로 내공內空
에 안주하고 진여眞如에 안주해야 한다고 하였다. 본문에서 이상심離想
心이라고 한 것은 모습에 대한 집착을 여의는 마음이라는 뜻으로서
보살들의 수행 법칙이다. 현상에 대한 집착은 나타나지 않은 마음을
대상의 진여성과 공성空性을 직접 접하여 안주하는 수행이다. 이러한
수행은 무소득의 수행이며 무소유의 수행이다.

수행자들의 깨달음을 둘(二)의 깨달음과 둘 아닌(不二) 깨달음으로

나누어 말하기도 한다. 둘의 깨달음이란 대상을 상대적으로 깨닫는다
는 뜻이며 이를 논전에서는 유대留待의 깨달음이라고 한다. 이는 초기
보살들의 수행을 뜻한다. 그러나 둘이 아닌 깨달음이란 절대적인
깨달음을 뜻한다. 이를 무대無待의 깨달음이라고 한다. 무대의 깨달음
은 마하살의 깨달음을 뜻한다. 지혜가 밝은 십지十地의 보살들이 상대
가 없는 진여를 깨닫는 것을 뜻한다. 즉 둘(二)이 아닌 깨달음은 심오한
지혜가 진여와 합일合一된 것을 뜻하며, 이러한 것을 선사상에서는
심일경성心一境性의 선정에 해당한 경지라고 한다.

보살들의 수행은 철저하게 집착을 여의는 것을 최상승으로 삼으며,
깨달았다는 생각도 갖지 않아야 한다. 경전에는 수행자들의 귀감이
되는 가르침을 펴고 있다. 그 가르침은 다음과 같다.

1) 보살은 능히 깨달은 것(能證)에 집착하지 않아야 한다.

2) 보살은 깨닫게 된 것(所證)에 대해서 집착하지 않아야 한다.

3) 보살은 깨달음에 이르게 하는 처소(證處)에도 집착하지 않아야
한다.

4) 보살은 깨닫게 된 시간(證時)도 집착하지 않아야 한다.

이와 같이 수행자는 깨달음과 관련된 모든 것을 대상화하여 집착해
서는 안 된다는 것을 설명하고 있다. 이러한 경계에 도달하면 나에
대한 집착(我執)도 없어지고 법에 대한 집착(法執)도 없어지게 된다.
그리고 이러한 관찰력과 사유력으로 말미암아 공空과 진여眞如를 깨닫
게 된다. 보살이 깨달은 것에 집착하여 아만我慢을 펴면 깨달음의
공덕이 삽시간에 없어지게 된다. 집착이 없는 수행자만 피안에 도달할

수 있다고 하였다.

『대반야경』에 의하면 집착하지 말라는 교리를 싣고 있다. 그 교리를 살펴보면 다음과 같다.

"모든 보살마하살은 반야바라밀다를 증득하고 일체법에 대하여 집착하지 아니하여야 차안此岸에서 피안彼岸에 도달할 수 있다. 만약 모든 법에 대하여 조금이라도 집착함이 있다면 피안에 능히 도달할 수 없게 된다."[10]

이 글은 반야바라밀다를 수행하는 보살들은 일체법에 대하여 집착해서는 안 된다는 뜻을 분명하게 밝혀주고 있다. 보살이 피안에 도달하려면 집착을 하지 않아야 한다는 설교를 하고 있다.

5. 지혜는 보살모菩薩母이며 불모佛母다

위에서 지혜에 대하여 여러 면으로 살펴보았다. 불타는 지혜가 있어야 모든 법을 올바르게 관찰하여 집착하지 않고 피안에 도달할 수 있다고 하였다. 그리고 지혜는 진여와 법계法界를 포함하고 있으며 대승과도 동일한 성능을 지닌다고 하였다. 이와 같은 지혜는 수행자들을 모든 진리를 올바르게 깨닫도록 하는 성능이 있기 때문에 보살의 어머니(菩薩母)라 하고 부처님의 어머니(佛母)라고 칭하기도 한다. 수행자뿐 아니라 일반대중들도 지혜가 있어야 행복하게 살아갈 수 있다. 이제 불타가 지혜를 이 세상에서 설법하게 된 인연 관계를 살펴보고자

10 『대반야경』 권제485, p.460하.

148

한다. 중생들에게 지혜를 설법하게 된 기록은 『반야경』과 『법화경』에 잘 나타나고 있다.

1) 『반야경』의 지혜설

불타는 지혜를 설하게 된 것은 중생들에게 지혜를 가르쳐 주기 위한 대사大事를 위하여 설하게 되었다고 설하고 있다. 그리고 지혜로서 공空과 진여眞如를 깨닫도록 하기 위하여 설하게 되었다고 설하였다. 이제 경전에서 설하고 있는 문장을 살펴보고자 한다.

　(1) 심오한 지혜는 대사大事를 위하여 이 세상에서 설하였다.

　(2) 심오한 지혜는 불가사의한 사업을 위하여 이 세상에서 설하였다.

　(3) 심오한 지혜는 보시布施, 정진精進 등 육바라밀을 성취시키기 위하여 이 세상에서 설하였다.

　(4) 심오한 지혜는 내공內空과 외공外空들을 성취시키기 위하여 이 세상에서 설하였다.

　(5) 심오한 지혜는 진여와 법계와 법성을 성취시키기 위하여 이 세상에서 설하였다.

　(6) 심오한 지혜는 일체지一切智와 도상지道相智와 일체상지一切相智를 성취시키기 위하여 이 세상에서 설하였다.[11]

　이와 같이 불타가 심오한 지혜를 설명하게 된 동기는 중생과 보살들의 지혜를 성취시키기 위한 것이라고 하였다. 그리고 보살들이 깨닫고

---

11 『대반야경』 권제310, p.580중.

자 한 진여와 내공과 일체상지 등을 성취시키기 위하여 이 세상에서 지혜를 설하게 되었다고 하였다. 이제『묘법연화경妙法蓮華經』에서 불타가 중생들을 위하여 불지견佛知見을 설하게 된 이유를 살펴보고자 한다.

2)『법화경』의 불지견설

불타는 중생들에게 불지견佛知見을 설하기 위하여 이 세상에 출현하셨다고 하였다. 그 내용은 중생들에게 개開, 시示, 오悟, 입入의 차례로 설하였다. 그 설법 내용은 다음과 같다.

(1) 중생들에게 불타의 지견을 열어주기 위하여(開佛知見) 이 세상에 출현하셨다.

(2) 중생들에게 불타의 지견을 보여주기 위하여(示佛知見) 이 세상에 출현하셨다.

(3) 중생들에게 불타의 지견을 깨닫게 해주시기 위하여(悟佛知見) 이 세상에 출현하셨다.

(4) 중생들에게 불타의 지견도에 진입(入得知見道)할 수 있도록 하기 위하여 이 세상에 출현하셨다.[12]

이와 같이 불타는 중생들에게 불타의 지견(佛知見)을 열어주고(開) 보여주고(示) 깨닫게 해주고(悟) 진입(入)하도록 하시기 위하여 이 세상에 출현하셨다고 설하고 있다. 이와 같이 불타는 중생들의 마음에

12『묘법연화경』권1, p.7상.

불지견이 보존되어 있음을 가르쳐 주셨다. 그러나 불타는 사량思量하고 분별分別하는 마음으로는 이 불지견을 능히 깨달을 수 없으며, 오로지 부처님만이 깨달을 수 있을 뿐이라고 하였다. 사량은 마음의 집착을 발생하는 마음의 작용을 뜻하고, 분별은 마음의 번뇌를 일으켜서 인식의 대상을 잘 모르고 이것과 저것으로 분류한 마음의 작용을 뜻한다. 이러한 작용을 일으키는 마음을 사량식思量識이라 하고 분별식分別識이라고 한다. 흔히 제7말나식을 사량식이라 하고 제6의식을 분별식이라고 칭한다. 이러한 마음은 불지견과 지혜를 장애하고 알지 못하게 된다고 하였다.

6. 지혜를 배워야 한다(當學般若)

심오한 지혜(深般若)와 대승의 지혜(摩訶般若)는 보리심과 대승심에서 발생한 지혜들이다. 지혜로 말미암아 성불할 수 있고 열반과 해탈을 성취할 수 있는 것이다. 그러므로 모든 수행자는 반드시 지혜를 배워야 한다는 뜻에서 당학반야當學般若라고 한다. 이제 지혜를 배워야 한다는 문헌을 몇 가지 살펴보고자 한다.

　1) 보살마하살은 일체지지一切智智를 빨리 증득하고자 하면 마땅히 반야바라밀다를 배워야 한다.

　2) 보살마하살은 일체 번뇌와 습기를 없애고자 한다면 마땅히 반야바라밀다를 배워야 한다.

　3) 보살마하살이 만법의 생명인 진여를 깨닫고자 한다면 마땅히 반야바라밀다를 배워야 한다.

4) 수행자들이 성문지와 독각지를 초월하고자 한다면 마땅히 반야바라밀다를 배워야 한다.

5) 보살들이 불퇴전지不退轉地의 수행위에 도달하고자 하면 반야바라밀을 배워야 한다.

6) 보살마하살이 일체법 등에 대해서 일체의 현상을 깨닫고자 한다면 마땅히 반야바라밀을 배워야 한다.

불타는 중생들에게 대승불교를 교육하기 위하여 대승경전을 설하기 시작하였다. 처음 설한 대승경전은 『대반야바라밀다경』이었다. '대반야바라밀다경大般若波羅蜜多經'의 뜻을 보면 대반야는 대승의 지혜를 뜻하고, 바라밀다는 피안에 도달한다는 뜻이다. 뜻을 합하면 '대승의 지혜로 피안에 도달케 하는 경전'이라는 뜻이다. 대승의 지혜라는 말은 마음의 본성인 대승심大乘心에서 발생하는 지혜라는 뜻이다. 피안은 곧 대승심을 뜻하고 보리심菩提心을 뜻한다. 보살들은 대승심이 발생하는 지혜에 의하여 수행하면서 피안인 대승심에 되돌아간다는 진리를 확신한다. 이와 같이 보살의 모든 수행은 대승의 지혜를 믿고 의지하여 수행하는 데 길잡이로 삼는다. 그러므로 『반야경』은 경전의 명칭에서 알 수 있는 바와 같이 경전의 내용은 마하반야바라밀다를 마음의 지혜 광명으로 삼아 수행한다는 문구가 가득 차 있다. 대승심을 믿고 또 지혜가 마음에 충만하여 있다는 것을 확신하는 수행자를 보살이라고 한다. 그러므로 불타는 발심한 보살들에게 제일 먼저 반야바라밀다를 마땅히 공부하여야 한다고 하였다. 위에서 보여준 몇 가지 문장 가운데 해설을 해야 할 내용이 있다.

첫째, 일체지지一切智智는 불타의 지혜를 뜻하며 성불하면 최상의 일체지지가 나타난다. 이 지혜는 대원경지大圓鏡智와 같은 지혜라고 할 수 있다.

둘째, 진여眞如는 마음에는 진여심으로 나타나고, 만법의 성(法性)으로 말하면 우주에 가득한 삼라만상의 성품으로 내재한 생명의 근원이 된다.

셋째, 성문지와 독각지를 초월한다는 말은 성문과 독각의 수행자들은 만법을 관찰할 때 모습이 있는 표상(有相)의 진리만을 관찰하고 대승의 공空사상을 믿지 않았다. 그리고 수행은 자신의 수행에만 열중하는 자리自利주의였다. 반면에 대승심을 믿지 아니하고 대승적인 이타利他사상을 수행하지 않았다. 그러므로 이들 성문과 독각의 사상과 수행을 뛰어넘어야 대승의 보살이 될 수 있다는 뜻이다.

넷째, 불퇴전지의 수행위는 초기 보살들이 신심이 약하고 대승사상에 대하여 확고한 신념이 미약하였으나, 대승심을 확고하게 신앙하고 대승의 이타행을 흔들림 없이 행하며 다시는 후퇴하지 않은 수행위에 오른다는 수행을 뜻한다.

이와 같이 반야바라밀다를 배우고 실천하면 대승불교를 실천하는 인연으로 피안의 세계에 도달할 수 있고 보살들의 서원인 성불을 성취할 수 있게 된다. 이상 마하반야바라밀다의 사상이 대승불교의 수행을 올바르게 하고 보살의 수행을 성취할 수 있는 지침이 된다는 것을 설명하고, 다음으로 육바라밀다六波羅蜜多를 살펴보고자 한다.

제10장 육바라밀다의 대승상大乘相

1. 육바라밀다와 대승상

초기 경전에 의하면 불타께서는 인과因果를 모르는 사람에게 인과를 설하여 정신과 사회질서를 바로 잡는 불사佛事를 많이 하였다. 그리고 바른 마음과 바른 행동으로 생활하는 정도正道를 가르쳤다. 이러한 수행사상을 사성제四聖諦라 하고 팔정도八正道라고 한다. 특히 팔정도는 선정을 통하여 발생하는 정도를 말한다. 몸과 마음의 수행에 중요한 정도이다. 초기불교에도 남을 위하고 사회를 위하여 봉사하는 이타利他사상이 나타나고 있다. 이 이타사상은 다음과 같다. "자신의 수행에 집중하는 자리自利적인 수행과 남을 도와주고 사회를 정화하는 이타적인 수행과 자신과 남을 함께 정화하고 사회의 안정과 화합을 위하여 봉사하며 함께 이익케 하는 수행사상을 잘 관찰하며 근면하게 배우고 수행하라(當觀自利利他自他俱利精勤修學)."[1]

　이 기록에 의하면 이타사상을 설하여 모든 대중들에게 대중과 사회를 위하여 이타적인 수행을 하도록 교화하고 있다. 이와 같은 초기불교의 수행사상이 대승불교에서는 보다 대승적인 이타사상으로 전환된다. 이와 같이 팔정도의 사상은 대승사상과 접목된다. 그리고 팔정도의 수행을 대승상大乘相이라고 칭명한다. 즉 팔정도는 대승과 다르지 않다(八聖道支不異大乘)라고 한 교리에서 찾아볼 수 있다. 대승상은 대승적인 수행의 모습을 뜻하는데 이는 대승심에서 발생되는 수행의 모습을 뜻한다. 다시 말하면 대승불교를 진실하게 달관하고 대승심에서 직접 발생되는 수행사상을 육바라밀다六波羅蜜多라고 한다.

대승불교에서는 육바라밀다를 제일의 수행사상이라고 찬탄한다. 육바라밀다의 수행은 무착심으로 수행해야 한다(以無著心修六度)라고 한 바와 같이 집착이 없는 마음으로 수행해야 한다. 이러한 육도六度의 수행으로 말미암아 보리심을 증득할 수 있으며 구경각究竟覺을 성취할 수 있게 된다. 구경각은 모든 진리를 완전하게 깨달았다는 뜻으로서 곧 성불을 뜻한다.

이러한 육바라밀다를 수행하는 구도자를 보살이라고 한다. 보살의 명칭에 대하여 『반야경』에서는 다음과 같이 말하고 있다. "나는 이제 보리菩提에 나아가기 위하여 수행심을 발생하게 되었다. 수행심의 발생은 보리심의 발생(發菩提心)을 뜻한다. 보리심은 집착하는 마음이 아니며 분별하는 마음도 아니며 무소득의 마음이다. 만약 집착하는 마음이 있으면 보살이 아니며 마음의 평등성을 보리菩提라고 한다. 대승심을 깨달은 것을 마하살이라고 이름한다."[2]

1 『잡아함경』 권제14, p.98중.
2 『대반야경』 권제594, p.1071중.

이와 같이 보살은 보리심을 깨닫기 위하여 보리심을 발생한다고 말하고 있다. 보살심을 발생하려면 집착하는 마음이 없어야 하고 분별하는 마음도 없어야 하며, 보리심과 둘(二)이 아닌 무소득의 마음이 있어야 가능하다. 만약 집착하는 마음이 있다면 보살이 될 수 없다고 하였다. 이와 같이 보살이 되는 것은 매우 어렵다. 보살이 되면 반드시 보리심과 대승심에 도달하고 깨닫는 수행을 해야 한다. 그 수행의 덕목을 육바라밀다라고 하며, 육바라밀다를 번역하면 육도피안六到彼岸이라고 칭한다. 육도피안은 보시와 지계 등 육종의 덕목을 수행하여 피안에 도달한다는 뜻이다. 피안은 구경각究竟覺을 뜻하며 구경각은 곧 성불을 뜻한다.

보살이 처음 발심하여 구경각을 이룰 때까지 많은 공덕을 쌓아야 하는데, 많은 공덕을 쌓으려면 육바라밀다를 수행해야 한다고 하였다. 불타는 공덕을 쌓는 이유에 대하여 다음과 같이 설하셨다. "비유를 들어 말한다면 어떤 사람이 엄몰라과俺沒羅果를 먹고 싶다면, 그 종자를 양질의 땅에 심고 수시로 물을 주고 잘 관리하면 발아하여 줄기와 가지와 잎이 점차 자라서 시절이 화합하면 꽃과 열매를 맺게 되며, 열매가 성숙하면 열매를 따서 먹게 된다. 이와 같이 보살마하살도 최상의 평등한 깨달음을 증득하고자 하면 육바라밀을 먼저 배워야 한다(菩薩摩訶薩欲得無上正等菩提先學六種波羅蜜多)."[3]

이와 같이 엄몰라과를 보리에 비유하여 수행의 필요성을 잘 설명하고 있다. 무상정등보리를 증득하는 것은 대각大覺을 뜻하며 성불을

---

3 『대반야경』 권제356, p.832중.

뜻한다. 그리고 일체의 생로병사를 해탈하고 일체유정을 성숙케 하며 일체 마군을 항복하고 일체지지一切智智를 속히 증득하고자 하면 육종의 바라밀다를 마땅히 배워야 한다⁴라고 하였다. 이와 같이 엄몰라과와 같은 최고의 과실을 먹으려면 나무를 심고 잘 가꾸어야 하듯이 구경각의 열매를 맺기 위하여서는 육바라밀을 실천하여 공덕을 지어야 한다.

불타는 보살들에게 육바라밀다를 설하면서 육바라밀다의 수행은 대승상大乘相이라고 하였다. 즉 육바라밀다는 보살마하살의 대승상이다(六波羅蜜多是菩薩摩訶薩大乘相)라고 하였다. 육바라밀다는 보살들이 지켜야 할 계율이다. 그러나 어떤 마음으로 수행하느냐가 중요하다. 보살은 자신의 대승심을 굳게 믿기 때문에 대승심으로 돌아가고자 하는 서원을 세워 수행을 하게 된다. 그러므로 보살의 수행을 대승상이라고 칭하는 것이다.

경전에서는 대승은 반야바라밀다와 보시바라밀다가 다르지 않다고 하였다. 왜냐하면 대승과 반야바라밀다는 그 성품이 둘이 아니며 둘로 나눌 수 없기 때문이다⁵라고 설명하고 있다. 이 문장에 의하면 육바라밀다의 수행심은 곧 대승심에 의하여 발생되는 것이기 때문에 그 성품은 둘이 아니며 한 성품이라는 것을 가르치고 있다. 이와 같이 보살의 모든 행동은 대승심에 의하여 나타나고 있다. 이제 보살 수행을 대승상大乘相이라고 한 이유를 몇 가지 살펴보기로 한다.

첫째로 육바라밀다 대공덕의 갑옷을 입고(環六波羅蜜多大功德鎧)의 명칭, 둘째로 대승심으로 간다(發趣大乘)의 명칭, 셋째로 대승의 갑옷

---

4 『대반야경』 권제356, p.832중.
5 『대반야경』 권제495, p.310상.

을 입고(環大乘鎧)의 명칭 등이 있다. 이들 명칭에서 대승사상을 짐작할 수 있다. 이제 이러한 명칭의 뜻을 알아보기로 한다.

경전에는 "보살들의 수행이 일체유정들에게 이익을 주고 즐거움을 주기 위하여 육바라밀다의 대공덕의 갑옷을 입고 수행한다(菩薩摩訶薩爲欲利樂一切有情故環六波羅蜜多大功德鎧)"[6]라고 하였다. 이 문장은 보살마하살이 수행의 공덕을 축적하는 데는 육바라밀다의 공덕이 제일 크다는 것을 보여주고 있다. 대승불교의 이념을 잘 나타내고 있는 사상은 발취대승이라는 명칭에서 잘 알 수 있다. 발취대승發趣大乘의 뜻에는 모든 보살들이 대승심에 도달하고자 한 도피안到彼岸의 사상이 충만해야 한다는 의미가 가득 담겨 있다.

경전에 의하면 "보살마하살은 모든 유정들을 이롭게 하고 즐겁게 하기 위하여 대승심을 발생하여 수행한다(菩薩摩訶薩爲欲利樂諸有情故發趣大乘)"라고 설명하고 있다. 이는 보살들이 유정들의 고통을 없애주고 안락하게 하는 공덕으로 대승심에 도달하고자 한 것을 뜻한다. 보살마하살이 육바라밀다를 수행할 때 마치 군인들이 갑옷을 입고 싸우듯이 대승심大乘心이라는 견고한 갑옷을 입고 정진한다. 대승심은 마치 허공이 만물을 포용하듯이 모든 중생들을 포용하는 큰마음을 뜻한다.

불타는 우리 인간에게 대승심이 있다고 가르쳐 주셨다. 이 가르침에 의하여 보살들은 대자대비의 이타행利他行으로 중생들을 성숙시키고(成熟有情) 국토를 장엄하고 청정케 하는(嚴淨佛土) 불사佛事를 알게

---

6 『대반야경』 권제48, p.272상.

되었다. 대승의 갑옷을 입고 정진하는 사상을 설명하는 교리는 여러 곳에 나타나고 있다. 육바라밀다와 상응하는 법法에 대하여 항상 버리지 아니하고 떠나지 않으며 수행하는 것을 대승의 갑옷을 입었다고 한다(亿六波羅蜜多相應之法 常不捨離如是名爲環大乘鎧).[7] 이와 같이 보살은 항상 육바라밀다 수행을 잠시라도 멀리하지 아니한다. 육바라밀다의 수행 덕목은 다음과 같다.

1) 보시바라밀다布施波羅蜜多
2) 정계바라밀다淨戒波羅蜜多
3) 안인바라밀다安忍波羅蜜多
4) 정진바라밀다精進波羅蜜多
5) 정려바라밀다靜慮波羅蜜多
6) 지혜바라밀다智慧波羅蜜多

보살들은 이들 육바라밀다를 수행하여 자신의 몸과 마음을 정화하고 중생들을 교화하고 구제하는 불사를 한다. 육바라밀다는 대승 계율이며, 그러므로 보살들은 반드시 수행해야 하는 계율이다. 이 계율을 수행하면 구경각을 성취할 수 있고 신속히 성불할 수 있다.

다음은 육종 바라밀다를 각각 설명하고자 한다.

1) 보시바라밀다의 수행

경전에 의하면 보시바라밀다는 대승과 다르지 않다(布施不異大乘)라고 하였다. 대승의 마음(大乘心)으로 보시바라밀다를 수행한다는 뜻이

---

7 『대반야경』 권제49, p.277하.

다. 많은 대승의 마음으로 수행한다는 뜻은 많은 고통스러운 일이 있어도 모두 감내하면서 중생들에게 보시하는 일을 중단하지 않는다는 뜻이다. 보시는 재물을 보시하고(財布施), 불법을 보시하고(法布施), 두려움을 없애주는 보시를 한다(無畏施)는 뜻이다. 이와 같이 자신이 소유한 재물 가운데 힘닿는 대로 어려운 사람들에게 베풀어주는 것을 재보시라고 한다. 그리고 불법을 중생들에게 포교하여 진리를 깨닫게 해주는 것을 법보시라고 한다. 그리고 중생들이 항상 접촉하고 있는 모든 대상들에 대하여 두려움을 갖게 되는데, 진리를 설명하여 두려움을 없애주는 것을 무외시라고 한다.

이들 보시 가운데에서 법보시의 공덕이 많다고 한다. 그 이유는 중생들의 마음에 대승심과 불심이 있음을 깨닫게 하고 지혜롭게 하여 불법을 가르쳐 주는 공덕이 무엇보다도 많기 때문이다. 보시는 보시하는 사람과 보시를 받는 사람과 보시하는 물체 등 세 가지(三輪)가 청정해야만 올바른 보시가 된다. 그리고 이러한 보시공덕으로 큰 부자(大富)가 되는 과보果報를 받게 된다. 이와 같이 보시하는 사람은 간탐하는 마음(慳貪心)이 없어지게 된다. 또 법을 설하여 중생들의 마음을 깨닫게 하는 것을 법공양法供養이라고 하며 법공양의 공덕이 제일이라고 하였다.[8]

이와 같은 보시를 하려면 먼저 마음이 지혜로워야 하고 그리고 집착심이 없어야 가능하다. 그리고 대비大悲를 사수하여 항상 일체중생들과 공동으로 무상정등각無上正等覺을 향하여 회향하는 마음을

---

8 『반야경』 권제566, p.925상.

160

가져야 한다. 바라밀다의 뜻은 보시를 통하여 피안에 도달할 수 있다는 뜻이다. 이러한 대승적인 공덕을 지으려면 보시바라밀다의 공덕의 갑옷을 입고 수행해야 한다(環布施波羅蜜多大功德鎧)[9]라고 말한다. 보시바라밀다의 대공덕의 갑옷을 입고 수행한다는 말은 보시는 제일의 이타사상을 수행하는 것이기 때문에 보살은 반드시 보시바라밀다를 수행해야 한다는 사상을 강조한 것이다.

2) 정계바라밀다의 수행

경전에 의하면 정계바라밀다淨戒波羅蜜多는 대승과 다르지 않다(淨戒不異大乘)고 하였다. 청정한 계율은 대승심에 의하여 발생한다는 뜻이다. 보살이 대승심을 굳게 믿고 정계를 통하여 피안에 도달한다는 대승적인 수행을 정계바라밀다라고 한다. 정계의 뜻은 몸과 마음을 항상 청정하게 하며 마음의 계율(心戒)을 절대로 어긋나지 않게 수행하는 것을 뜻한다. 경전에 의거하면 말과 행동이 어긋나지 않게 수행하는 것을 정계라고 한다(行不違言是爲淨戒)[10]라고 하였다. 말로는 청정한 계율을 이야기하면서 행동이 따르지 아니하면 안 된다는 것이다.

정계는 마음의 정념正念과 정정正定을 뜻하며 마음의 계율을 파계하지 않은 것을 뜻한다. 정계를 수행하는 보살은 항상 일체지지一切智智와 상응하면서 무소득의 정계를 수행해야 한다. 무소득은 집착이 없는 마음을 뜻한다. 계율을 지키거나(持戒) 또는 계율을 파하거나(破戒)를 돌보지 아니하고 집착이 없는 마음(無著心)으로 수행하는 것을

---

9 『대반야경』 권제48, p.271상.
10 『반야경』 권제566, p.925상.

정계淨戒라고 한다.[11]

위에서 무소득이 참다운 소득(無所得而眞得)이라는 말을 소개한 적이 있다. 마음의 욕심이 없이 정계를 수행하면 그 결과로 청정한 과보를 받는다. 이와 같이 정계를 수행하는 것을 대비大悲를 상수로 하여 대공덕의 갑옷을 입고 수행한다(環淨戒波羅蜜多大功德鎧)라고 이름한다. 이 명칭에는 어떠한 고난이 있어도 정계를 파계하지 않고 결정코 수행하여 피안에 도달하겠다는 보살들의 서원이 포함되어 있다.

3) 안인바라밀다의 수행

안인安忍은 인욕을 뜻하며, 번뇌를 안정시키고 어려운 일도 참고 견딘다는 뜻이다. 구도자는 아무리 어려운 일이라 할지라도 인욕하며 피안에 도달하는 용맹정진을 한다. 피안은 최상의 깨달음을 뜻하고 성불의 경지를 뜻하며, 이를 도피안到彼岸이라고 한다. 보살은 대승의 마음으로 충만되어 있기 때문에 중생들을 포용하는 마음을 갖고 수행한다. 능히 인욕하고 인욕되어지는 상대적인 인욕을 넘어서는 인욕을 하며, 공空을 관찰하는 수승한 지혜를 지니고 어떠한 분쟁사忿諍事에도 인욕을 하며 원만하게 사건을 마무리한다. 그리고 어떠한 천마天魔에도 파괴되지 아니하고 일체지혜와 상응하면서 대비를 상수로 하여 중생들을 교화한다. 그리고 항상 집착하지 않은 무소득의 마음으로 정진하는 것을 인욕이라 칭한다.

---

11 『대반야경』 권제48, p.271상.

이러한 인욕의 공덕으로 말미암아 중생들과 공동으로 무상정등각無
上正等覺에 돌아가고자 하는 회향廻向의 불사를 한다.[12] 이러한 인욕의
수행은 대승심에 의하여 발생하는 수행이기 때문에 안인바라밀다의
대공덕의 갑옷을 입고 수행한다(環安忍波羅蜜多大功德鎧)는 수행정신
이 가득 차 있다.

4) 정진바라밀다의 수행

보살은 대승심에서 이타사상이 발생한다는 진리를 확신하고 이타행利
他行을 하기 위하여서는 정진사상을 공고하게 한다. 정진은 근면의
뜻이며 게으름(懶怠)을 퇴치하고 마음으로 수고하는 것을 생각하지
않고 근면하게 노력하는 것을 인욕이라고 한다. 정진은 오로지 중생을
교화하고 보리를 구할 때까지 중단하지 않고 근면하게 노력하는 것을
말한다.

참다운 정진은 먼저 일체지혜와 상응해야 하고, 다음으로 마음에
집착하는 번뇌가 없어야 한다. 그리고 중생의 고통을 없애주는 대비심
大悲心을 지도 이념으로 삼아야 한다. 그리고 일체법은 모두가 필경에
는 공(畢竟空)하다는 것을 관찰하여 대승의 진리와 진여의 성품을
깨닫는 정진을 해야 한다. 모든 중생에게도 불성佛性이 있다는 것을
깨닫고 중생의 불성을 깨닫게 하는 불사를 게으르게 하여서는 안
된다. 그러므로 보살이 중생들과 함께 공동으로 구경각을 이루는
불사를 게을리 하지 않는 것을 대승의 정진이라고 한다. 경전에서는

---

12 『대반야경』 권제51, p.290중.

이러한 대승의 정진을 정진바라밀다의 대공덕의 갑옷을 입고 수행한다 (環精進波羅蜜多大功德鎧)라고 하였다.

5) 정려바라밀다의 대승상

정려靜慮는 흩어진 마음을 한곳에 모아들여 고요하게 하고 생각을 집중한다는 뜻이다. 다른 말로는 섭심攝心이라고 하는데 섭심은 전념專念을 뜻한다. 한마음을 산란하지 않게 한다는 뜻으로 일심불란一心不亂이라고 칭한다. 이와 같이 마음을 집중하는 것을 지止라 하고, 마음이 집중하면 관찰력이 생기는 것이니 이를 관觀이라고 한다. 지와 관을 함께 수행하는 것을 선禪이라고 칭한다. 선심禪心이 강해지면 번뇌의 세력이 약화되고 동시에 지혜의 힘이 강하게 나타난다. 선심이 강해지면 망심 가운데서 의식意識의 번뇌가 정화되고 선심이 더욱 강해지면 말나식末那識의 번뇌가 정화되는 것이다. 그리고 금강삼매와 같은 선심이 나타나면 아뢰야식阿賴耶識의 번뇌가 정화된다.

이와 같이 선심은 망식을 정화하는 것이며, 망식이 정화됨에 따라 점진적으로 지혜가 발생하게 된다. 망식이 모두 정화되면 보살의 지혜가 나타나고 불타의 지혜가 나타나는 것이며, 구경에는 대승심과 진여심을 완전하게 깨닫고 성불하게 된다. 이와 같은 선심은 대승심에 의하여 발생하기 때문에 대승선大乘禪이라 하며, 대승선의 현상을 대승상大乘相이라고 칭한다. 대승상의 선 수행은 견고한 마음으로 근면하게 수행하면 대공덕을 축적한다는 뜻으로 정려바라밀다의 그 대공덕의 갑옷을 입고 수행한다(環靜慮波羅蜜多大功德鎧)라고 칭한다.

6) 지혜바라밀다의 대승상

『반야경』에서는 대승과 지혜는 서로 다르지 않다(大乘不異般若)고 하였다. 지혜는 대승심에 의하여 발생하는 것이기 때문에 지혜와 대승이 다르지 않다고 한 것이다. 대승과 지혜를 합하여 마하반야(摩訶般若)라 하고 금강반야金剛般若라고 한다. 이와 같은 지혜의 명칭은 대승심의 사상을 따서 칭명한 것이다. 예를 들면 대승은 허공과 같이 큰 성품을 지니고 있기 때문에 대승에 의하여 발생한 지혜를 대승의 지혜(마하반야)라고 한다. 이와 같은 대지혜를 얻기 위하여 지혜바라밀다를 수행하게 된다. 수행자에게는 지혜가 있어야 올바른 수행을 할 수 있게 된다. 그리하여 『반야경』에서는 육바라밀 가운데서 지혜바라밀다가 제일이라고 하였다. 그렇기 때문에 『반야경』의 모든 수행사상은 심오한 반야바라밀다를 수행할 때(行深般若波羅蜜多時)에 육바라밀다와 사무량심 등을 설하여 수행하도록 하고 있다. 이는 지혜로서 불타가 설한 모든 교리를 먼저 깨닫고 그 교리의 가르침을 수행해야 한다는 뜻이다.

이와 같은 지혜는 선정의 수행을 통하여 마음을 정화했을 때 발생하게 된다. 의식과 말나식과 아뢰야식 등 망식이 정화되어야 대지혜를 증득하여 성불한다. 정려와 지혜를 따로 수행하는 것이 아니라 동시에 수행해야 한다. 새의 두 날개와 같이(如鳥兩翅) 평등하게 수행해야 하며, 새는 공중에서 흔적을 남기지 않은 바와 같이 집착의 자취를 남기지 아니해야 한다. 이와 같은 선정을 수행하여 피안에 도달(到彼岸)하기 위해서는 경전에서는 지혜바라밀다의 대공덕의 갑옷을 입고 수행한다(環智慧波羅蜜多大功德鎧)라고 하였다.

이상으로 육바라밀다의 수행을 대략 살펴보았다. 육바라밀다의
수행은 복덕福德과 지혜의 대공덕을 함께 축적할 수 있는 수행사상이라
고 한다.『반야경』에 육바라밀다의 수행법이 잘 정리된 것을 여기에
옮겨보기로 한다.

　(1) 보시는 간탐심을 없애주는 수행을 말하며(布施離慳貪)
　(2) 정계는 언행이 어긋나지 않게 하는 수행을 말하며(淨戒行不違)
　(3) 안인은 분쟁심을 없애주는 수행을 말하며(安忍離忿諍)
　(4) 정진은 해태심을 없애주는 수행을 말하며(精進離懶怠)
　(5) 정려는 산란심을 없애주는 수행을 말하며(靜慮離散亂)
　(6) 반야는 우치심을 없애주는 수행을 말한다(般若離愚痴).[13]

이와 같이 경전에서 육바라밀다를 간결하게 정리하고 있다. 지혜는
모든 현상에 대하여 집착을 없앤다(般若遠離衆相)라는 매우 깊은 뜻을
가르치고 있다. 여러 가지 모습(衆相)을 여의는 지혜는 곧 대승과
다르지 않고 부처와 다르지 않게 된다. 그리고 특히 청정한 계율은
말과 행동이 일치되는 것을 뜻한다. 이는 유심주의적인 계율사상이며
대승상을 나타내는 율법이다. 대승상을 나타내는 율법은 반드시 세간
과 출세간의 피안에 도달하게 된다(欲到一切 有爲無爲 法之彼岸). 이와
같은 육바라밀다를 수행하는 보살은 반드시 무소득의 마음에 안주하게
된다. 그리고 보살은 일체유정들과 공동으로 무상의 평등한 정각에
돌아가는 회향사상을 지니고 대승의 이타사상을 수행해야 한다.[14]

13 『대반야경』 권제377, p.675상.
14 『대반야경』 권제48, p.271중.

2. 진여평등眞如平等과 사성무차별四姓無差別

『반야경』에서는 진여眞如는 우주를 평등하게 시설하였고 인간을 비롯한 삼라만상도 평등하게 시설하였다고 기록하고 있다. 이와 같이 불타는 만법의 체體는 진여의 체성으로 시설하였고, 또는 오온(인간)의 체도 진여의 체성으로 평등하게 시설하였다고 한다. 오온은 인간人間, 중생衆生, 나(我)라고 번역한다. 인간에게 진여심眞如心이 있고 진여성眞如性으로 가득 차 있다고 설명한다. 『화엄경』은 법성法性이라 하였고, 『열반경』은 불성佛性이라고 칭하였고, 『법화경』은 일승一乘이라고 하였다.

　일체중생은 모두 불성을 지니고 있다는 사상은 이 세상의 사람들에게 큰 희망을 안겨주었다. 인도의 유식학자인 세친논사(世親論師, 서기 4세기)는 경전에서 일체중생들에게 불성이 있다(一切衆生悉有佛性)라고 한 것은 중생들에게 열등심을 없애주는 설법(爲令衆生離下劣心)이라고 하였다.[15] 세친논사는 불성과 진여심을 널리 포교하여 중생들의 망식을 제거하고 지혜와 진여심을 회복하는 사상을 펼쳐 왔다. 다시 말하면 대승불교의 근원이 대승성大乘性과 대승심大乘心임을 확고하게 믿고, 『십지경론十地經論』등을 저술하여 대승심으로 돌아가자는 도피안到彼岸의 운동을 펼쳐 왔다. 대승불교를 신봉하는 보살들은 중생들에게 불성의 소유자임을 신앙케 하며 중생들에게 계급이 있는 것이 아니라 본래 평등하다는 것을 널리 알리는 불사를 많이 하였다.

---

15 천친보살 조, 『불성론』권제1, p.787하.

또한 육바라밀다를 수행하는 공덕으로 인종차별을 없애려는 발원사상을 알도록 하였다. 그러므로 그것은 예부터 내려오는 사성 계급은 본래 없다는 것을 널리 알리는 것이었다.

사성四姓은 (1) 찰제리刹帝利, (2) 바라문婆羅門, (3) 폐사吠舍, (4) 술달라戍達羅를 말한다. 『반야경』에서는 다음과 같이 설하고 있다. 보살들은 찰제리와 바라문과 폐사와 술다라 등의 사색류의 귀천차별(四色類貴賤差別)이 있다는 것을 보고 사유하기를 '나는 마땅히 이와 같은 사종의 색류(四種色類)와 귀천의 차별(貴賤差別)이 없도록 하겠다' 라고 사유하였다고 한다. 그리고 서원하여 말하기를 '나는 마땅히 신명身命을 돌아보지 아니하고 정근할 것이며, 육종 바라밀다를 수행하며, 유정들을 성숙케 할 것이며(成熟有情), 불토를 장엄하고 청정케 하여(嚴淨佛土) 누구나 신속하고 원만하게 최고의 평등한 깨달음(無上正等菩提)을 증득하게 할 것이다. 그리고 우리가 살아가는 불토에는 인간들 가운데에 사종 색류四種色類의 귀천 차별이 없어지게 할 것이다' 라고 하였다.[16]

이 글은 우리 인간들이 살아가는 지구 위에서는 유색 인종들 간에 차별을 해서는 안 된다는 것을 지적하고 있는 말이다. 사색四色의 인류는 군인계급인 찰제리와 귀족계급인 바라문과 농업계급인 폐사와 노예계급인 술달라 등 네 가지 종류의 인간을 뜻한다. 그리고 이들 종류의 인간 가운데에는 귀인과 천인의 차별이 많았다. 그러나 불타는 설사 색깔이 다른 인간이라 할지라도 귀인과 천인으로 나누어 보는

---

16 『대반야경』 권제330, p.693하.

것을 없애고 인간은 평등하다는 것을 가르쳤다. 그리고 인간을 차별하는 것은 무지無知의 탓이라는 것을 가르치고 있다. 인간을 바라볼 때 색깔과 모습만을 보고 귀천으로 나누어 판단하는 것은 그릇된 판단이라는 것이다. 불타는 인간을 겉모습만 보고 판단하지 말라고 하였다. 겉모습을 떠나 본성을 보고 판단하라고 하였다.

불교에 오승설五乘說이 있다. 오승은 범부승, 성문승, 연각승, 보살승, 불승佛乘 등을 말한다. 같은 인간인데 오승으로 나누어 설명한 까닭은 무엇인가에 대하여 그 대답은 다음과 같다. 인간의 마음은 평등하며 불성과 진여성 그리고 대승심도 평등하게 지니고 있다. 그러나 본성을 망각한 중생이 고통을 받으며 윤회하다가 본성을 자각하기 시작하고 그 자각의 정도에 따라 오승으로 나누어 정한 것이다.

오승의 차별을 말해본다면 승乘이란 말에서 그 뜻을 찾아볼 수 있다. 승은 대체로 운재運載라고 많이 번역한다. 운재는 수레(車)가 싣고 간다는 뜻이다. 수레가 크면 많이 싣고 갈 수 있고 수레가 작으면 적게 싣고 간다는 뜻이다. 『법화경』에서는 양거羊車, 녹거鹿車, 우거牛車의 비유로써 설명하고 있다. 양거는 양의 힘만큼 싣고 갈 수 있는 수레를 뜻하고, 녹거는 사슴의 힘만큼 싣고 갈 수 있는 수레라는 뜻이며, 우거는 소의 힘만큼 싣고 갈 수 있는 수레라는 뜻이다. 이와 같이 동물의 힘만큼 싣고 가는 수레에 이름을 붙인 것이다. 이와 같이 동물의 수레에 비유하여 말하는 것은 마음의 힘(心力)을 이해시키는 데 매우 효과적이기 때문에 비유로써 설명한 것이다.

실제로 승乘의 뜻을 말한다면 승은 마음의 힘과 움직임을 뜻한다. 다르게 말하면 마음과 마음의 작용이 움직이는 힘을 뜻한다. 인간은

동일하게 마음을 지니고 있지만 그러나 각자의 마음과 작용의 힘은
다르다. 지혜로운 마음과 무지한 마음 또는 심력心力과 지력智力 등을
발생하는 내용이 각각 다르다. 망식은 업력에 따라 움직이고 지혜심은
지력智力에 따라 움직인다. 이와 같은 마음의 힘을 발생하는 것을
승乘이라고 한다. 마음을 크게 쓰면 대승大乘이라 하고 마음을 좁게
쓰면 소승小乘이라고 한다.

이와 같은 지혜의 대소와 근기의 대소에 따라 오승을 정한 것이다.
오승은 근기와 지능의 정도에 따라 임시로 정한 것뿐이며 방편으로
정한 것뿐이다. 그러므로 범부는 성문과 연각이 될 수 있으며 보살도
되고 부처도 될 수 있는 것이다. 이는 망심이 정화되는 과정에서
정하여진 이름들이다. 그리고 불성과 진여성이 나타나는 정도에 따라
정하여진 이름들이다.

『반야경』에는 인간과 진여에 관하여 다음과 같이 설명하고 있다.

(1) 소승을 수행하고자 하는 사람에게는 성문의 도리를 가르쳐
주시고(修小乘者示聲聞道)

(2) 중승을 배우고자 하는 사람에게는 독학의 도리를 가르쳐 주시고
(學中乘者示獨學道)

(3) 대승을 수행하고자 하는 사람에게는 무상의 도리를 가르쳐
주셨다(行大乘者示無上道).

(4) 이와 같이 설법을 들은 사람은 무상지無上智를 조성하고 마침내
하열승下劣乘을 얻지 않게 된다(如是聽法爲無上智終不爲得下劣之乘)[17]라

---

17 『대반야경』 권제568, p.935상.

고 하였다.

이와 같이 근기에 따라 법을 설하여 교화하였다. 소승과 중승과 대승은 정해진 것이 아니라 설법을 듣고 진리를 깨닫게 되면 자신의 지력智力은 상승하고 범부와 같은 하열승下劣乘을 면하게 된다. 수행자의 정진에 따라 소승은 중승이 되고, 중승은 대승이 되며, 대승은 불타가 될 수 있다는 말이다. 즉 승乘은 정해진 것이 아니라 교화의 방편으로 정한 명칭이다. 설사 현재는 소승과 중승이라 할지라도 수행에 따라 대승이 될 수 있다는 방편설이다. 이와 같은 인간의 마음은 모두가 진여성을 지니고 있기 때문에 평등한 것이다.

평등의 진리는 다음과 같이 설명하고 있다. 오온의 진여(五蘊眞如)와 일체의 진여(一切智智眞如)는 모두가 하나의 진여(皆一眞如)이며 둘이 아니며(不二) 다르지 않다(無二無別)[18]라고 하였다. 그 뜻을 먼저 풀이하여 보면

(1) 오온은 인간 또는 중생을 뜻한다.

(2) 일체지지는 모든 진리를 깨닫는 지혜를 뜻한다.

(3) 일체법一切法은 이 세상에 있는 모든 것을 뜻한다.

(4) 진여는 만법萬法의 성품을 뜻한다.

이와 같이 진여는 인간을 비롯하여 만법의 성품으로서 만법의 진실성을 뜻한다. 진여는 현상이 없는 것이며 절대로 변하지 않은 영원한

---

18 『대반야경』 권제319, p.627하.

생명의 성능을 지니고 있다. 그러므로 진여는 삼라만상에 평등하게 내재하여 있으면서도 하나라고 하며 다르지 않은 진리라고 한다. 또 하나의 예를 들면 우리들의 몸(色)의 진여는 가고 옴이 없으며 또한 머무름도 없다. 또한 감수感受하고 생각하며 조작하고 식별하는 것(受想行識)의 진여도 오고감이 없으며 또한 머무름도 없다라고 하였다. 이 문장은 몸과 마음에 잠재한 진여는 가고 옴이 없고 또한 머무름이 없으며, 절대로 변하지 않고 허망함이 없는 진실한 성품이라는 것을 잘 설명해 주고 있다.

위에서 살펴본 바와 같이 진여는 만법의 성품이며 인간의 성품이다. 그러므로 인간은 외모와 성질은 다르다 할지라도 진여의 성품은 다르지 않기 때문에 마음을 정화하면 누구나 평등하여 지혜로운 사람이 될 수 있다. 따라서 사람들에게 사성四姓의 차별을 해서는 안 된다는 것이다. 이와 같이 경전에서는 사성 계급을 타파하는 사상이 있음에도 불구하고 차별사상을 주장하는 학자도 있다.

인도의 호월護月논사는 오성각별설五性各別說이라는 학설을 주장하였다. 오성각별설은 성문종성聲聞種姓, 연각종성緣覺種姓, 보살종성菩薩種姓, 부정종성不定種姓, 무성종성無性種姓 등을 말한다. 이는 인간의 종류를 구별하는 학설이다. 오성 가운데에서 성문과 연각과 보살 등 세 가지 종성은 이 세상에 출생하면서 그 모든 성품과 지능이 정해져 출생하였다고 주장하였다. 그리고 부정종성은 출생 후에 지능을 계발함에 따라 시시각각 근기와 지능이 진화하여 정해진다고 주장하였다. 이들 오성 가운데서 가장 문제된 것은 무성종성에 대한 해설이다. 본래 무성종성은 마음이 악하고 죄를 지어도 반성할 줄 모르고 계속 중대한 죄업을 지으며 살고 있는 극악한 성질을 소유한 종성을 말한다.

이와 같은 오성각별설은 중국의 현장법사가 인도로부터 중국에 도입하여 제자들에게 가르쳤다. 그런데 현장법사의 제자인 규기법사(窺基法師, 632~683)는 무성종성은 절대로 성불할 수 없는 종성이라고 주장하였다. 그러나 신라의 원측법사(圓測法師, 613~696)는 아무리 극악한 무성종자의 소유자라 할지라도 불성과 진여성을 지닌 종성이 있기 때문에 언젠가는 반성하고 참회하며 성불할 수 있는 가능성이 있다고 주장하였다. 그 후 원측법사의 주장이 옳았다는 평가를 받았다.

이와 같은 오성각별설의 문제는 위에서 살펴본 사성차별 문제와 관계가 있기 때문에 잠시 살펴보았다. 사성차별에 대한 학설은 보리심을 믿고 진여심을 믿고 수행하는 보살들에게는 차별을 없애는 의무감을 가지지 않을 수 없다. 불타는 인간의 성품에는 진여성과 대승성과 공성과 보리성 등이 평등하게 보존되어 있기 때문에 중생과 보살과 부처님 등이 평등하다고 가르쳤다. 『화엄경』에서도 '마음과 부처와 중생은 차별이 없다(心佛及衆生是三無差別)'라고 하였다.

위에서 육바라밀다에 대해서 살펴보았다. 보살들은 육바라밀다를 대승 계율로 삼아 지켜야 한다. 그러나 신라시대에 『범망경梵網經』이 들어와 『범망경』에 보살계菩薩戒라는 명칭으로 십선계十善戒를 설하고, 또한 사십팔경계四十八輕戒라는 이름으로 계율을 설하였다. 이들 계율을 보살계라고 칭하며 신도들에게 보살계를 주었다. 이 보살계의 전통은 지금까지도 전해져 오고 있는 것 같다.

십선계는 사미승들에게 주고 사미계沙彌戒라고 칭한다. 보살계와 사미계는 내용이 같아서 시급히 수정되어야 하는 사항이라 할 수 있다.

이제 보살계는 육바라밀다를 주고, 사미계는 십선계를 주도록 분명하게 분류하여 수계할 필요가 있다. 보살계는 육바라밀다로 확고하게 정하는 것이 경전의 의도라고 할 수 있다.

제11장 대승 무변과 보살 무변

불타의 말씀에 의하면 중생들의 본성에 대승심大乘心이 있고 진여심眞如心이 있으며 공심空心이 있지만 무명에 의하여 이러한 마음을 모르고 살아간다고 하였다. 이러한 마음을 모르는 마음을 망심妄心이라 하고, 망심 때문에 악업을 짓고 고통을 받으며 윤회하게 된다고 하였다. 그러나 중생들은 불타의 설법을 듣고 마음의 본성에 대승심과 진여심 등이 있다는 것을 깨닫고 대승심과 진여심을 마음 위로 발생시켜서 대승심과 진여심으로 살아보고자 발원을 세운 것을 보살菩薩이라고 칭한다.

보살은 보리심菩提心을 발생한 수행자를 뜻한다. 보리심은 깨달음을 발생하는 마음을 뜻한다. 그러므로 보살은 대승심과 진여심을 확신하는 신심으로 육바라밀과 선정바라밀을 수행한다. 그러므로 보살의 수행을 대승상大乘相이라고 한다. 대승상은 대승심을 믿고 대승적인 모습을 나타낸다는 뜻이다. 대승상을 나타내는 수행만이 대승심에 도달할 수 있기 때문에 도피안到彼岸이라고 칭한다. 즉 대승심이라는

176

피안에 도달한다는 뜻이다. 피안은 대승심이며 진여심이다. 대승심과 진여심은 마음의 본심本心이며 본성本性을 뜻한다. 이제 이러한 마음의 종체宗體는 어떤 것인가를 살펴보고자 한다.

1. 대승심의 종체宗體

불타는 『반야경』에서 대승심을 처음으로 설법하여 대승사상을 이 세상에 전파하였다. 이 대승심은 인간으로 하여금 마음을 크게 하고 행동을 크게 하는 대인이 될 수 있도록 하는 근원이 된다. 경전에서는 대승심을 다음과 같이 설명하고 있다. 허공은 동서남북과 사유(四維: 동남, 동북, 서북, 서남의 네 방위)와 상하上下의 모습을 얻을 수 없는 바와 같이 대승도 또한 그러하다. 대승은 동서남북과 사유와 상하의 모습을 얻을 수 없을 만큼 크다. 그러므로 대승은 허공과 같다'라고 기록하고 있다.

여기서 말하는 대승은 대승심을 뜻하며 대승심은 허공과 같이 전 우주에 가득 찰 만큼 크다는 것이다. 이 대승심은 길거나 짧음이 없고, 모나거나 둥글지 아니하고, 높고 낮음도 없고, 형색도 가히 얻을 수 없는 시방十方의 근본체라고 하였다. 그리고 과거와 현재와 미래도 없다고 하였다. 그리고 또 생멸도 없고 증감과 진퇴도 없으며, 청황적백의 색깔도 없는 무상無相의 체성을 지니고 있다고 하였다. 그리고 대승심은 허공만큼 큰마음으로 모든 중생을 받아들여 구제한다

---

1 『대반야바라밀다경』 권제57, p.322하.

는 이타利他의 사상을 포함하고 있다.

『반야경』에는 다음과 같이 기록하고 있다. "비유하면 허공은 무수하고 무량하며 무변한 유정들을 널리 그리고 능히 포용하고 받아들이는 바와 같이 대승도 또한 그러하다. 대승심은 무수하고 무량하며 무변한 유정들을 널리 그리고 능히 포용하고 받아들여 교화한다." 이와 같이 대승심은 허공과 같이 광대하여, 광대한 마음으로 무수하고 무량하며 무변한 중생들을 받아들여 교화하고 구제한다. 대승심은 무수하고 무량한 중생을 받아들여 구제하는 이타利他사상을 발생하며 대승심에 귀의한 보살들로 하여금 이타적인 수행을 하도록 하는 근원이 된다.

초발심初發心의 보살들은 모두가 대승심으로 돌아가자는 운동이 전개되었다. 이러한 운동의 사상을 담은 대표적인 언구言句는 발취대승發趣大乘과 환대승개環大乘鎧라는 언구이다. 발취대승은 열심히 수행하여 대승심으로 돌아가자는 뜻이다. 그리고 환대승개는 대승심의 옷을 입고 수행하자는 뜻이다. 이 두 가지는 대승적인 수행을 독려하는 언구라고 할 수 있다. 이 두 가지 연구를 각각 살펴보기로 한다.

1) 발취대승과 보살 수행

보살들은 수행할 때 먼저 정려靜慮에 안주하고 항상 일체의 지지심(一切智智心)과 상응하며, 대비를 상수로 삼고(大悲爲上首) 일체유정들의 번뇌를 단절시키는 수행을 하여 대승심에 도달하는 것을 발취대승發趣大乘이라고 칭한다고 하였다. 이와 같이 보살들이 수행할 때 선정을 통하여 자신의 정화는 물론 항상 중생들의 고통을 제거해 주는 대비심을 가장 으뜸으로 삼는다. 그리고 일체유정들의 번뇌를 단절시켜

주는 이타행을 하는 것을 발취대승의 뜻이라고 풀이하고 있다.

보살들은 정려의 선정에 안주하여 소승적인 수행만을 고집하는 성문승과 독각승에 떨어지지 않도록 이타의 대승행을 흔들림 없이 수행해야 한다. 그리고 자정慈定의 선정에 들어갈 때는 일체유정들을 구제하고 안락하게 하여야 하며, 비정悲定의 선정에 들어갈 때는 마땅히 일체유정들을 구제하고 고통에서 벗어나도록 해야 하는 수행을 뜻한다. 그리고 희정喜定의 선정에 들어갈 때는 일체유정들을 고통으로부터 해탈케 하는 수행을 해야 한다는 것을 뜻하며, 사정捨定의 선정에 들어갈 때는 일체유정들을 이익케 해야 하며 모든 번뇌(諸漏)를 단절하도록 해야 하는 것을 뜻한다. 이와 같이 보살과 마하살이 무량한 선정(無量定)에 들어가서 보시 등 육바라밀을 수행하면서 모든 유정들을 이익하게 하여야 하는 것을 발취대승이라고 칭한다.[2]

이와 같이 발취대승은 수행자들에게 이타행을 강조한 사상을 지니고 있다. 수행자는 먼저 대승심이 모든 중생들을 받아들여 교화하는 이타利他사상을 신념으로 삼아 대승행을 실천하는 보살들을 말한다. 그렇기 때문에 보살들은 이타사상을 신봉하여 중생들을 구제하고 교화하는 수행이 대승에 진출하는 수행이라고 믿었다. 그리하여 보살들은 중생들과 함께 아뇩다라삼먁삼보리阿耨多羅三藐三菩提를 향하여 회향廻向하는 서원을 세웠으며, 자기 자신은 물론 중생들을 이롭게 하고 즐겁게 하는 이타행을 하는 것을 발취대승이라고 하였다.

---

2 『대반야바라밀다경』 권제48, p.272하.

2) 환대승개와 보살 수행

위에서 중생들을 교화하고 구제하는 이타적 수행을 대승으로 나아가는 수행이라고 하였다. 그래서 수행자의 마음은 대승심을 굳게 믿고 수행하고자 하는 대승심이 필요하다. 수행자의 마음이 대승심의 이타 사상으로 무장하지 않으면 대승심에 도달할 수 없다는 각오가 필요하다. 이러한 대승사상을 종합하여 환대승개環大乘鎧라고 칭한 것이다. 환대승개는 '대승의 갑옷을 입고'라는 뜻이다. 갑옷을 입는다는 것은 세속적으로는 적군과 전투할 때 입는 것이지만 수행자의 적은 안으로는 마음의 망심과 번뇌 망상이 적이 된다. 그리고 밖으로는 불교의 진리를 파괴하는 삿된 종교와 삿된 철학이 적이 되며, 수행을 파괴하는 마왕 파순魔王波旬 등 잡된 무리들이 적이 된다. 이와 같은 적들을 파멸시키려면 소승적인 수행 정신으로는 목적을 달성할 수 없기 때문에 이 세상에서 가장 견고하고 가장 크고 넓은 대승심을 갑옷으로 삼아 입고 고된 수행을 해야 하기 때문에 대승의 갑옷을 입고 후퇴 없는 정진을 하라는 뜻에서 환대승개라고 칭하였다.

뒤에 논전 등에서 말하고 있는 용맹정진勇猛精進이나 피갑정진被甲精進의 사상도 환대승개의 정진사상을 이어받았다고 할 수 있다. 용맹정진은 보살들이 매사에 용맹스럽게 근면함을 발휘하라는 뜻이고, 피갑정진은 군인들이 갑옷을 입고 근면하게 근무하듯이 수행자도 근면하게 수행하는 것을 뜻한다. 이와 같이 환대승개의 뜻은 대승불교의 모든 수행 덕목을 견고한 마음으로 근면하게 수행하는 것을 뜻한다. 이제 대승불교의 수행 덕목 가운데서 육바라밀다의 수행을 예를 들어 환대승개의 뜻을 살펴보고자 한다.

3) 환대승개와 육바라밀다

불타는 모든 보살들은 수행을 하려면 모든 지혜력과 근면력을 다하라는 뜻에서 대승의 갑옷을 입고 정진하라고 훈시하였다. 보살이라면 육바라밀을 반드시 수행하도록 되어 있는데, 그러나 처음 발심한 보살 가운데 어떤 보살은 진실하게 수행하지 아니하고 형식적인 수행을 하는 보살이 간혹 있었다. 이러한 보살들은 마음의 정화가 되지 아니하고, 수행의 공덕도 별로 축적하지 못하였다. 이러한 보살들을 격려하기 위하여 방편으로 군인이 전쟁할 때 갑옷을 입고 전력을 다하듯이 하라는 뜻에서 환대승개의 대승행을 설하였다. 모든 보살들은 이 가르침에 따라 갑옷을 입고 불교를 방해하는 마군魔軍과 번뇌의 적(煩惱敵) 등을 단멸시키는 수행을 하였다. 이제 육바라밀다의 수행의 갑옷을 입고 정진하는 내용을 살펴보고자 한다.

①보살은 무소득의 마음으로 보시바라밀다에 안주하고 간탐이 많은 사람들(慳貪者)에게 보시를 하라고 권해야 한다.

②보살은 무소득의 마음으로 청정한 계율의 바라밀다에 안주하여 계율을 범한 사람들(犯戒者)에게 청정한 계율을 지키도록 권해야 한다.

③보살은 무소득의 마음으로 안정과 인욕의 바라밀다에 안주하여 포악한 사람들(暴惡者)에게 안정과 인욕을 하라고 권해야 한다.

④보살은 무소득의 마음으로 정진바라밀다에 안주하여 게으른 사람들(懶怠者)에게 정진을 하라고 권해야 한다.

⑤보살은 무소득의 마음으로 선정바라밀다에 안주하여 산란심이 많은 사람들(亂心者)에게 선정을 수행하라고 권해야 한다.

⑥보살은 무소득의 마음으로 지혜바라밀다에 안주하여 우치한 사

람들(愚痴者)에게 오묘한 지혜를 수행하라고 권해야 한다.

이와 같이 보살들은 여섯 가지 바라밀다(六波羅蜜多)를 자신도 수행하고 다른 사람들에게도 권하여 반드시 실천하도록 포교해야 하는데, 이것을 대승의 갑옷을 입음을 뜻하는 환대승개環大乘鎧라고 칭한다. 즉 보살과 마하살은 유정들로 하여금 육바라밀다를 수행하게 하여 구경에는 가장 높고 평등한 깨달음인 아뇩다라삼먁삼보리를 증득케 하는 것을 환대승개라고 칭하는 것이다.[3]

대승의 옷을 입는다고 한 것은 마음에 대승심의 이타사상을 원만하게 하여 중생들로 하여금 대승심을 믿게 하고 육바라밀다를 반드시 수행하여 최상의 깨달음을 얻게 하는 것을 뜻한다. 이는 수행자들이 자신만의 수행에 전념하고 중생들을 교화하지 않으면 소승의 수행자이기 때문에 대승의 정각을 성취하지 못한다는 것을 강조한 사상이다.

2. 대승종大乘宗과 무변의 대승(大乘無邊)

인간의 마음은 한이 없는 지혜력(智力)을 발생할 수 있다. 이는 마음이 한없는 대승심大乘心을 보존하고 있기 때문이다. 대승심은 허공처럼 큰마음을 뜻하기 때문에 무애자재하고 한없는 지혜력을 발생한다. 이러한 지혜를 마하반야摩訶般若라고 한다. 마하반야는 대승심에 의하여 발생하는 지혜를 뜻한다. 불자들은『반야심경』을 독송할 때 제일

---

3 『대반야바라밀다경』권제49, p.279상.

먼저 마하반야를 독송한다. 이는 모든 불자들이 대승심의 대지혜를 구족하고자 발원하는 염불이다. 이와 같은 대승심은 망상을 일으키는 망심妄心을 정화하고 마음을 청정하게 하는 근원이 되기 때문이다.

　이러한 대승심을 굳게 믿는 것을 신심信心이라고 한다. 신심은 마음의 근본이 되고 우주의 진리를 주관하는 대승심을 믿는 것을 뜻한다. 이와 같이 대승성大乘性은 우주에 가득 찬 진리의 근본 성품이 되고 대승심大乘心은 마음의 본성에 가득 차 있는 근본이 된다. 불교에서는 이와 같은 근본을 종宗이라고 한다. 우주의 근본을 가르치는 것을 종교宗敎라고 한다. 『화엄경』에서는 우주의 근본인 법성法性을 교육하여 그 근본을 깨닫게 하는 것이라고 하여 화엄종華嚴宗이라고 한다. 이와 같이 각 경전의 종지宗旨를 가르치는 것을 종교라고 한다.

　대승경전의 종지는 대부분 세간을 초월한 출세간의 종지를 뜻한다. 세간은 가설의 세계를 뜻하고 있는 현상(有相)을 뜻한다. 그러므로 세간은 생멸生滅이 있는 유한의 현상계를 뜻한다. 그러나 출세간은 모습이 있는 현상을 초월한 세계를 뜻하며, 모습이 없기 때문에 무상無相이라고 칭하며, 이는 생멸이 없고 무한의 세계를 뜻한다. 만약 세간의 현상이라면 수數로 헤아릴 수 있고(有數) 양으로 헤아릴 수 있게(有量) 된다. 나아가서 한계 있는 현상(有邊)이 있게 된다. 그러나 출세간의 세계는 수로 헤아릴 수 없고(無數) 양으로도 헤아릴 수 없다(無量). 나아가서 출세간은 모습이 없는 세계이기 때문에 한계가 없으며 무변無邊의 세계라고 칭한다.

　위에서 설명한 대승의 뜻은 출세간의 진리를 뜻하며 동시에 무수하고 무량하며 무변한 진리의 체를 뜻한다. 이와 같은 대승의 진리를 신앙하는 보살과 마하살의 마음도 신심의 힘으로 말미암아 번뇌 망상과 망심이 제거되고 대승심이 자리잡게 된다. 이와 같은 진리를 『반야경』에서는 다음과 같이 설명하고 있다. 즉 불타는 대승의 무변한 종지를 신앙하면 마음도 무변의 대승심이 발생할 수 있게 된다는 진리를 설하고 있다. 이제 몇 가지 예문으로 그 진리를 증명하고자 한다.

1) 대승의 무변과 보살의 무변

『반야경』에 의하면 대승은 마치 허공이 오지도 않고 가지도 않으며 머무르지도 않음을 가히 볼 수 있는 바와 같이 대승도 또한 그러하다. 대승은 오지도 않고 가지도 않으며 머무르지도 않음을 가히 보여주고 있다(如虛空無來無去無住可見 大乘亦爾無來無去無住可見)[4]라고 하였다. 이 문장은 『반야경』에서 대승은 허공과 같이 절대불변의 성품을 지니고 있다는 것을 보여주고 있다. 대승의 성품(大乘性)은 시공을 초월하면서 끝이 없는 무변의 성품을 지니고 있다는 것을 의미한다. 이와 같은 대승선과 대승심을 신앙하며 대승심에 돌아가고자 용맹정진하는 보살과 마하살의 마음도 무한하게 된다는 진리를 전개하고 있다.

　『반야경』에는 다음과 같이 설명하고 있다. "대승이 무변하기 때문에 보살과 마하살의 마음도 무변함이 있게 된다는 것을 마땅히 알아야 한다(大乘無邊故 當知菩薩摩訶薩無邊)."[5]

　이 문장을 좀 더 풀이하여 보면, 대승은 대승의 성능(大乘性)과

---

4 『대반야경』 권제58, p.329중.

5 『대반야경』 권제61, p.345중.

대승심大乘心을 뜻한다. 무변無邊의 뜻은 마치 허공이 한계가 없이 큰 것과 같이 대승의 성품과 대승의 마음도 한계가 없이 크다는 뜻이다. 이와 같이 무변의 대승성과 대승심을 믿고 수행하는 보살과 마하살의 마음도 한계가 없이 크다는 것을 마땅히 알아야 한다는 것이다. 보살과 마하살의 수행은 얼마나 진실하게 수행하느냐에 따라 보살과 마하살의 수행 행위도 차별이 발생하게 된다.

2) 진여의 무변과 보살의 무변

진여眞如에서 진眞은 진여성眞如性을 뜻하고, 여如는 절대로 변하지 않은 것(如常)을 뜻한다. 이를 종합하여 말하면 진여성은 절대로 변하지 않은 진실성이라는 것을 뜻한다. 이와 같은 진여성은 우주의 삼라만상의 성품이 된다. 말하자면 이 진여성은 우주의 현상이 생기기 전에 시설되어 있었다. 이 진여성은 증감도 없고 생멸도 없으며 일체 만법을 평등하게 존재하도록 해주는 성품이 된 것이다. 『반야경』에서 설하기를 "색수상행식(오온)의 본성은 오지도 않았고 가지도 않았으며 또한 머무르지도 않는다(色受想行識本性無來無去亦復不住)"라고 하였다.

오온은 곧 인간 또는 중생을 뜻한다. 인간의 본성은 변하는 것도 아니고 그러면서 움직이는 성품이라는 것을 말하고 있다. 그리고 인간의 본성은 진여眞如를 뜻한다고 하였다. 진여는 본래 오지도 않고 가지도 않으며 또한 다시 머무르지도 않은 성품이라고 하였다. 그러므로 인간의 본성인 진여는 자성과 자상은 움직이지도 않고 머무르지도 않은 것이라고 하였다(以色受想行識 及被本性眞如 自性自相若動若住 不可得).

이와 같이 인간의 진여성은 변함없이 항상 그대로 존재한다. 그리고 진여는 인간의 본성이 될 뿐 아니라 일체법의 본성이 되는 것이므로 일체 삼라만상의 현상은 무상하고 생로병사生老病死와 성주괴공成住壞空의 변화가 있다. 즉 허망虛妄한 것이고 전도顚倒된 것이며 가설假設된 것이기 때문이다. 그러나 본성은 진여이기 때문에 변하지 않고 본래 그대로 존재한다는 것이다. 왜냐하면 진여는 허망한 것이 아니고(非虛妄) 전도되는 것도 아니며(非顚倒) 가설되는 것도 아니기 때문이다(非假設).[6]

그러므로 지혜로운 사람은 본성과 진여를 관찰하여 깨닫게 되며 동시에 마음이 흔들리지 않는다. 그것을 견성見性이라고 한다. 견성은 곧 마음의 성품을 깨달음은 물론 일체법의 진여성을 깨달았다는 뜻이다. 견성의 가능성을 경전에서는 다음과 같이 설하고 있다. "진여가 무변하기 때문에 보살마하살의 마음도 무변하다는 것을 마땅히 알아야 한다(眞如無邊故當知菩薩摩訶薩無邊)."[7]

이 문장은 보살들이 진여심을 신앙하며 진여심을 깨닫고자 수행하면 진여의 무변한 힘과 지혜력을 얻게 된다는 뜻이다. 진여의 무변은 대승의 무변과 동일하다. 그러므로 『반야경』에서는 다음과 같이 말하여 보살과 마하살의 지혜력도 무변해진다는 진리를 증명하고 있다.

3) 공의 무변과 보살의 무변

공空은 모습이 없는 것을 뜻한다. 모습이 없는 것이기 때문에 허공과

---

6 『대반야경』 권제56, p.319상.
7 『대반야바라밀다경』 권제61, p.345중.

같은 공간에 가득 찰 수 있다. 그러므로 공空을 무상無相이라고 칭한다. 무상은 모습이 없는 것이기 때문에 형색도 없으며(無色) 볼 수도 없으며(無見) 상대할 수 없는 것(無對)이다. 이와 같은 무상을 일상一相이라고 한다. 하나뿐인 현상이기 때문에 만법에 평등한 성능이 될 수 있다.

공성空性을 무소유無所有라고 칭한다. 공은 모습이 없는 것이기 때문에 소유할 수 없는 것을 뜻한다. 소유할 수 없는 것이기 때문에 얻을 수도 없는 것이다. 얻을 수 없는 것(無所得)이기 때문에 집착할 수 없는 것이다. 그러므로 소득所得은 집착을 뜻하고 무소득은 집착이 없는 것을 의미한다. 집착할 수 없다는 뜻은 오염되지 않는다는 뜻이다. 그러므로 공은 연꽃과 같이 항상 청정함을 뜻한다.

이와 같은 공성은 본래 공한 것(本來空)이라고 하였다. 분명히 현상이 있음에도 불구하고 공한 것이라고 한 것은 모든 현상을 깊이 관찰하면 공성을 볼 수 있다는 것이다. 공성을 관찰할 수 있는 마음을 지혜라고 한다. 망심은 사물의 겉모습만을 관찰하기 때문에 진실한 공성을 관찰할 수 없다. 그러나 지혜심(智心)은 사물의 공성까지 관찰하기 때문에 진실한 공성을 관찰할 수 있다. 그리하여 반야공관般若空觀이라는 문구가 있다. 지혜로 공空을 관찰하여 깨닫는다는 뜻이다.

공을 완전하게 깨닫는 마음을 공지空智라고 한다. 공지에는 아공지我空智와 법공지法空智 등의 이름이 있다. 아공지는 내가 공한 진리를 깨닫는 지혜를 뜻하고, 법공지는 법이 공한 것을 깨닫는 지혜를 뜻한다. 이러한 공의 진리를 깨닫게 되면 무소득의 경지에 도달하게 된다. 무소득은 완전히 얻을 것이 없다는 뜻이며 완전하게 얻지 않은 마음에는 집착이 없어진다. 공성空性은 모습이 없기 때문에 전 우주에 무변하게 가득 차 있지만 망심은 관찰할 수 없다.

만법에 공성이 가득 차 있기 때문에 법공法空이라 칭한다. 법이 공한 진리를 관찰하고 깨달으면 마음이 청정해지고 지혜로워지는 것이다. 불타는 이와 같은 무변의 공을 관찰하여 깨달았으며, 이를 깨달으면 수행자의 마음도 무변하게 된다고 하였다. 경전에서는 '공이 무변하기 때문에 보살과 마하살의 마음도 무변하다는 것을 마땅히 알아야 한다(空無邊故當知菩薩摩訶薩無邊)'라고 하였다. 무한한 공의 진리를 관찰하고 깨닫는 수행을 통하여 무변한 지혜와 정각正覺을 이루도록 해야 한다.

4) 선정 무변과 보살의 무변

불타는 마음을 정화하는 수행을 『아함경』에서도 설하고 있지만 대승선 大乘禪에 대해서는 『반야경』에서 설하였다. 『반야경』에 의하면 육바라 밀다를 먼저 설하여 대공덕의 갑옷을 입은(環大功德鎧) 정신으로 정진 하는 것을 발취대승개發趣大乘鎧라고 입명하였다. 그리고 다음에는 건행삼마지建行三摩地와 보인삼마지寶印三摩地 등 157종의 선정을 설 하여 보살들에게 반드시 수행하라고 설하였다. 이러한 선정禪定 수행 을 보살과 마하살이 수행하는 것이며, 이러한 선 수행을 보살의 대승상 大乘相이라고 하였다. 선정의 수행을 대승상이라고 하는 것은 대승심 에 의하여 선정심이 나타나는 현상을 뜻한다. 선정을 수행하면 번뇌 망상이 정화되고 동시에 보리심이 나타난다. 보리심은 대승심과 진여 심에 의하여 발생한다. 왜냐하면 대승심과 진여심은 뿌리가 같기 때문이다.

『반야경』에서 선정은 무변하다고 한 것은 금강삼매金剛三昧와 진여삼매眞如三昧를 들 수 있다. 금강삼매는[8] 마음 안에 있는 망식妄識을 모두 단절하고 진여삼매에 진입하는 선정을 뜻한다. 진여삼매는 진여 자체를 깨닫는 선정을 뜻한다.[9] 진여를 관찰하여 그 성능(眞如性)을 깨닫게 되면 바로 성불하게 된다. 금강삼매와 진여삼매는 대승불교에서 수행하는 대승선大乘禪을 뜻한다.

대승선은 초기 대승경전인 『반야경』에서 최초로 설명하고 있으며, 이때에 대승선이 성립되었다고 할 수 있다. 소승선小乘禪은 만법의 현상을 관찰하며 깨닫는 선정이며, 대승선은 만법의 현상(緣起法)을 깨닫는 것은 물론 만법의 성품(法性)까지 전체를 깨닫는 선정을 말한다. 대승선을 수행하는 보살도 무변의 진리를 수용하게 된다. 그러므로 불타는 선정禪定은 무변無邊한 것이기 때문에 보살과 마하살의 깨달음도 무변하다는 것을 마땅히 알아야 하느니라(三摩地無邊故當知菩薩摩訶薩無邊)라고 가르치고 있다. 선정을 올바로 수행하면 무한한 복덕과 지혜를 축적할 수 있고, 구경究竟에는 성불할 수 있다는 것을 잘 알고 수행하라는 불타의 가르침이라고 할 수 있다.

---

8 『대반야경』 권제52, p.293상.
9 『대반야경』 권제52, p.297상.

제12장 대승선의 성립과 금강삼매

이 책을 쓰고자 하였던 목적은 불타의 선禪은 어떠한 선인가를 밝히는 데 있었다. 그리하여 불타가 보리수 아래에서 어떠한 선을 수행하여 성불할 수 있었던가?라는 화두話頭를 가지고 깊이 살펴보았다. 그 결과 불타는 금강삼매의 수행법을 『대반야바라밀다경』에서 처음으로 설하고 있었다. 금강삼매는 마음속에 깊이 뿌리를 내리고 있는 망식과 번뇌를 제거하고 마음의 대승성大乘性과 대승심大乘心을 깨닫게 하는 선정禪定이라고 설명하고 있다. 이와 같이 금강삼매는 어떠한 선정보다도 강력한 선력禪力을 발생하여 마음을 청정하게 하고 불성佛性을 깨닫는 선정이었다.

십지보살은 기초적인 수행 기간을 졸업하고 최고의 수행 위에 오른 수행자들이며 이를 마하살이라고 칭한다. 이와 같은 십지보살의 선정을 금강삼매라고 한다. 이 금강삼매를 수행하는 보살을 마하살摩訶薩이라고 한다. 마하살은 초지初地부터 제십지보살第十地菩薩에 이르기까지의 십지보살을 칭하는 명칭이다. 특히 십지보살은 금강삼매를 수행하며 미세한 번뇌까지도 정화하는 선력을 가지게 된다.

　이와 같은 금강삼매를 수행하면 최초로 나(我)에 대한 집착을 일으킨 말나식末那識이라는 망식을 정화하게 되며 동시에 평등성지平等性智라는 지혜를 발생하게 된다. 그리고 제십지 법운지보살法雲地菩薩은 금강삼매의 선정을 더욱 열심히 수행하여 모든 망식의 뿌리가 되는 아뢰야식阿賴耶識을 정화하게 된다. 아뢰야식에는 과거에 조성한 업력을 모두 보존하고 있기 때문에 업력이 정화되어도 미세한 업력業力의 습기가 훈습되어 있는 망식이다. 그러므로 아뢰야식에서 훈습薰習된 습기가 모두 정화되면 대원경지大圓鏡智라는 대지혜가 발생하게 된다.

　대원경지는 우주의 진리를 일시에 관찰하여 깨닫는 지혜를 뜻한다. 그러므로 대원경지와 평등성지가 나타나면 완전히 성불을 성취하게 된다. 이와 같이 금강삼매의 선정은 모든 망식을 정화하고 성불을 가능하게 하는 선정으로서 이것은 불타가 보리수 아래에서 금강삼매를 수행하여 성불한 것과 동일한 것이라고 할 수 있다.

　불타가 보리수 아래에서 금강삼매를 수행한 수행체험을 제십지 법운지보살들에게 설하여 주었던 것이다. 이는 뒤에 『대반야경』에서 설명하고 있는 금강삼매의 선정사상을 정리할 때 자세하게 설명하고자 한다. 이제 금강삼매라는 최상의 선정은 어떠한 근원에 의하여 발생하는지를 알아보고자 한다. 불타는 금강삼매는 대승상大乘相이라고 하였다. 대승상은 금강삼매는 대승심에 의하여 발생한 대승의 모습이라는 뜻이다. 이러한 논리적 근거는 『대반야바라밀다경』의 기록에 의하여 확인할 수 있다.[1] 이제 금강삼매를 설명하기 전에 대승심에 대하여 먼저 설명하고자 한다.

1. 인간의 본성과 대승심

우리 인간은 본성과 본심本心을 지니고 있다. 그러나 인간은 본성과 본심에서 이탈하여 악업을 짓고 악과惡果를 받으며 살고 있다. 수많은 죄업을 지으면서 오랜 기간 이러한 진정한 본성과 본심을 망각한 채 살아오고 있었다. 경전에 의하면 무량한 시겁時劫을 지나는 동안 큰 꿈속(大夢)에서 살아왔다는 것이다. 불타는 성도 후 이러한 인간의 존재를 관찰하시고 이러한 꿈속의 윤회에서 해탈시키고자 인간의 본성과 본심을 알려주기로 하였다.

인간의 본성과 본심을 제일 먼저 설명한 경전은 『대반야바라밀다경』이다. 『대반야경』은 대승경전 가운데서 제일 먼저 설했다고 하여 초기 대승경전이라고 칭한다. 그러므로 『대반야경』에서 설하고 있는 대승불교는 대승 교리의 최초가 되는 것이다. 『반야경』에 의하면 인간의 본성은 본래 청정하고 본래 지혜로우며 증감도 없고 오고감도 없으며 절대불변의 성품을 보존하여 왔다. 그러나 불가사의한 순간에 무명이 나타나 본성을 망각하고 비리를 행하는 망심妄心이 활동하게 되었다. 망심이란 안식眼識, 이식耳識, 비식鼻識, 설식舌識, 신식身識, 의식意識, 말나식末那識, 아뢰야식阿賴耶識 등 팔종八種의 망식妄識을 뜻한다. 이들 망식이 중생들의 마음을 교란하며 온갖 번뇌를 일으키며 고통의 과보를 받게 한다. 그리고 망식들은 마음의 본성을 장애하고 본성의 지혜가 발생하지 못하도록 덮어 버린다. 이러한 번뇌의 별명을

---

1 『대반야바라밀다경』 권제52, p.293상.

부장覆障이라고 한다. 번뇌가 지혜와 열반의 성능을 덮어서 장애한다는 뜻이다.

좀 더 자세하게 말하면, 번뇌가 마음의 열반涅槃을 장애하는 것을 번뇌장煩惱障이라고 하며, 번뇌가 마음의 보리菩提를 장애하는 것을 소지장所知障이라고 칭한다. 열반은 인간을 기쁘게 해주는 것이고 보리는 인간으로 하여금 지혜를 발생시켜 행복을 창조하는 본성을 뜻한다. 이와 같이 열반과 보리를 장애하는 번뇌 때문에 사리판단이 흐려진 망식은 탐진치貪瞋痴를 발생하여 많은 업을 짓게 된다. 그 결과 삼계육도에 윤회하게 되었으며 고통을 받아도 고통의 원인이 된다는 것을 모르는 무지無知 속에 헤매고 있다.

불타는 이와 같은 중생들의 망심을 관찰하시고 망심을 정화하고 본성의 지혜와 열반을 깨닫고 보살이 되도록 설교하기 시작하였다. 초기경전에서 본성을 찾아 돌아가라는 바라밀다波羅蜜多의 설법을 많이 하였다. 바라밀다는 도피안到彼岸의 뜻이다. 도피안은 피안에 도달하게 한다는 뜻이다. 피안은 곧 본성을 뜻하며 본성에서 발생하는 지혜와 열반을 뜻한다. 불타는 피안에 대하여 보살들에게 광범위하게 설하여 스스로 깨닫게 하였다.

불타의 설법에 의하면 피안은 대승심大乘心이며 진여심眞如心이며 보리심菩提心이며 불심佛心이며 공심空心이라고 하였다. 이들 마음은 인간의 본심이며 본성을 원만하게 발현할 수 있다는 마음을 뜻한다. 물론 경전에는 이 밖에 여래심如來心 또는 무구심無垢心 등의 이름을 설명하고 있다. 그러나 뜻이 겹치는 것이기 때문에 다섯 가지만을 간추렸다. 마음의 본성은 하나지만 본성에서 발생하는 그 성능은

서로 다르게 발생하기 때문에 그 성능에 따라 이름을 정하여 호칭한
것이다.

불타는 모든 보살들에게 대승심으로 돌아가는 바라밀다 수행을
강조하였다. 수행 덕목도 육바라밀六波羅蜜과 선정바라밀禪定波羅蜜
등 바라밀이라고 칭하였다. 이는 수행을 하여 피안에 도달하라는
가르침이었다. 경전의 이름도 '대반야바라밀다경大般若波羅蜜多經'이
라고 하였다. 이는 대승의 지혜로 피안에 도달하는 경전이라는 뜻이다.
불타가 설한 바라밀다사상을 『반야경』에 의하여 해설해 보고자 한다.
바라밀다는 피안에 도달하는 수행이라는 뜻이다. 피안은 마음의 본성
本性을 뜻하며, 본성에서 발생하는 마음을 대승심大乘心 또는 진여심眞
如心이라고 칭한다. 보살은 대승심과 진여심을 확신하고 대승심과
진여심에 도달하기 위하여 육바라밀과 선정바라밀을 수행하는 것을
바라밀다라고 한다.

이제 피안에 해당하는 대승심과 진여심의 뜻을 먼저 살펴보고자
한다.

1) 대승심과 이타행

불타는 『반야경』에서 마음의 본성에는 대승심大乘心이 있다고 하였다.
대승심은 항상 대자대비의 이타행利他行을 발생한다. 중생들을 구제하
고 교화하는 이타행을 발생하는 마음이라고 하였다. 대승불교라고
칭하는 것도 이와 같은 대승심이 근원이 된다. 대승행大乘行 또는
보살행菩薩行의 명칭도 대승심에 의하여 발생하는 이타행을 뜻한다.
대승심은 곧 대자대비의 이타행을 발생하는 본심을 뜻한다. 이와

같은 대승심의 참뜻을 해설하여 본다면 대승大乘의 대大는 전 우주를 뜻하는 시방十方을 뜻하며, 승乘은 운재運載를 뜻하여, 뜻에 따르면 움직임의 뜻이다.[2]

이와 같은 대승의 뜻을 갖는 마음을 대승심이라고 한다. 대승심의 뜻은 부사의하기 때문에 비유로써 해설을 하고 있다. 비유에 의하면 허공이 모든 물체를 함수含受하듯이 대승의 마음도 모든 중생들을 함수하여 교화하고 구제하는 마음이라고 한다.

함수含受의 뜻에 대하여 좀 더 알아보기로 한다.

함수는 모든 중생들을 용납하고 포용하여 받아들인다는 뜻이다. 포용은 남의 잘못을 너그럽게 감싸준다는 뜻이 있다. 그리고 너그럽고 관대하며 참고 견디어내며 이겨낸다는 뜻이 있다. 이와 같이 대승은 함수의 성능을 발생한다. 그러므로 대승의 성능은 그 본성이 이타의 수행을 발생시키는 성품을 지니고 있다.

불타는 이와 같은 대승의 이타사상을 허공에 비유하여 대승사상을 보다 쉽게 설명하고 있다. 불타가 설한 허공과 대승의 비유를 인용하여 해설하여 보고자 한다.

첫째, 허공이 무수하고 무량하며 무변의 유정을 널리 그리고 능히 포용하여 받아들이는 것과 같이, 대승도 또한 유정을 널리 그리고 능히 포용하여 받아들이는 함수의 자비를 베푼다.

둘째, 허공은 오는 것도 아니고 가는 것도 아니고 머무르는 것도 않는 것과 같이 대승도 또한 그와 같다. 대승은 오는 것도 아니고

---

2 『반야경』 권제55, p.309중.

가는 것도 아니며 머무는 것도 아닌 것이다.

셋째, 허공은 앞에 있는 것과 뒤에 있는 것과 중간에 있는 것을 가히 얻을 수 없는 것과 같이 대승도 또한 그와 같다. 대승은 앞의 것과 뒤에 것과 중간의 것을 얻을 수 없는 것이다.

넷째, 전세와 후세와 중세가 평등한 것이기 때문에 대승이라고 이름한다.[3]

이와 같이 불타는 대승의 뜻을 허공을 비유하여 설명하고 있다. 대승의 체성은 불가사의한 경지이기 때문에 설명하기가 어렵고, 허공을 사유하고 관찰하듯이 상상을 통하여 점점 깨달아 들어가는 방법을 가르치고 있다. 모든 보살들이 이러한 사유법을 통하여 점점 깨닫는 것을 점오漸悟라고 한다. 그리하여 마음의 미세한 번뇌가 단절되는 제십지 법운지보살에 이르기까지 점오라 하며, 법운지보살은 금강삼매金剛三昧라는 선정을 수행하여 번뇌의 습기까지도 단절하게 되며 동시에 불지佛地에 진입하여 모든 진리를 깨닫게 되는데 이를 돈오頓悟라고 한다.

대승의 종체를 돈오함으로서 불타가 되는 것이며 이를 성불成佛이라고 한다. 불타는 부사의한 대승의 진리를 모두 깨달았지만 부처님만이 알 수 있는 대승체를 직접 설명하지 않고 허공을 비유하여 보다 알기 쉽게 설명하는 방법을 택하고 있다. 이는 중생들에게 보다 알기 쉽게 하기 위한 방편인 것이다. 불타는 대승을 허공에 비유하여 대략 25종의 비유법으로서 설명하고 있다. 이는 이러한 방편을 사용하여 중생과

---

3 『대반야바라밀다경』 권제56, p.318하.

196

보살들에게 점오의 깨달음을 갖도록 하기 위함이다. 이제 불타가
설한 25종의 비유법을 써서 대승과 허공은 동등한 것이니 허공을
관찰하여 대승을 깨닫도록 하라는 진실한 설법을 차례대로 살펴보고자
한다.

2) 불타의 대승과 허공은 동등하다는 설법

(1) 불타는 허공은 동서남북과 사유四維와 상하의 방분方分을 얻을
수 없는 것과 같이 대승도 또한 그와 같다. 대승에서는 동서남북과
사유와 상하의 방분을 얻을 수가 없다. 그러므로 대승과 허공은 동등하
다고 말한다고 하였다.

이 글은 대승은 시방의 방위를 초월할 만큼 큰 성능을 지닌다는
뜻을 설명하고 있다. 다시 말하면 대승은 허공과 같이 우주에 가득
차 있다는 뜻이다. 이는 곧 인간이 지니고 있는 대승심은 우주의
진리를 능히 깨달을 수 있는 지혜를 지니고 있다는 뜻이다.

(2) 불타는 허공에서 장단長短과 방원方圓과 고하高下와 사정邪正의
형색形色을 얻을 수 없는 것과 같이 대승도 또한 그와 같다. 대승은
장단과 방원과 고하와 사정의 형색을 얻을 수가 없다. 그러므로 대승과
허공은 동일하다고 말한다고 하였다.

이 글은 허공을 비유로 대승의 실상을 설명한 것이다. 대승은 길지도
않고 짧지도 않으며, 모나지도 않고 둥글지도 않으며, 높지도 않고
낮지도 아니하며, 삿된 것도 아니고 바른 것도 아니라는 실상을 설명하
고 있다. 이들 비유는 대승은 형색을 초월함을 설명하고 있다.

(3) 불타는 허공에서는 청황靑黃과 적백赤白과 흑자黑紫의 형색을

얻을 수 없는 것과 같이 대승도 또한 그와 같다. 대승에서는 청황과 적백과 흑자의 형색을 얻을 수 없기 때문에 대승과 허공은 같다고 말한다고 하였다. 이 글 역시 대승은 현상을 나타내지 않는다는 것을 말하고 있다.

(4) 불타는 허공은 과거도 없고(非過去) 미래도 없으며(非未來) 현재도 없는 것(非現在)과 같이 대승도 또한 그러하다. 대승은 과거도 없고 미래도 없으며 현재도 없다. 그러므로 대승과 허공은 같다고 말한다고 하였다. 이 글은 대승은 본래 변천하는 것이 아니기 때문에 과거와 미래와 현재의 시간이 없다고 말한 것이다.

(5) 불타는 허공은 증가하는 것도 아니고(非增) 감소하는 것도 아닌 것이며(非滅), 전진하는 것도 아니고(非進) 후퇴하는 것도 아니한 것(非退)과 같이 대승도 또한 그러하다. 대승은 증가하는 것도 아니고 감소하는 것도 아니며 전진하는 것도 아니고 후퇴하는 것이 아니다. 그러므로 대승과 허공은 같다고 말한다고 하였다. 이 글은 대승은 본래 변하는 것이 아니기 때문에 증가하고 감소하는 것이 아니라는 것을 설명하고 있다.

(6) 또 허공은 생하는 것도 아니고(非生) 멸하는 것도 아니며(非滅), 머무는 것도 아니며(非住) 변이하는 것도 아닌 것(非異)과 같이 대승도 또한 그러하다. 대승은 생하는 것도 아니며 멸하는 것도 아니고 머무는 것도 아니며 변이하는 것도 아니다. 그러므로 대승은 허공과 같다고 말한다고 하였다. 이 글은 허공을 비유로 하여 대승은 생生하고 멸滅하고 머물고 변이하는 무상한 것이 아니라는 것을 설명하고 있다.

(7) 또 허공은 착한 것도 아니고(非善) 착하지 아니한 것도 아니며(非

非善), 선악을 기록하는 것도 아니고(非有記) 선악을 기록하지 아니한 것도 아닌 것(非無記)과 같이 대승도 또한 그러하다. 대승은 선한 것도 아니고 선하지 아니한 것도 아니며, 선악을 기록하는 것도 아니고 선악을 기록하지 아니한 것도 아니다. 그러므로 대승과 허공은 같다고 말한다고 하였다. 이 글을 대승은 착하고 착하지 아니하고 선의 종자를 지니거나 지니지 않는 것임을 설명한 것이다.

(8) 또 허공은 볼 수 없고(非見) 들을 수도 없고(非聞), 깨달을 수도 없으며(非覺) 알 수도 없는 것(非知)과 같이 대승도 또한 그러하다. 대승은 볼 수도 없고 들을 수도 없으며 깨달을 수도 알 수도 없다. 그러므로 대승은 허공과 동등하다고 하였다. 이와 같은 말씀은 대승은 망식의 분별심으로는 들을 수도 없고 깨달을 수도 없으며 알 수도 없다는 것을 가르치고 있다.

(9) 불타는 또 허공은 알려지지도 않고(非所知) 통달되지도 않은 것(非所達)과 같이 대승도 또한 그러하다. 대승은 알려지지도 않으며 통달되지도 않는다. 그러므로 대승과 허공은 동등하다고 말한 것이다고 하였다. 이 글은 허공이 인간의 망식으로 알고자 해도 알려지지도 않고 통달되지도 않은 것과 같이 대승도 또한 그와 같다는 것이다. 대승은 마음에 미세한 번뇌가 있으면 알려지지 않는다. 그리고 통달하고 싶어도 통달되지 않는다.

(10) 불타는 또 허공은 두루 알 수도 없고(非遍知) 영원히 단절되는 것도 아니며(非永斷), 증득되는 것도 아니고(非作證) 수습되지도 않은 것(非修習)과 같이 대승도 또한 그러하다. 대승은 두루 알 수도 없고 영원히 단절되는 것도 아니며 증득되는 것도 아니다. 그러므로 대승과

허공은 동일하다고 말한다고 하였다. 이 글은 허공을 비유하여 대승은 누구나 두루 알 수 있는 것이 아니며, 그리고 대승의 체는 영원히 단절되는 것도 아니고 누구에게 수습되지도 않는다는 것이다. 대승은 본래 진전되는 것도 아니고 단절되어지는 것도 아니며 본래 변하는 것도 아니고 무상한 것도 아니다.

(11) 불타는 또 허공은 이숙도 아니고(非異熟) 이숙법도 없다고 한 것(非有異熟法)과 같이 대승도 또한 그와 같다. 대승은 이숙이 없는 것이며 이숙법도 없는 것과 같이 대승도 또한 그와 같다. 대승은 본래 이숙법이 없으며 이숙법이 없기 때문에 대승은 허공과 같은 것이라고 한다고 하였다. 이들은 허공을 비유하여 대승은 본래 이숙이 없으며 이숙법도 없는 것이라고 증명한다. 이숙은 모든 물체는 찰나찰나 변이하여 변이가 축적되는 것을 말한다. 이숙의 이름은 전체가 변한 것을 뜻한다. 가령 큰 바위를 보면 변하고 있는 것 같지 않다. 그러나 실지로는 변하고 있는 것이다. 이러한 변천을 이숙법異熟法이라 한다.

(12) 불타는 또 허공은 탐할 것도 없고(非有貪法) 탐할 만한 법을 여의는 것도 없는 것(非離貪法)과 같이 대승도 또한 그러하다. 대승은 탐할 만한 법이 있는 것도 아니고 탐한 법을 여의는 것도 아니다. 그러므로 대승은 허공과 같다고 말한다. 이 글을 대승은 탐할 법도 아니며 탐할 법을 여의는 것도 없는 것이기 때문에 대승은 탐할 법이 없다는 것이다.

(13) 불타는 또 허공은 성내는 법이 있는 것도 아니고(非有瞋法) 성내는 법을 여의지 않는 것(非離瞋法)과 같이 대승도 또한 그러하다.

대승은 성내는 법이 있는 것도 아니며 성내는 법을 여의는 것도 아니다. 그러므로 대승은 허공과 같다고 말한다고 하였다. 이 글은 대승에 성내는 법이 있는 것도 아니고 성내는 법을 여의는 것도 아니라는 것을 나타내어 대승의 실체를 잘 설명하고 있다.

(14) 불타는 또 허공에는 우치한 법이 있는 것도 아니고(非有癡法) 우치한 법을 여의는 것도 아닌 것(非離癡法)과 같이 대승도 또한 그러하다. 대승은 우치한 법이 있는 것도 아니고 우치한 법을 여의는 것도 아니다. 그러므로 대승과 허공은 같다고 말한다. 이 말은 대승에 우치한 법이 있는 것도 아니고 우치한 법을 여의는 것도 아니다. 대승에는 본래 우치법이 있는 것도 아니기 때문에 우치한 법을 여일 필요가 없는 것이다.

(15) 불타는 또 허공은 욕계에 떨어지지도 아니하고(非隨欲界) 색계에 떨어지지도 아니하며(非隨色界) 무색계에 떨어지지도 아니한 것(非隨無色界)과 같이 대승도 또한 그러하다. 대승은 욕계에 떨어지지도 아니하고 색계에 떨어지지도 아니하며 무색계에도 떨어지지 아니한다. 그러므로 대승은 허공과 같다고 말한다. 이 글은 허공을 비유하여 대승도 욕계에 떨어지지 않고 색계에도 떨어지지 않으며 무색계에도 떨어지지 않는다는 것이다. 왜냐하면 대승은 본래 업業을 짓지 아니하고 청정함을 잃지 않기 때문이다.

(16) 또 허공은 초지에 발심하여 가히 얻을 수 없는 것이며(非有初地發心可得) 내지 제십지에 발심하여 가히 얻을 수 없는 것(非有第十地發心可得)과 같이 대승도 또한 그러하다. 대승은 초지에 발심하여 가히 증득할 수도 없으며 내지 제십지에서 발심하여 가히 증득할 수 있는

것이 아니다. 그러므로 대승은 허공과 동등하다고 말한다. 이 글은 초지와 제십지의 수행력이라 할지라도 부족함이 많기 때문에 대승을 깨닫지 못하게 된다. 그것은 무이無二의 수행에 도달하지 못하였기 때문이다. 무이는 무소득의 경지이며 무소득은 곧 무이를 뜻한다. 깨달음의 마음은 소득이 없는 것이며 얻어지는 것도 아니라 무이에 도달해야 한다.

(17) 불타는 또 허공은 성문지와 독각지와 정등각지를 가히 얻을 수 없는 것(非有聲聞地獨覺地正等覺地可得)과 같이 대승도 또한 그러하다. 대승은 성문지와 독각지와 정등각지를 가히 얻을 수 없다. 그러므로 대승은 성문지와 독각지와 정등각지의 지위를 얻을 수 없다. 대승은 평등한 것이며 만법을 평등하게 대한다. 다만 각자가 수행한 마음의 지혜가 성문승이 되고 독각승이 되며 정등각승이 된다. 다시 말하면 지혜의 깨달음에 따라 수행의 지위가 정해지는 것이며 깨달음의 대상인 대승체는 항상 평등한 것이다.

(18) 불타는 또 허공은 색갈이 있는 것도 아니고(非有色) 색깔이 없는 것도 아니며(非無色), 볼 수 있는 것도 아니고(非有見) 볼 수 없는 것도 아니다(非無見). 그리고 대對할 수 있는 것도 아니고(非有對) 대할 수 없는 것도 아니며(非無對), 상응할 수 있는 것이 아니고(非相應) 상응할 수 없는 것도 아닌 것(非不相應)과 같이 대승도 또한 그러하다. 대승은 색깔이 있는 것도 아니고 색깔이 없는 것도 아니며, 볼 수 있는 것도 아니고 볼 수 없는 것도 아니며, 대할 수 있는 것도 아니고 대할 수없는 것도 아니며, 상응할 수 있는 것도 아니고 상응할 수 없는 것도 아니다. 그러므로 대승은 허공과 동등하다고 말한다. 이

글은 집착심이 있는 자는 대승을 볼 수도 없고 대할 수도 없으며 상응할 수도 없음을 말한다. 그러나 집착심이 없는 자는 대승을 볼 수도 있고 대할 수도 있으며 상응할 수 있음을 뜻한다.

(19) 불타는 또 허공은 항상 변하지 아니하고(非常) 무상함도 아니며 (非無常), 즐거움이 있는 것도 아니며(非樂) 고통이 있는 것도 아니고(非苦), 자아가 있는 것도 아니고(非我) 자아가 없는 것도 아니며(非無我), 청정함도 아니고(非淨) 청정함이 아님도 아닌 것(非不淨)과 같이 대승도 또한 그러하다. 대승은 항상 있는 것도 아니며 항상 없는 것도 아니며, 즐거움이 있는 것도 아니고 고통이 있는 것도 아니며, 자아가 있는 것도 아니고 자아가 없는 것도 아니며, 청정함이 있는 것도 아니고 청정함이 없는 것도 아니다. 그러므로 대승은 허공과 동등하다고 말한다. 이 글은 대승의 실상은 상常과 무상無常에 치우치지 않고 고통과 즐거움에도 치우치지 않으며 청정과 불청정에도 치우치지 않는다. 대승도 항상 평등하며 치우치지 아니한다. 그러므로 수행자의 마음은 대상에 대하여 중도의 마음으로 접근해야 한다.

(20) 불타는 또 허공은 공한 것도 아니고(非空) 공한 것이 아닌 것도 아니며(非不空), 모습이 있는 것도 아니고(非有相) 모습이 없는 것도 아니며(非無相), 원한 것이 있는 것도 아니고(非有願) 원한 것이 없는 것도 아닌 것(非無願), 이와 같이 대승도 또한 그러하다. 대승은 공한 것이 있는 것도 아니고 공한 것이 없는 것도 아니며, 모습이 있는 것도 아니고 모습이 없는 것도 아니며, 원한 것이 있는 것도 아니고 원한 것이 없는 것도 아니다.

그러므로 대승은 허공과 동등하다고 말한다. 이 글은 대승을 지나치게 관찰하는 것을 배격하는 것이다. 가령 삼라만상은 분명히 있는 것(不空)이다. 그러나 그 삼라만상을 즉관하면 인연으로 연결되어 있을 뿐이며 실제는 없는 것과 같다는 것이다. 이는 중도관을 심어주는 글이다. 경전에 두 가지로 나누어 생각하는 사람(有二者)은 집착이 있다는 것을 뜻하며(有所得), 하나로 합쳐서 생각하는 사람(無二者)은 집착이 없다는 것(無所得)이라는 말이 있다. 해설해 보면, 마음의 분별심으로 인식의 대상을 둘로 나누어 관찰하면 소득所得이 있게 된다. 소득은 집착을 뜻한다. 달리 말하면 상대적인 마음으로 관찰하면 진실을 깨닫지 못하게 된다. 대승은 오로지 무이無二, 무소득의 무분별심만이 증득하게 된다.

(21) 불타는 또 허공은 고요한 것도 아니고(非寂靜) 고요하지 아니한 것도 아니며(非不寂靜), 멀리 여의는 것도 아니고(非遠離) 멀리 여의지 아니한 것도 아닌 것(非不遠離)과 같이 대승도 또한 그러하다. 대승은 고요한 것도 아니고 고요하지 아니한 것도 아니며, 멀리 여의는 것도 아니며 멀리 여의는 것이 아닌 것도 아니다. 그러므로 대승은 허공과 동등하다고 말한다고 하였다. 이 글은 대승체가 항상 치우치지 않고 항상 만물 속에 평등하게 존재한다는 것을 설명하고 있다. 대승체는 만법의 성품으로서 가히 멀리하지도 않고 가까이하지도 않으며 항상 중도의 진리를 지닌다는 뜻을 나타내고 있다.

(22) 불타는 또 허공은 밝은 것도 아니고(非明) 어두운 것도 아닌 것(非暗)과 같이 대승도 또한 그와 같다. 대승은 밝지도 아니하고 어둡지도 아니하다. 그러므로 대승과 허공은 동등하다고 말한다고 하였다. 이 글은 대승체는 밝은 쪽에 치우치지 않고 어두움에도 치우치

지 않은 중도의 명암을 나타낸다는 뜻을 말하고 있다.

(23) 불타는 또 허공은 오온도 아니고 십이처도 아니며 십팔계도 아니며(非蘊處界), 오온을 여의는 것도 아니고 십이처를 여의는 것도 아니며 십팔계도 여의는 것이 아닌 것(非離蘊處界)과 같이 대승도 또한 그러하다. 대승은 오온도 아니고 십이처도 아니며 십팔계도 아니며, 오온을 여의는 것도 아니고 십이처를 여의는 것도 아니며 십팔계를 여의는 것도 아니다. 그러므로 대승은 허공과 동등하다고 말한다. 이 글은 대승은 온처계蘊處界의 세간법을 초월하고 반면에 온처계의 세간법을 여의지 않고 존재한다는 것을 말하고 있다. 온체계를 좀 더 풀이한다면 오온五蘊을 뜻하며, 오온은 바로 인간을 뜻하고 중생을 뜻한다. 오온은 색온色蘊, 수온水蘊, 상온想蘊, 행온行蘊, 식온識蘊을 말한다. 이 글은 대승은 세속과 세간을 여의고 그리고 대승은 세속과 세간을 여의지 않고 존재한다는 뜻을 말하고 있다. 온蘊과 처處와 계界는 인간의 정신과 물질의 현상을 이루는 근본을 말한다.

첫째, 온蘊은 오온五蘊을 뜻한다. 오온은 몸(色)과 감수(受)와 생각(想)과 식별(識) 등이 서로 인연이 되어 하나의 인간을 출생케 하는 것을 말한다. 이를 인간 또는 중생이라고 번역한다. 즉 여러 가지 인연이 화합하여 탄생하는 것을 오온이라고 한다.

둘째, 처處는 마음이 의지하여 생존할 수 있는 처소處所를 뜻한다. 의지할 곳은 첫째 육근六根을 뜻하며, 육근은 안근, 이근, 비근, 설근, 신근, 의근을 뜻한다. 근根은 마음의 의지처를 뜻하며 몸의 인식 기관을 뜻한다. 마음은 육근에 의지하여 육경六境을 접촉한다. 육경은 색경色境, 성경聲境, 향경香境, 미경味境, 촉경觸境, 법경法境을 말한다. 육경은 마음이 접촉하는 대상으로서 이를 확장하면 전 우주를 관찰하는 것이 된다.

다음으로 계界는 가족이 모이는 것과 같이 같은 종족種族의 뜻이 있다. 육식과 육근과 육경 등 18종이 화합하여 존재하는 것을 십팔계十八界라 한다. 인간은 이와 같은 십팔계에 의지하여 생활하고 있는 것이다. 인간은 오온에 의지하며 살고 있으며, 십이처에 의지하여 살고 있으며, 그리고 십팔계에 의지하여 살고 있다. 이 온처계蘊處界는 인간의 삶을 나타내는 현상이다. 그러므로 온처계를 세간世間이라 하니, 세간은 인간을 비롯하여 전 우주의 현상을 세간이라고 한다.

대승은 이와 같은 세간을 초월하면서도 한편으로는 세간과 공존하고 있다고 말한다. 그리고 출세간은 우주의 인연으로 형성된 전제의 현상을 초월한 세간이라고 해서 출세간出世間이라고 한다. 속세와 함께 생활하는 것을 세간이라 하고, 세간을 여의는 청정한 세계를 출세간이라고 한다.

(24) 불타는 또 허공은 가히 얻어지는 것이 아니며(非可得) 가히 얻어지는 것이 아닌 것도 아닌 것(非不可得)과 같이 대승도 또한 그러하다. 대승은 가히 얻어지는 것이 아니며 그리고 가히 얻어지지 아니한 것도 아니다. 그러므로 대승은 허공과 동등하다고 말한다고 하였다.

이 글은 대승에 대하여 금강삼매가 나타나서 미세한 번뇌를 청소하고 중도적 지혜로 증득하게 된다고 말하고 있다. 대승은 집착이 없는 마음이 성립되는 것이라고 하였다. 대승은 집착이 없는 마음과 무분별지無分別智와 대원경지大圓鏡智만이 증득할 수 있다. 대원경지는 우주 만물을 환하게 깨닫게 해주는 지혜를 말하며 이를 구경각究竟覺이라고 칭한다.

(25) 불타는 또 허공은 가히 설할 수도(非可說) 없고 가히 설할 수 없는 것도 아닌 것(非不可說)과 같이 대승도 또 그와 같다. 대승은 가히 설할 수도 없고 가히 설할 수 없는 것도 아니다. 그러므로 대승은 허공과 동등하다고 말하는 것이다.

이 글은 대승에 대하여 설명할 수도 있고 설명할 수 없는 것이라고 말하고 있다. 말할 수 없는 것은 번뇌가 있는 마음으로는 대승을 설명할 수 없는 것이고 번뇌가 없는 마음은 모두 설명할 수 있다는 뜻이다. 번뇌가 없는 마음은 오로지 부처님만이 소유하게 된다. 그러므로 불타는 보리수 아래에서 성불한 후 사라쌍수沙羅雙樹 아래서 열반하실 때까지 45년 동안 잡념이 없고 청정한 선정禪定의 마음을 떠나서 말씀하신 적이 없었다고 한다.

이러한 불타의 선정을 경전에서는 잡념과 망상으로 한 글자도 설한 적이 없었다는 뜻으로 불설일자不說一字라고 칭한다. 혹자는 불설일자를 잘못 이해하여 한 글자나 한 말씀도 하시지 않았다고 한다. 그러나 불타는 성불한 후에 열반하실 때까지 망심을 일으키지 않고 항상 선정의 마음에서 이탈하지 않고 설법을 하셨다는 뜻이다. 불타는 위에서 실상은 중생들의 분별심으로 알 수 있는 대상이 아니기 때문에 허공에 비유하여 25종의 관찰법을 인용하여 가르치고 있다. 대승은 허공과 같이 부사의한 신비의 존재이면서 일체세간의 경계를 초월하고 있다. 그러나 대승은 허공과 같이 만물을 함수含受하는 이타행을 근본으로 하고 있음을 말하고 있다.

불타는 대승의 함수와 이타행을 다음과 같이 결론 내리고 있다.

『대반야바라밀다경』에 불타가 말씀하시기를, "비유하건대 허공은 무수하고 무량하며 무변의 유정들을 널리 그리고 능히 포용하고 자비로서 함수含受한 바와 같이 대승도 또한 그러하다. 대승은 수數 없고 헤아릴 수 없으며, 끝없는 유정들을 널리 그리고 능히 인내하고 견디며 품어주고 받아주는 함수를 한다. 왜냐하면 유정들은 무소유인 까닭에 허공도 또한 무소유하다는 것을 마땅히 알아야 한다. 허공이 무소유이기 때문에 대승도 또한 무소유라는 것을 마땅히 알아야 한다. 이러한 뜻으로 말미암아 대승은 무수하고 무량하며 무변한 유정들을 널리 그리고 능히 품어주고, 어려움을 인내하고 견디며 받아들이고 포용하는 함수의 이타행을 한다는 것이다. 왜냐하면 유정과 허공과 대승은 모두가 무소유이기 때문에 가히 얻을 수 없기 때문이다."[4]

이 글은 대승사상을 마무리하는 것이다. 첫째는 유정의 본성이 소유가 없기 때문에 허공도 소유가 없는 것이다. 대승도 또한 소유가 없는 것이기 때문에 모두가 평등한 것이다. 그러므로 대승에는 함수사상을 지닐 수 있게 된다. 대승은 허공과 같이 클 뿐 아니라 모든 중생들을 함수한다는 뜻을 지니고 있다. 함수의 뜻을 몇 가지 사전에서 살펴보면 다음과 같다.

함수는 포용包容의 뜻이라고 하였다. 포용은 어려움이 있어도 인내하고 견디면서 중생들을 받아들인다는 뜻이다. 불타는 이와 같은 함수의 뜻이 대승의 마음에 있다는 것을 가르치고 있다. 대승은 이 세상에 제일 큰 진리체眞理體를 뜻할 뿐 아니라 중생들을 모두 포용하는

---

4 『대반야경』 권제57, p.323중.

성품까지도 지니고 있다는 것을 이 세상에 알리고 있다.

　대승심大乘心을 좀 더 적극적으로 해설해 보면 다음과 같다. 대승심의 대大는 허공과 같이 이 세상에서 제일 큰 것(十方)을 뜻하고, 승乘은 흔히 운재運載라고 번역하는데 이를 의역하면 움직인다는 뜻이다. 그리고 가장 큰 진리의 세계를 진리스럽고 평등하게 움직이는 마음을 대승심이라고 칭한다. 불타는 대승은 곧 반야般若라고 하였다. 이와 같은 대승심에 포용성을 뜻하는 함수의 성능이 있다고 하였다. 함수를 경전의 법어에 의하여 해설하면 대자대비大慈大悲를 뜻한다. 대자대비는 대승불교의 이타행利他行을 뜻한다. 즉 중생들에게 즐거움을 베풀어주는 행위(興樂)를 뜻한다. 그리고 대비大悲는 중생들의 고통을 없애주는 것(拔苦)을 뜻한다. 이와 같은 대자대비의 뜻은 함수의 뜻과 동일한 것이다.

　『대승기신론』에 의하면 대승의 종체는 대비를 성품으로 삼는다(大悲爲性)라고 하였다.[5] 모든 수행의 공덕 가운데서 대비의 공덕이 제일이라고 한다. 이 대비의 뜻은 대승심의 함수의 뜻과 동일하다. 『대승기신론』의 뜻은 대승에 대한 신앙을 일으키는 논전이라는 뜻이다. 이 논전은 아마도 『대반야경』의 대승사상을 근원으로 저술된 것 같다. 대승심을 신앙하고 중생들의 고통을 없애주는 수행을 한다. 중생들의 고통을 없애주는 수행이 대승심을 깨닫는 길이며 대승심으로 돌아가는 수행이다. 이것을 반야바라밀다라고 한다. 반야바라밀다는 지혜의 수행으로 피안에 도달한다는 뜻이다. 이때의 피안은 대승을 뜻한다.

---

5 마명 저, 원효 찬술, 『대승기신론소』.

이상으로 대승심에 대하여 모두 살펴보았다.

대승심은 대승의 지혜를 발생시키는 근원이 된다. 이 대승심은 시방세계의 진리를 깨닫는 근본이 되기 때문에 대승의 종체宗體라고 칭한다. 대승종체는 대승이 법계의 근본이 되는 진리체라는 뜻이다. 대승을 종체로 한다는 문구는 한국의 고승 원효대사(617~686)가 처음 사용한 말이다. 원효대사는『대승기신론소大乘起信論疏』에서 서문을 쓸 때 대승종체라는 뜻깊은 문구를 쓰고 있다. 원효대사는 대승종체에 대해서 바다와 허공을 비유하여 지공무사至公無私라고 서술하고 있다. 원효대사의 지공무사는 대승함수大乘含受의 사상을 현실에 맞게 표현한 것이라고 할 수 있다.

이와 같이 대승종체가 이 세상에 알려지면서 대승불교운동이 일어나기 시작하였다. 불타가 대승심을 설하기 전에는 성문승과 연각승의 자리自利적인 수행이 전부였다. '모든 악을 짓지 아니하고 모든 선을 행해야 하며, 스스로 마음을 정화하는 것을 불교라고 한다(諸惡莫作 衆善奉行 自靜其意 是諸佛敎)'라는 수행사상의 핵심이 되었다. 이 수행사상을 사유해 보면 자기만의 수행임을 짐작할 수 있다.

자기 정화를 위하여 이타적인 수행을 외면해 왔던 대중들은 중생들의 마음에도 대승심大乘心이 있고 진여심眞如心이 있다는 불타의 설법을 듣고 발심發心한 대중들이 많았다. 발심은 보리심菩提心을 발생했다는 뜻이다. 보리심은 진리를 깨닫는 마음을 뜻하며 지혜로운 마음을 뜻한다. 경전에서 대승大乘과 반야般若는 동일한 것이라고 한 바와 같이 대승심과 반야심은 모든 대승심에 의하여 발생하게 된다. 이와 같은 대승심을 믿기 시작한 것을 발심이라고 하며 발심한 불자를 보살菩薩이라고 한다. 불타의 설법을 듣고 발심한 보살이 수없이 늘어났다.

　보살들의 수행은 대자대비를 행하는 이타적인 수행이다. 그 원인은 대승심을 믿기 때문이다. 대승심은 중생을 포용하는 함수含受의 성능을 지니고 있기 때문에 점진적으로 대승심을 보다 넓고 깊게 깨달으며 대승심의 성능을 몸과 마음에 익숙하도록 하는 것을 보살 수행이라고 한다. 불타는 이러한 보살들의 수행을 대승상大乘相이라고 칭하였다. 몸과 마음에 대승심이 나타나는 현상을 대승상이라고 하였다. 대승심을 깨닫기 시작하여 점점 대승심의 본체를 모두 깨닫는 과정을 발취대승發趣大乘이라고 한다.

2. 대승과 반야바라밀다

불타는 선현善現보살에게 다음과 같이 가르치고 있다. "과거와 미래와 현재의 보살들이 모두가 대승에 의거하여 정근하고 수학하면 속히 무상정등보리를 증득할 것이니라. 그러므로 대승을 가장 높고 가장 오묘하다고 하느니라"[6]라고 설법하셨다. 이와 같은 불타의 설법을 보면 불타는 제자들에게 대승심에 귀의하라고 가르쳤고, 대승심을 근면하게 수학하여 수행하여야만 위없고 바르고 평등한 깨달음(無上正等菩提)을 신속하게 얻을 수 있다고 권하고 있다. 이와 같은 불타의 설법에 의하여 볼 때 대승심은 이 세상에서 가장 높고 가장 오묘한

<hr>

6 『대반야바라밀다경』 권제61, p.343중.

종체라는 것을 알 수 있다.

이와 같은 불타의 설법을 들은 모든 제자들은 모두가 대승에 귀의하여 대승의 종체를 깨닫는 수행을 하여 보살이 되는 길을 걷게 된다. 보살들은 대승불교를 수행하는 주체로서 수행의 목적을 대승종체에 도달하는 데 두었다. 대승종체에 도달하는 수행을 가르치는 것을 종교宗教라고 한다. 종교의 뜻은 근원根源을 가르치는 것을 뜻하며, 여기서는 대승의 근원을 가르치는 것을 뜻한다.

대승의 근원에 도달하는 것을 도피안到彼岸이라고 한다. 반야바라밀다도 곧 대승에 도달한다는 뜻이다. 왜냐하면 반야와 대승은 둘이 아니며 오로지 하나뿐이라는 것을 알아야 한다. 불타는 반야와 대승이 다르지 않다는 것을 다음과 같이 설명하고 있다.

"선현善現이 불타에게 말씀드리기를 '세존이시여, 제가 말한 대승은 반야바라밀다와 다르지 않은 것이 아닙니까?'

불타가 선현에게 말씀하시기를 '네가 말한 대승은 반야바라밀다와 모든 것이 서로 따라 순응하는 것이며 서로 위배되거나 건너뛰는 것이 아닌 것이니라.'"[7]

이 글에 의하면 대승과 지혜는 동일한 뜻으로서 대승 자체가 지혜체임을 알 수 있다. 지혜는 삼라만상의 성품을 관찰하여 깨닫는 성능을 지니고 있다. 그러므로 대승의 지혜(摩訶般若)는 대승심에서 발생한다는 것을 알 수 있다. 그러므로 경전에는 '대승은 반야바라밀다와 다르지 아니하고(大乘不異般若波羅蜜多) 반야바라밀다는 대승과 다르지 않다

---

7 『대반야경』 권제61, p.343중.

212

(般若波羅蜜多不異大乘)'라고 한 것이다. 그래서 경전의 이름도 '대반야
바라밀다경'이라고 한다. 즉 대승의 지혜에 의하여 피안에 도달한다의
뜻을 지닌 경전의 명칭은 대승심이 피안이며 대승심에 도달하는 것을
대각大覺이라 하며 성불이라고 칭한다. 이러한 진리를 깨달은 보살들
은 대승심에 도달하기 위하여 근면수학하고 이타적인 수행을 하며
용맹정진한다. 불타는 이러한 정진의 뜻을 발취대승發趣大乘이라고
한 것이다.[8]

불타가 설한 발취대승의 뜻은 보살들이 발심하여 대승심을 굳게
신앙하고 내면의 대승심을 향하여 꾸준히 정진하는 것을 말한다.
대승심을 향하여 꾸준히 정진하는 것을 말한다.

초발심初發心하여 대승심에 이르기까지 52종의 단계가 있다. 그
단계는 (1) 십신十信, (2) 십주十住, (3) 십행十行, (4) 십회향十廻向,
(5) 십지十地, (6) 등각等覺, (7) 묘각妙覺의 단계를 말한다.

이들 52위의 단계는 대승불교의 수행설이다. 이 수행설 가운데
앞의 40위는 평범한 수행이라 할 수 있고, 그 후 십지十地의 보살
수행은 가장 모범적인 수행을 하며 중생들을 교화하고 구제한다.
이는 마음의 번뇌가 거의 정화된 지혜의 마음에 대승의 함수含受 성능이
매우 강하게 발생하기 때문이라고 생각한다.

불타는 이와 같은 보살에 대하여 마하살摩訶薩이라는 칭호를 주고
있다. 마하살은 대승보살을 뜻하며, 대승보살이 대승심을 향하여 조금
씩 다가가는 것을 발취대승發趣大乘이라고 하였다. 대승심에 가까이

8 『대반야경』권제61, p.344상.

다가가는 것이 쉽지 않다는 뜻을 표하기 위하여 대승의 갑옷을 입고(環大乘鎧)라는 마하살의 수행 정신을 표하고 있다.

불타는 발취대승에 대하여 다음과 같이 설명하고 있다. "보살이 육바라밀다를 수행하고 중생들을 이락利樂하게 하는 수행은 모두가 대승에 나아가고자 한 것이다. 이러한 수행의 이념에 의하여 발취대승이라고 칭한다. 그리고 초지初地에서 제십 법운지法雲地에 이르기까지 번뇌 습기의 상속을 영원히 단절하고 여래의 정등각을 이룬 것을 모두 합쳐서 발취대승이라고 칭한다."[9] 이와 같은 불타의 설법에 의하면 보살과 마하살의 수행은 모두가 대승심에 도달하여 대승심의 종체를 깨닫는 데에 목적을 두고 있다는 것을 알 수 있다.

대승의 종체에 도달하여 환하게 깨달은 것을 정각正覺이라 하고 성불成佛이라고 하는 것이다. 위에서 살펴본 바와 같이 대승불교는 인간의 본심인 대승심의 대자대비를 뜻하는 함수사상을 실천하여 모든 중생들을 성숙시키고(成熟有情) 불국토를 건설하여(嚴淨佛土) 살기 좋은 세상을 창조하는 것을 수행의 목적으로 삼았다.

3. 진여성과 일체법

위에서 대승에 대하여 설명하였다. 대승은 대승심을 크게 움직이며 무수하고 무량하며 무변한 중생들을 교화하고 구제하는 사상을 지니고 있다는 것을 알 수 있었다. 대승은 전 우주를 평화롭게 존재하도록

---

9 『대반야경』 권제55, p.309중.

성능을 발생하는가 하면, 또한 여기서 설명하고자 하는 진여성과 일체법의 성품이 된다.

진여眞如는 일체법의 성품이 됨과 동시에 일체법을 모두 시설施設하는 성품이 된다. 일체법을 시설한다라는 말은 일체법을 진여가 창조하였다는 말이다. 진여가 일체법의 성품을 시설한 후에 인연법이 나타나 만법의 현상을 창조하게 된다. 이것을 연기법緣起法이라고 한다. 불타는 진여성과 연기법을 동시에 깨닫고 정각正覺을 이루었으며 성불하게 되었다. 불타는 정각을 이루고 말씀하시기를 '진여성과 연기법을 불타가 이 세상에 출세하시거나 출세하지 않으시거나 관계없이 본래 존재하였다'라고 사자후하셨다.

진여는 피조물이 아니라 본래의 성품으로서 일체법을 창조한 근원이다. 이 세상의 삼라만상이 출현하기 이전에 진여의 성품(眞如性)이 우주에 가득 차 있으면서 삼라만상의 성품으로 존재한 것이다. 이제 진여는 무엇을 자성自性으로 삼았는가를 살펴보고자 한다.

불타는 진여의 자성을 다음과 같이 설명하고 있다.

(1) 일체법은 모두가 진여眞如를 자성自性으로 삼는다.
(2) 일체법은 모두가 법계法界로서 자성을 삼는다.
(3) 일체법은 모두가 법성法性으로서 자성을 삼는다.
(4) 일체법은 모두가 불허망성不虛妄性으로 자성을 삼는다.
(5) 일체법은 모두가 불변이성不變異性으로 자성을 삼는다.
(6) 일체법은 모두가 평등성平等性으로 자성을 삼는다.
(7) 일체법은 모두가 이생성離生性으로 자성을 삼는다.
(8) 일체법은 모두가 법정法定으로 자성을 삼는다.

(9) 일체법은 모두가 법주法住로서 자성을 삼는다.

(10) 일체법은 모두가 실제實際로서 자성을 삼는다.

(11) 일체법은 모두가 허공계虛空界로서 자성을 삼는다.

(12) 일체법은 모두가 부사의계不思議界로서 자성을 삼는다.

(13) 일체법은 모두가 무성無性으로 자성을 삼는다.[10]

이와 같이 일체법은 진여를 자성으로 삼고 있다.

위에서 말한 13종은 모두가 진여의 별명들이다. 그 밖에 일체법은 공空으로 자성을 삼는다고 하였으며, 일체법은 모두가 무상無相으로 자성을 삼는다고 하였으며, 일체법은 모두가 무원無願으로 자성을 삼는다고 하였다.

보살들은 매우 깊은 지혜로 피안에 도달하기 위하여 수행할 때 둘이 아닌(不以二故) 마음으로 보시 등 육바라밀을 섭수攝受하고 또 내공內功 등 공空의 진리를 섭수한다. 그리고 보살들은 둘이 아닌 마음으로 진여를 섭수하며 수행한다. 이와 같이 진여는 물질계와 정신계의 순수한 자성自性이 된다. 그리고 진여는 일체법을 시설하는 성품이 된다. 일체법의 시설은 다음에 살펴보기로 한다.

4. 진여 시설과 일체법

진여眞如는 만법의 근원이며 생명의 근본이다. 진여는 일체법의 자성

10 『반야경』 권제365, p.880상.

이 되며 동시에 일체의 현인과 성인까지도 시설施設한다. 그리고 중생들의 생명과 정신세계도 시설한다. 불타는 진여가 일체법을 시설하였다고 설법하셨다. 그러므로 삼라만상이 진여 아님이 없다고 말할 수 있다. 인간도 진여체가 되는 것이며 보살과 불타도 진여체가 되는 것이다. 이제 일체법의 진여 시설을 살펴보고자 한다.[11]

(1) 진여는 일체의 현인賢人과 성인聖人을 시설하였다.

(2) 진여는 모든 물질(色)을 시설하였다.

(3) 진여는 감수와 생각과 행동과 식별하는 마음(受想行識)을 시설하였다.

(4) 진여는 안식이 의지하는 것(眼處)을 시설하였다.

(5) 진여는 귀, 코, 혀, 몸, 뜻의 의지처(耳鼻舌身意處)를 시설하였다.

(6) 진여는 물질의 처소(色處)를 시설하였다.

(7) 진여는 소리와 냄새와 맛과 촉감과 법의 처소(聲香味觸法)를 시설하였다.

(8) 진여는 눈의 경계(眼界)를 시설하였다.

(9) 진여는 귀와 코와 혀와 몸과 식별의 경계(耳鼻舌身意識界)를 시설하였다.

(10) 진여는 색깔의 경계(色界)를 시설하였다.

(11) 진여는 소리와 냄새와 맛과 촉감과 법의 경계(聲香味觸法界)를 시설하였다.

(12) 진여는 안식의 경계(眼識界)를 시설하였다.

---

11 『반야경』 권제463, p.340중.

(13) 진여는 이식과 비식과 설식과 신식과 의식의 경계(耳鼻舌身意識界)를 시설하였다.

(14) 진여는 안식의 촉감(眼觸)을 시설하였다.

(15) 진여는 이식과 비식과 설식과 신식과 의식의 촉감(耳鼻舌身意觸)을 시설하였다.

(16) 진여는 안식의 촉감이 인연이 되어 발생하는 감수(眼觸爲緣所生諸受)를 시설하였다.

(17) 진여는 이식과 비식과 설식과 의식의 촉감이 인연이 되어 발생하는 모든 감수(耳鼻舌身意觸爲緣所生諸受)를 시설하였다.

(18) 진여는 물질의 견고한 경계(地界)를 시설하였다.

이와 같이 진여는 태초에 우주를 시설하고 우주 안에 있는 삼라만상을 시설하였다. 그러므로 삼라만상이 진여 아닌 것이 없다고 말한다.

5. 공성과 무소득

공성空性은 삼라만상의 성품을 뜻한다. 삼라만상은 자상自相과 자성自性을 지니고 있기 때문에 모습을 나타내며 존재한다. 그러나 삼라만상은 공성을 지니고 존재한다. 지혜의 눈으로 자상과 자성을 관찰하면 인연이 집합하여 가설假說된 것이며, 가설된 것은 자상이 없으며 자성도 없는 것이기 때문에 공空이라고 칭한다.

경전에서 자주 공을 무소유無所有라 하고 불가득不可得이라고 말하는데, 삼라만상의 공성에는 소유가 없다는 뜻이고 소유가 없는 것이기 때문에 얻을 수가 없다는 뜻이다. 만물에는 이와 같은 공성이 있기 때문에 공성을 관찰하여 집착심을 내지 말라는 뜻이다. 중생들은 가설의 현상을 접할 때 즉각 집착심을 발생할 때가 많다. 이 집착으로 말미암아 죄업을 짓게 된다. 그러므로 집착을 없애는 공관空觀을 수행할 필요가 있다.

공관은 집착을 단절하는 수행이며 무소유의 진리를 깨닫고 무소득의 지혜를 얻게 한다. 다시 말하면 공성은 진여성과 동일하다. 진여자성공이라는 말과 같이 진여의 자성은 이러한 공성을 지니고 있기 때문에 공성과 진여성은 같은 뜻을 지니고 있다. 이와 같이 공성은 만법의 공성으로서 세간을 여의는 공성이다. 세간을 여의는 공성은 모습이 없음(無相)을 뜻한다.

무상無相은 모습을 여의는 실상을 뜻한다. 모습을 지닌 현상을 세간世間이라 하며 세간을 여의는 실상을 무상이라고 칭한다. 이와 같이 볼 때 공성은 모습이 없고 무상을 뜻하며 무상은 진여성을 뜻한다. 이와 같이 모습이 없는 공성은 중생들로 하여금 소유의 의식을 감소시키며 구경究竟에는 소유욕을 없애는 무소득의 지혜를 얻게 한다.

무소유의 지혜를 얻게 되면 필연적으로 사물에 대한 집착을 여의게 된다. 집착을 여의는 것을 무소득無所得이라 하며, 무소득은 소득의 집착이 없다는 뜻으로서 이는 공空을 관찰한 지혜의 깨달음이라 할 수 있다. 이와 같이 공관은 무소유의 지혜를 얻게 하며 또한 무소득의 지혜를 얻게 한다.

불타는 중생들의 집착을 없애기 위하여 18종의 공관을 설명하였다.[12]

---

12 『반야경』 권제448, p.259중.

이 공성은 곧 진여이다. 18종의 공空에 주住하면 진여와 법계와 법성에 주住하는 것이라고 하였다(住十八空者應自住眞如法界法性云云).

이제 마음의 지혜를 증장시키는 십팔공十八空에 대한 지혜(空智)를 살펴보고자 한다.

(1) 내공지內空智: 내공지는 몸이 공한 진리를 깨닫는 지혜를 뜻한다.

(2) 외공지外空智: 외공지는 마음이 접촉하는 대상이 공한 진리를 깨닫게 하는 지혜를 뜻한다.

(3) 내외공지內外空智: 내외공지는 마음이 공한 진리를 깨닫게 하는 지혜를 뜻한다.

(4) 대공지大空智: 대공지는 전 우주(十方)가 공한 진리를 깨닫는 지혜를 뜻한다.

(5) 공공지空空智: 공공지는 공한 것도 또한 공한 것임을 깨닫는 지혜를 뜻한다.

(6) 승의공지勝義空智: 승의공지는 진여와 같은 수승한 진리도 공한 것임을 깨닫는 지혜를 뜻한다.

(7) 유위공지有爲空智: 유위공지는 생生과 멸滅이 있는 현상이 공한 것임을 깨닫는 지혜를 뜻한다.

(8) 무위공지無爲空智: 무위공지는 진여와 같은 진리도 공한 것임을 깨닫는 지혜를 뜻한다.

(9) 필경공지畢竟空智: 필경공지는 만법은 필경에는 공한 것임을 깨닫게 하는 지혜를 뜻한다.

(10) 무제공지無際空智: 무제공지는 제한이 없는 법도 공한 것임을

깨닫는 지혜를 뜻한다.

(11) 산공지散空智: 산공지는 현상을 해산하여 공한 진리를 깨닫는 지혜를 뜻한다.

(12) 무변이공지無變異空智: 무변이공지는 변이가 없는 법法도 공한 것임을 깨닫는 지혜를 뜻한다.

(13) 본성공지本性空智: 본성공지는 본성도 공한 것임을 깨닫는 지혜를 뜻한다.

(14) 자상공지自相空智: 자상공지는 만법의 자상은 모두 공한 것임을 깨닫는 지혜를 뜻한다.

(15) 공상공지共相空智: 공상공지는 공동으로 조성된 현상은 공한 것임을 깨닫는 지혜를 뜻한다.

(16) 일체법공지一切法空智: 일체법공지는 일체의 법은 공한 것임을 깨닫게 하는 지혜를 뜻한다.

(17) 불가득공지不可得空智: 불가득공지는 가히 얻을 수 없는 것도 공한 것임을 깨닫는 지혜를 뜻한다.

(18) 자성공지自性空智: 자성공지는 만법의 자성은 공한 것임을 깨닫는 지혜를 뜻한다.

(19) 본성공지本性空智: 본성공지는 만법의 본성도 공한 것임을 깨닫는 지혜를 뜻한다.

불타는 이와 같은 공지空智를 구족하여 만법에 대한 집착을 하지 말라는 가르침을 설하였다.

공지空智를 비유로써 설명한 문장을 소개하고자 한다.

"공중에 나는 새의 발자취가 흔적을 남기지 않은 것과 같이 여실히 관찰하여 소유가 없는 것과 가히 얻어지지 않은 공관空觀을 갖도록 하라(如空中鳥跡無所有不可得)."[13]

이와 같이 공을 여실히 관찰하여 무소득의 지혜로 여실요지如實了知하여야 한다.

그리고 내공진여內空眞如는 가고 옴이 없고 또한 머무르지도 않은 진리의 성품을 지닌다. 공과 진여는 동체로서 상관관계를 가지면서 진리의 세계를 이루고 있다.

진여와 공성은 함께 만법의 성품이 되어 삼라만상의 바탕을 이루고 있다. 그러므로 본성의 진여(本性眞如)는 움직임(動)과 머무름(住)이 없는 성품인 것이다.[14]

위에 소개한 공관 가운데에서 몇 가지를 선정하여 해설하여 보고자 한다.

1) 산공散空: 산공은 사물은 인연에 의하여 형성된 것이므로 사물에 대한 집착을 없애려면 사물의 내용을 해산시켜서 공관을 가져야 한다. 하나의 사물을 하나하나씩 분산시키면 결국 하나도 남아 있지 않게 된다. 공관을 발전시킨 용수보살은 손가락과 주먹을 비유하여 공관을 설명하였다. 즉 주먹(拳)의 비유가 있다. 주먹은 다섯 손가락이 합한 것을 뜻한다. 다섯 손가락을 펴면 주먹의 실체가 없어진다. 이와 같은 비유로써 공을 이해시키는 것이다. 이것을 지권유指拳喩라고 한다. 주먹을 펴면 주먹의 실체가 없어지고 손가락만 남는다.

---

13 『반야경』 권제45, p.256상.
14 『반야경』 권제58, p.331중.

2) 분석공分析空: 분석공도 한 물체를 하나하나 분석하여 관찰하게 되면 그 물체는 현상이 없어지게 된다. 그리하여 물체는 공空이라는 결론을 얻게 된다. 이때의 공은 무소유의 공이 되기 때문에 무소득의 지혜를 얻게 된다. 이는 산공散空과 같은 공관이다.

3) 일미와 공관(一微空觀): 일미와 공관은 소승불교의 공관을 칭한다. 소승불교는 물질에 대한 집착을 제거하기 위한 수단으로 물질에 대한 연구가 매우 깊었다.

소승불교에서는 물질을 구성하는 견성堅性과 습성濕性과 난성煖性과 동성動性 등이 집합하여 물질을 구성한다고 하였다. 이와 같이 물질의 구성과 물질의 해산도 미세하게 분석하였다. 소승불교는 물질의 무상함을 설명할 때 물질의 부정까지도 설명하며 철저하게 물질을 멀리하라고 하였다. 그 목적은 물질을 가까이하면 탐욕이 생기고 집착이 발생하여 많은 죄업을 짓게 되기 때문이다.

『구사론』에 의하면 물질을 분석하면 미진微塵, 금진金塵, 또는 토모진兎毛塵, 우모진牛毛塵 등으로 분석할 수 있다고 하였다. 이 가운데 일미진一微塵의 입자가 최소 단위로서 일미진을 다시 분석하면 물질의 현상이 없어지고 현상이 없는 공空이 된다고 하였다.

이와 같이 소승불교는 지나치게 물질을 부정하면서 일미一微와 공空의 물질론을 발전시켰다. 그러나 물질이 공하다는 학설은 물질 연구에 기여하였다.

4) 유심공관有心空觀: 유심공관은 마음으로 공을 관찰한다는 뜻이다. 분별하는 마음으로 공을 관찰할 때는 소승공관小乘空觀이 되고, 지혜로 공을 관찰할 때에는 대승공관大乘空觀이라고 칭한다.

마음에 분별이 나타나면 사물의 성품을 관찰할 수 없게 되고 마음을 산란하게 한다. 그러나 마음에 분별이 없는 지혜(無分別智)가 나타나면 사물의 현상은 물론 성품까지 일시에 깨닫게 된다고 한다. 모든 대승공관은 무분별지로, 무분별지는 분별심(意識)과 사량식(末那識)을 모두 정화하고 발생한 지혜를 뜻한다. 그러므로 무분별지는 번뇌의 장애를 제거한 지혜로서 공성空性을 직접 관찰할 수 있는 공관空觀이라고 한다.

5) 중도관법中道觀法: 중도관법은 삼라만상을 치우치지 않게 관찰하는 법法을 뜻한다. 삼라만상은 모습이 있으면(有相) 모습이 없는 면(無相)이 있다. 모습이 있는 면을 색상色相이라 하고 모습이 없는 면을 공상空相이라고 한다. 모습이 없는 무상無相과 공상空相은 진여이고 모습이 있는 유상과 색상은 삼라만상의 현상을 뜻한다. 이 두 가지 면은 치우치지 않게 평등하게 삼라만상을 존재하게 한다. 말하자면 삼라만상은 중도中道를 유지하고 있다.

그러나 중생의 마음은 중도의 진리를 망각하고 치우치게 관찰하는 망심妄心을 일으킨다. 망심은 중도의 진리를 위배하고 집착과 탐욕을 일으키며 비진리적 삶을 살아가게 한다. 그러므로 불타는 사물의 진여眞如를 지혜롭게 관찰하며 중도의 진리를 올바르게 관찰하여 깨닫도록 하라고 가르치고 있다. 반야바라밀다는 중도를 보여주고 있다. 길을 잃은 자로 하여금 두 가지 치우침을 떠나도록 하라(般若波羅蜜多能示中道令失路者離二邊故)라고 하였다.

이상으로 참고될 만한 공사상을 살펴보았다.

대승불교는 공관空觀 중에서 관법觀法을 선호한다. 첫째는 마음에 분별심과 사량심을 없애고 일체법을 일시에 관찰하는 것이다.

일체법의 색상과 공상을 동시에 관조할 수 있는 것을 유심공관이라고 한다. 항상 중도를 잃지 않고 일체법을 관찰하면 마음과 일체법이 둘이 아닌 무소유의 진리를 보여주며 무소득의 지혜가 전개된다.

제13장 대승과 대승선

1. 반야의 출현과 대승

위에서 대승에 대하여 자세히 설명한 바 있다. 보살들은 대승은 허공과 같이 시방에 가득 차 있으면서 시방의 삼라만상을 관찰하여 깨닫고 전 우주가 진리롭게 움직이는 진리의 체體를 관찰한다. 그러므로 대승은 그 자체가 지혜의 체가 되는 것이다. 대승은 곧 반야지혜이며, 지혜는 곧 대승이라는 둘이 아닌 한몸을 나타낸다. 이러한 대승과 반야와의 관계는 불타께서 경전에 자세하게 설명하고 있다.

  이제 경전만의 기록을 통하여 대승과 반야와의 관계를 살펴보고자 한다. 경전에 의하면 대승이라는 말은 지혜의 체와 모두 수순하는 것이며 조금도 상반되거나 틀리지 아니한다. 왜냐하면 대승은 곧 반야바라밀다와 다르지 아니하며 반야바라밀다는 곧 대승과 다르지 않기 때문이다. 그 까닭은 대승과 반야는 그 성품이 둘이 아니며 둘로 나눌 수 없는 것이기 때문이다.[1]

226

이와 같은 불타의 설법은 대승과 반야바라밀다는 같은 성품을 구족하고 있으며 동일한 단어라는 것을 알 수 있게 한다. 대승은 대승일 뿐 아니라 오온五蘊과 십이처十二處와 십팔계十八界 등의 공空과 불공不空과도 다르지 않은 진리의 체이다. 여기서 말하는 오온은 인간을 뜻하기 때문에 인간은 곧 대승체라는 것이다(大乘不異蘊處界等空不空其性無二無二分).

이와 같이 대승의 성품은 우주의 삼라만상의 성품이며, 그 가운데서도 지혜의 체와 그 성품이 동일하다는 것을 설명하고 있다. 그러므로 불타는 '만약 대승을 설하여도 이미 반야바라밀다를 설한 것이고 또 만약 반야바라밀다를 설하여도 이미 대승을 설한 것이나 다름없다. 이와 같이 대승과 반야는 서로 다르지 않다(若說大乘則爲已說般若波羅蜜多 若說般若波羅蜜多則爲已說大乘 如是二法無別異故)'[2]라고 하였다.

이와 같은 대승과 반야와의 관계를 깊이 이해하고 깨달아야 대승불교의 전모를 알 수 있게 된다. 왜냐하면 대승과 반야바라밀다는 그 사상을 각각 따로 펴고 있는 예가 많기 때문이다. 예를 들면 '마하반야바라밀다'라는 문구는 '대승의 지혜에 의하여 피안에 도달한다'의 뜻을, 단순하게 큰 반야바라밀다라고 번역하는 수행자도 있을 수 있기 때문이다. 그러나 대승을 떠나 반야가 없고 반야를 떠난 대승이 없다는 사상을 깊이 있게 알아야 한다. 대승과 반야의 사상은 중생들에게 자비와 지혜를 심어주는 교화의 뜻을 항상 간직하고 있다. 『반야경』에 의하면 반야는 불모佛母라고 하였다. 이 말은 반야라는 지혜에 의하여

1 『대반야경』 권제61, p.344상.
2 『대반야경』 권제61, p.344하.

보살도 되고 성불도 할 수 있었기 때문이다.

1) 반야바라밀다와 불모

위에서 살펴본 바와 같이 인간의 본성에는 대승성大乘性과 진여성眞如
性과 공성空性 등과 함께 보리菩提와 반야般若의 성품이 있다. 보리는
모든 것을 깨닫는 각성覺性을 뜻하고 지혜를 뜻한다. 그리고 반야는
모든 현상을 잘 깨닫는 지혜를 뜻한다. 그리고 모든 존재의 성품을
깨닫는 지혜를 뜻한다. 중생들은 지혜를 가지지 못하고 무명 속에서
진리에 어긋나는 행동을 하여 악업을 많이 짓고 그 업력으로 말미암아
고통의 과보를 받고 살아간다. 또한 중생들은 신속히 무명을 퇴치하고
마음속의 지혜를 발생하는 인연을 만나는 선인善因도 가지고 있다.
아무리 무지無知한 중생이라 할지라도 본성에는 보리심과 지혜의 성품
을 지니고 있기 때문에 우연히 성인들의 착한 인연을 만나게 되면
빠르게 진리를 깨닫는 인연을 맺게 된다. 그러므로 불타는 중생들에게
지혜의 마음을 열어주기 위하여 이 세상에 출현하셨다. 이 세상에
지혜를 설하여주는 인연관계를 다음과 같이 설하고 있다.

(1) 매우 깊은 지혜(甚深般若波羅蜜多)는 대사大事를 위하여 이 세상
에 출현하였다.

(2) 매우 깊은 지혜는 불가사의한 일을 위하여 이 세간에 출현하
였다.

(3) 매우 깊은 지혜는 가히 칭량할 수 없는 일(不可稱量事)을 위하여
이 세상에 출현하였다.

(4) 매우 깊은 지혜는 수량을 셀 수 없는 일(無數量事)을 위하여

이 세상에 출현하였다.

(5) 매우 깊은 지혜는 내공內空 등 공사상을 구족시키기 위하여 이 세상에 출현하였다.

(6) 매우 깊은 지혜는 진여眞如를 구족하기 위하여 이 세상에 출현하였다.

(7) 매우 깊은 지혜는 물질(色)에 대한 집착을 없애기 위하여 이 세상에 출현하였다.

(8) 매우 깊은 지혜는 수상행식受想行識 등 정신에 대한 집착을 없애기 위하여 이 세상에 출현하였다.

이와 같이 매우 깊은 지혜는 모든 집착을 없애기 위하여 이 세상에 출현했다. 이들 내용들은 중생들의 지혜를 열어주기 위한 대사大事가 아닐 수 없다. 가장 먼저 해야 할 일이라는 것을 강조한 반야般若의 찬탄사라 할 수 있다. 중생들의 마음을 열어주고 보살들의 마음에서 보리심을 발생케 하고 마하살들에게 출세간지혜出世間智慧와 통달혜通達慧 등을 성취하여 성불할 수 있도록 도와주는 일이 불타의 불사佛事였다.

이와 같이 불타가 설한 지혜를 몇 가지 정리해 보고자 한다. 반야는 지혜라고 번역하는데 지혜는 대승체에 의하여 발생하는 것이다. 부정한 마음인 망식妄識은 대상을 요별了別하고 분별하여 진리를 착각하며 인식한다. 그러나 청정심에서 발생하는 지혜는 대상을 넘어 성품을 깨닫는다.

『반야경』에서는 이에 대하여 지혜로서 일체 경계를 멀리 여읜다(以

智遠離一切境)라고 해설하고 있다.[3] 일체 경계를 멀리 여의는 지혜는 위에서 설명한 대승성과 진여성과 그리고 공성 등을 깨달은 지혜를 뜻한다. 다르게 말하면 모습이 없는 경지인 무상無相의 경지와 출세간 의 경지를 깨닫는 경지를 뜻한다. 선禪의 세계에서는 심일경성心一境性 의 경지이며 무이무별無二無別의 경지를 뜻한다.

2) 반야의 종류와 내용

『반야경』에는 일체경계를 멀리 여의는 경지를 능히 관찰하여 깨달음을 얻을 수 있는 지혜를 뜻한다. 그 가운데 최상승의 지혜만을 소개하고자 한다. 그 지혜들은 (1) 출세반야出世般若, (2) 통달반야通達般若, (3) 실상반야實相般若 등이다. 이들 반야들의 내용을 간략하게 살펴보고자 한다.

(1) 출세반야出世般若

출세반야는 출세간적인 지혜를 뜻한다. 세世는 가립(世名假立)을 뜻한 다. 모든 가립의 현상을 초월한 것을 출세出世라고 이름한다. 가립의 뜻은 우주에 가득 찬 삼라만상은 인연에 의하여 가설假設된 것임을 뜻한다. 인간도 가립의 몸을 가지고 있기 때문에 생로병사가 있고 생주이멸의 변화를 일으키게 된다. 이러한 현상을 세간이라고 이름한 다. 이와 같은 세간을 초월한 출세간의 진리를 관조하여 깨닫는 지혜를 출세간지出世間智라고 칭한다.

---

3 『반야경』 권제593, p.1068상.

(2) 통달반야通達般若

통달의 뜻은 극히 작은 일도 모두 아는 것을 뜻한다. 이 지혜에 의하여 통달되는 것은 먼저 일반 현상의 가립假立을 통달한 것이며, 통달을 넘어 무소유無所有의 공空을 깨닫게 된다. 통달반야는 능행자能行者도 없고 소행처所行處도 없으며, 이곳과 저곳 그리고 중간의 처소도 없는 것을 깨닫는 것을 통달반야라고 칭한다. 이 지혜는 일체사一切事에 대하여 모두 초월하며, 초월하게 되면 보고 듣고 냄새 맡고 맛보고 하는 것을 완전하게 깨닫게 되며 모두 다 통달하게 된다. 이와 같이 깨닫게 된 지혜를 통달반야라고 칭한다. 이와 같은 통달반야는 금강삼매의 선정을 수행하여 증득하게 된다.[4]

(3) 실상반야實相般若

실상實相은 진여상眞如相을 뜻한다. 때로는 법신체法身體라고도 칭한다. 모든 법의 실상(諸法實相)은 일체의 분별심으로는 접근할 수 없는 것이며 오로지 분별이 없는 지혜(無分別智)만이 접근하여 깨달을 수 있다. 지혜와 실상이 둘이 아니라는 글이 있다. "지혜는 실상이 아닌 것이 없고(無智而非實相), 실상은 지혜가 아닌 것이 없다(無實相而非智)."[5] 이 글은 신라의 원효대사가 쓴 글이다. 대승불교를 통달한 글이라 할 수 있다. 이 글은 대승大乘과 지혜가 다르지 않다, 즉 대승불이반야大乘不異般若라고 한 글과 동일한 것이다. 실상반야는 대승체에서 직접 발생한 지혜이며 진여와 공空의 진리를 직접 깨닫게 하는 지혜이

---

4 『반야경』 권제593, p.1068하.

5 원효 찬, 『대지도경종요大智度經宗要』.

다. 이 실상반야는 탐욕을 일으키지 않고 교만심을 일으키지 않아야 증득할 수 있다[6]고 하였다.

위에서 출세반야와 통달반야와 실상반야를 살펴보았다. 이들 세 가지 지혜는 모두 십지보살十地菩薩들이 금강삼매와 같은 최상의 선정을 수행하여 발생시키는 지혜들이다. 그러므로 이들 지혜는 세간의 현상을 깨닫고 나아가서 출세간의 진리를 깨닫는다. 이들 지혜가 깨닫는 대상은 대승성大乘性과 진여성眞如性과 공성空性들이다.

『반야경』에 의하면 심심반야바라밀다를 수행할 때 이 지혜가 깨닫는 대상을 여러 가지로 나누어 설명하고 있다. 최상의 지혜가 대상을 관찰하여 깨닫는 내용을 소개하고 있다. 선정 수행자에게 많은 도움이 될 수 있기 때문에 여기에 소개하고자 한다.

(1) 매우 심오한 지혜는 공空을 대상으로 삼는다(以空爲相).

(2) 매우 심오한 지혜는 무상을 대상으로 삼는다(以無相爲相).

(3) 매우 심오한 지혜는 조작이 없는 것을 대상으로 삼는다(以無造無作爲相).

(4) 매우 심오한 지혜는 생멸이 없는 것을 대상으로 삼는다(以無生無滅爲相).

(5) 매우 심오한 지혜는 오염과 청정함이 없는 것을 대상으로 삼는다(以無染無淨爲相).

(6) 매우 심오한 지혜는 자성과 자상이 없는 것을 대상으로 삼는다(以無性無相爲相).

---

6 『반야경』 권제287, p.461하.

(7) 매우 심오한 지혜는 의지하고 머무름이 없는 것을 대상으로 삼는다.

(8) 매우 심오한 지혜는 단절과 단절되지 않은 것을 대상으로 삼는다 (以非斷非常爲相).

(9) 매우 심오한 지혜는 동일하거나 다르지 않은 것을 대상으로 삼는다(以非一非異爲相).

(10) 매우 심오한 지혜는 오고감이 없는 것을 대상으로 삼는다(以無來無去爲相).[7]

이상과 같이 '매우 깊은 지혜로 피안에 도달한다'라는 뜻을 갖는 심심반야바라밀다는 모습이 없는 것(無相)을 대상으로 관조한다. 대보살들은 공空과 무상無相 등을 대상으로 삼아 깨달음을 구하는 선정 수행을 한다. 불타도 공과 무상 등을 대상으로 삼아 선정을 수행하여 정등각正等覺을 이루었으며 성불을 하였다. 위에서 소개한 지혜의 대상은 금강삼매를 수행하여야 깨달을 수 있는 대상들이다. 출세반야와 통달반야 등의 지혜만이 깨달을 수 있는 것이다.

2. 대승선의 성립

불타는 우리 인간에게 대승심과 진여심과 공심이 있다는 것을 알려주셨다. 대승심과 진여심과 공심은 선의 근원(禪源)이 된다. 다시 말하면

---

7 『반야경』 권제51, p.442.

마음속의 선심禪心은 대승심에 의하여 발생하며, 선심으로 말미암아 대승심을 깨닫기 시작하여 대승심을 완전하게 깨닫게 되면 성불하게 된다. 보살들은 불타의 설법을 듣고 대승심에 귀의하여 발심한 수행자들이다.

보살들은 대승심을 깨닫기 위한 방편으로 선정바라밀다禪定波羅蜜多를 수행한다. 선정바라밀다는 선정을 수행하여 피안에 도달한다는 뜻이다. 피안은 대승심이며 진여심을 말한다. 불타는 보살들에게 육바라밀과 선정(三摩地)과 사념주四念住, 삼십칠조도품三十七助道品 등을 수행하라고 권하였다. 이들 수행사상을 대승상大乘相이라고 하였다. 수행의 현상을 대승상이라고 칭한 것은 수행자들이 대승심을 확신하고 대승의 마음을 발생하여 수행하는 모습을 찬탄한 명칭이라고 할 수 있다. 불타는 많은 수행사상 가운데서 육바라밀 六波羅蜜은 반드시 수행해야 한다고 강조하였다. 그리고 선정 수행을 강조하면서 매우 자상하게 설명하고 있다.

『반야바라밀다경』에 의하면 육바라밀다 선정 수행을 각각 나누어 필수적인 수행사상임을 설명하고 있다. 육바라밀다는 위에서 설명하였기 때문에 여기서는 선정사상만을 살펴보고자 한다. 불타는 대승선大乘禪을 『반야경』에서 최초로 설명하고 있다. 물론 『화엄경』의 선禪사상도 있고 『해심밀경』의 선사상도 있다. 그러나 『반야경』이 초기 대승경전이기 때문에 『반야경』의 선사상이 대승불교 최초의 선사상이라고 할 수 있다. 『반야경』에 「선정품(三摩地品)」을 설정하고 말하기를 "보살마하살의 대승상大乘相은 한량이 없는 백천의 가장 미묘한 모든 선정을 말한다(菩薩摩訶薩大乘相者 謂無量百千無上. 微妙諸三摩地)"라고 하였다.

　이 글에서 선정은 대승의 현상이라고 말한 것을 주목할 필요가 있다. 선정은 대승심에서 발생한 현상이라는 뜻이다. 모든 선정은 대승심을 떠나서 존재할 수 없다. 이와 같은 대승상의 선정은 건행선정(健行三摩地)를 비롯하여 내지 허공선정(虛空三摩地)에 이르기까지 113종의 선정 수행이라고 하였다. 이와 같은 선정은 무량 백천의 선정이 있으며, 이것을 보살마하살의 대승상이라고 하였다.[8]

　이들 선정 가운데 진여선정(眞如三摩地)과 금강선정(金剛喩三摩地)이 가장 주목된다. 왜냐하면 진여선정은 진여심과 관계되는 것이며, 금강선정은 불타가 보리수 아래에서 수행한 금강삼매의 선맥이 동일함을 확인할 수 있기 때문이다.

　팔정도八正道는 『아함경』에서 수행자들이 필수적으로 수행해야 하는 정도正道라고 설명하고 있다. 그러나 대승경전에서는 팔정도를 대승심에서 발생하는 대승상大乘相이라고 하였다. 『반야경』에 의하면 보살마하살의 대승상은 팔정도를 말한다. 팔정도는 무엇을 말하는가. '보살마하살이 반야바라밀다를 수행할 때 무소득을 방편으로 삼아 정견正見, 정사유正思惟, 정어正語, 정업正業, 정명正命, 정정진正精進, 정념正念, 정정正定을 수행하는 것을 말한다'[9]라고 기록하고 있다.

　여기서 주목할 것은 대승불교는 팔정도를 대승상이라고 칭한다는 것이다. 이는 대승심에서 발생한 팔정도라는 뜻이다. 이와 같이 초기 대승불교는 모든 수행을 대승심에 의하여 발생한 대승상이라고 하였

8 『대반야바라밀다경』 권제414, p.74중.

9 『반야경』 권제415, p.80상.

다. 이때의 선정 수행을 대승선이라고 할 수 있고, 대승심과 대승상은 대승선이 성립되는 근원이라 할 수 있다. 대승선은『화엄경』에서는 찾아볼 수 있는데, 십종의 불가사의삼매十種不可思議三昧를 들 수 있다.

(1) 일체제불은 일체법에 대하여 항상 산란하지 않은 선정을 수행한다(常定不亂).

(2) 일체제불은 일체법계에 대하여 일체중생으로 하여금 항상 산란하지 않은 선정을 수행토록 한다(常定不亂).

(3) 일체제불은 일체법계와 삼세제법에 대하여 항상 산란하지 않은 선정을 수행한다(常定不亂).

(4) 일체제불은 몸과 입과 마음의 행동(身口意業)이 일체법계에서 충만하면서 항상 산란하지 않은 선정을 수행한다(常定不亂).

(5) 일체제불은 일체법계와 일체세계의 연기緣起에 대하여 항상 산란하지 않은 선정을 수행한다(常定不亂).[10]

이와 같이 열 가지 가운데 다섯 가지 상정불란常定不亂을 살펴보면 모든 생활에서 선정을 수행해야 함을 설명하고 있다. 상정불란의 선정은 망심妄心을 비롯한 분별심과 사량심 그리고 장심藏心까지도 정화된 선정이라는 것을 알 수 있다. 항상 산란하지 않은 선정(常定不亂)은 성불과 동시에 이루어지는 선정이며, 석가모니불이 성도 후부터 열반에 이르기까지 잡념과 망심을 일으키는 설법을 하지 않았다는 불설일자不說一字의 선정과 동일한 것이다. 즉 불설일자의 선정은

---

10 『대방광불화엄경』 권31, p.600하.

『화엄경』의 상정불란의 선정과 동일한 것이다.

다음은『해심밀경解深蜜經』의 선사상을 들 수 있다.『해심밀경』의 「심의식상품心意識相品」과 「분별유가품分別喻伽品」에서는 아뢰야식 阿賴耶識을 설명하고 있다. 아뢰야식은 중생들의 업력業力을 모두 받아 저장하는 곳이다. 그러므로 아뢰야식은 중생의 생명을 이끄는 생명체 가 되고 윤회의 주체가 된다. 다음 「분별유가품」에서 유가는 선禪이라 는 뜻으로, 마음을 정화하는 선정사상을 구체적으로 설명하고 있다. 이와 같이『해심밀경』은 아뢰야식을 정화하여 윤회의 세계에서 해탈하 는 것이 선禪 수행의 목적임을 밝히고 있다.

무착보살은『해심밀경』의 아뢰야식사상과 선정사상을 바탕으로 『유가사지론瑜伽師地論』을 저술하였다. 역시 유가는 선정을 의미하며 선정사상을 매우 광범위하게 저술한 것이다. 이 당시에『유가사지 론』의 선사상을 연구하고 선 수행하는 수행자가 많았다. 이들 수행자들 을 유가행파瑜伽行派라 하였으며, 이들은『십지경十地經』과『해심밀 경』의 대승선을 포교하였다.

이상으로『반야경』을 비롯하여『화엄경』과『해심밀경』의 선사상을 요약하여 살펴보았다. 결론적으로 말하면 대승선은『반야경』의 선사 상에 의하여 성립되었음을 알 수 있었다. 그 후 대승경전은 대승선을 수행하여 열반과 해탈에 도달하는 것이라고 설하고 있다.

제14장 대승선과 대승심

1. 대승심

인간의 마음은 한마음(一心)이지만 한마음의 작용은 무량하다. 불타는 각 경전에서 마음의 이름을 다양하게 표현하였다. 그 가운데 대표적인 이름은 대승심大乘心, 진여심眞如心, 공심空心이며, 이외에 법성심法性心, 불심佛心, 여래장심如來藏心, 보리심菩提心 등 수많은 마음을 설하셨다. 여기서 거론한 마음들은 마음의 본성에서 발생한 마음을 뜻한다. 이 마음들은 깨달음을 발생하고 착한 생각을 발생하며 지혜로운 생각을 발생하며 진리로운 생각을 발생한다.

중생의 망심妄心과 무지의 마음이 아무리 두텁다고 하더라도 대승심과 보리심의 힘은 더욱 강하기 때문에 망심을 뚫고 나타나며 망심의 세력을 무력화할 수 있다. 이것을 대승선大乘禪이라고 한다. 무한한 세월 동안 죄업을 많이 지어 업장이 두터운 사람도 과거의 잘못을 참회하고자 하는 마음이 생기며 때로는 착한 생각을 갑자기 나타내는 마음은 모두가 대승심과 보리심 등에 의하여 나타난다.

인간의 본성은 본래 지혜로우며 깨달음을 발생하는 것이기 때문에 착하고 지혜로운 사람이 될 수 있다. 그러므로 중생은 불타의 설법과 경전의 진리를 인연하여 보리심을 발생하게 된다. 보리심을 발생한 사람을 보살이라고 한다. 보살은 항상 대승심과 보리심으로 돌아가고자 육바라밀을 수행하고 선정禪定 수행을 끊임없이 하는 수행자를 말한다. 특히 보살의 수행을 대승심으로 돌아가는 수행이라 하며 대승심에 돌아가는 수행을 하기 때문에 이를 대승상大乘相이라고 칭한다.

대승상은 대승심에 의하여 발생한 수행의 모습이라는 뜻이다. 그러므로 보살이 수행하는 선정 수행을 대승선大乘禪이라고 칭한다. 대승선은 대승심에서 발생하는 선禪이라는 뜻이다. 대승불교는 대승심을 깨닫고 대승심에 되돌아가는 불교라는 뜻이다. 그러므로 불타는 보살들의 수행은 대승심을 깨닫기 위하여 육바라밀다를 정진한다는 뜻에서 발취대승發趣大乘이라고 칭하였다.[1]

대승불교의 모든 수행은 대승심을 깨닫고 대승심을 향하여 나가자는 수행을 뜻한다. 불타는 '보살마하살菩薩摩訶薩은 모두 대승에 의하여 근면하게 수행하는 보살들이며 따라서 무상정등보리를 신속하게 증득하게 되는 것이다. 그러므로 대승은 가장 존귀하고 가장 오묘한 것이라고 하느니라'[2]라고 하셨다

이 문장을 좀 더 풀이할 필요가 있다. 대승에 의거한다는 말은

---

1 『반야경』 권제47, p.267하.
2 『반야경』 권제58, p.343중.

대승성과 대승심에 의지한다는 말이다. 대승심은 허공과 같이 광대한 마음을 뜻한다. 허공은 만물과 만법을 포용하여 자재하게 존재하게 하는 성능을 지니고 있는 바와 같이 대승도 모든 중생들을 포용하고 평등하게 생활하도록 하는 자비를 지니고 있다.[3] 그러므로 보살들은 대승심에 의하여 열반과 해탈을 추구하는 근원으로 삼는다. 따라서 대승은 존귀하고 오묘한 진리의 체體라고 신앙하며 귀의歸依의 본처로 삼는다. 그 결과 보살들은 최상의 깨달음을 신속하게 증득하게 된다는 것을 확신하는 것이다.

경전에서 수행을 독려하는 문장을 다음과 같이 기록하고 있다. "보살마하살은 일체지지심과 상응한 대비를 상수로 삼는다(菩薩摩訶薩以應一切智智心大悲爲上首)"라고 하였다.[4] 보살마하살은 대승심으로 발생한 일체의 지혜와 상응한 대자대비를 으뜸으로 삼는다는 뜻이다. 일체지지심은 불타의 지혜심을 뜻하며 불타의 지혜도 대승심에서 발생한다는 뜻이다. 그러므로 경전에서는 대승과 지혜는 서로 다른가를 질문한 것에 대하여 대승과 지혜는 서로 다르지 않다고 하였다.[5]

일체지지심과 상응하는 대비大悲를 으뜸으로 삼는다는 말은, 대승은 대비를 뜻하기 때문에 대승의 지혜와 상응하는 대비라고 하였으며 대비는 곧 대승을 뜻한다고 하였다. 이 말은 대승과 일체지지는 서로 상응한다(若大乘若一切智智如是二法非不相應)라는 사상과 서로 같다.[6]

---

3 『대반야경』 권제58, p.329중.

4 『반야경』 권제48, p.272상.

5 『반야경』 권제60, p.345중.

6 『반야경』 권제55, p.309하.

대승은 중생들을 함수含受하는 뜻이 있다고 하였으며, 함수는 무량한 중생들을 포용하고 거두어들인다는 뜻으로서 대비의 뜻이 있는 것이다. 그러므로 인간의 본성은 대승의 뜻이며 대비의 뜻이 있는 것이다. 그러므로 대승심大乘心에 의하여 발생한 지혜는 곧 대비의 뜻이 있다고 한 것이다. 마하살들은 이와 같은 대승의 뜻을 깨닫고 항상 대비심을 지니고 수행한다. 『반야경』의 반야바라밀다의 뜻도 대승심에 의하여 발생한 지혜(般若)에 의거하여 피안에 도달(到彼岸)하고자 한다는 뜻이다. 구경에는 『반야심경』도 대승심(彼岸)으로 돌아가자는 수행을 강조한 경전인 것이다.

보살들은 이와 같은 대승사상을 깨닫고 몸의 행동과 언어의 행위와 마음의 행동 하나하나가 대승의 행동으로 옮기게 된다. 오로지 대승심만을 신봉하며 대승심으로 돌아가는 대승운동을 펴가는 것을 발취대승發趣大乘이라고 한다. 보살들은 대승의 이념을 갖고 깊고 넓은 진리를 먼저 이해하고 수행하려는 생각을 갖게 된다. 보살은 금강유심金剛喩心과 같은 견고한 마음으로 다음과 같이 발원한다.

첫째, 나는 마땅히 무한한 중생들로 하여금 윤회를 해탈케 하고 번뇌의 마음을 없애는 중생들로 하여금 마음을 청정하게 하는 생각을 갖게 한다.

둘째, 나는 마땅히 일체법에 대하여 생生이 없고 멸滅이 없다는 것을 여실하게 깨닫도록 하고자 한다.

셋째, 나는 마땅히 일체지지一切智智에 순응하여 육바라밀다를 수행하고자 하며 일체중생들도 육바라밀을 수행하도록 한다.

넷째, 나는 마땅히 일체법을 수행하고 통달하여 구경의 묘지妙智를 증득하고 일체중생도 통달하도록 한다.

다섯째, 나는 마땅히 일체의 법상法相과 일리의 진리(一理趣門)와 일체지一切智와 도상지道上智와 일체상지一切相智의 법문을 통달하고 자 한다.

이와 같이 발원하는 마음을 보살과 마하살의 금강유심金剛喩心이라고 이름한다.[7] 이와 같이 보살과 마하살은 불타의 교리를 먼저 배우고 대승사상을 이해하며 이타행을 수행의 덕목으로 삼는다. 이타행을 수행의 덕목으로 삼는 것은 대승심을 신앙하기 때문이다. 이제 여러 경전에서 거론되고 있는 대표적인 선정禪定의 명사들을 살펴보고자 한다. 선정의 사상은 보살의 선정과 마하살들의 선정이 차별이 있기 때문에 두 부분으로 나누어 설명하고자 한다.

2. 대승의 선정 수행

1) 지전보살들의 선정 수행

지전보살地前菩薩은 십지十地 이전의 보살들을 뜻한다. 보살들이 처음으로 선정을 수행할 때는 망심과 번뇌 망상을 제거하는 수행을 많이 한다. 왜냐하면 여기서 마음은 중생의 마음을 뜻하며, 무명을 일으키는 망심이 많이 있기 때문에 지혜를 발생할 수 없게 된다. 망심은 대승심과 진여심을 망각하고 많은 업력을 축적하여 고통을 받게 하고 있다.

---

7 『반야경』 권제47, p.263중.

이와 같은 망심은 평소에 마음을 산란하게 하고 불안하게 하며 열반과 해탈을 방해하는 작용을 나타낸다. 그러므로 선정 수행을 통하여 망심의 세력을 약화시키고 구경究竟에는 망심의 체體를 단절시키는 수행을 하는 것이다. 자주 거론되는 선정의 명칭과 그 뜻을 살펴보자.

(1) 수식관數息觀: 옛적부터 호흡은 생명이라고 하여서 생명체는 호흡을 중시한다. 수식관은 들숨과 날숨을 헤아리면서 숨을 고르게 하는 관법을 뜻한다. 이 수식관은 불교 이전에 오랫동안 수행하여 온 요가(yoga)의 수행법이다. 이 요가 수행법은 신체를 건강하게 하는 동적인 수행법이 있고 정신을 수행하는 정적인 수행법이 있다. 동적인 수행법은 세속에서 크게 발전시켜 왔고 정적인 수행법은 불교에 도입되어 크게 발전시켰다고 말한 학자도 있다. 불교에서는 자주 유가瑜伽라는 말을 사용하고 유가를 수행하는 사람을 유가사瑜伽師라고 칭한다. 이 말은 유가는 곧 선禪이라는 뜻이며 유가사는 곧 선사禪師라는 뜻이다. 『삼국유사』에서 일연선사는 '옛적에 유가사는 지금은 선사禪師의 뜻이다'라고 하였다.

이 유가의 뜻을 잘 나타낸 저술은 무착논사의 『유가사지론』이라고 할 수 있다. 이 『유가사지론』에도 수식관의 수행법이 소개되어 있고, 소승논전에도 수식관의 수행법이 자주 거론되고 있다. 수식관은 들숨과 날숨을 헤아리며 열 번을 숨을 쉰다. 이를 되풀이하며 숨을 고르게 쉰다. 심호흡을 하여 단전에 이르기까지 내쉬는 것을 되풀이한다. 수식관은 대승선大乘禪에서는 제외하고, 바로 마음을 관찰하는 수행을 한다.

(2) 선정禪定: 선정은 번뇌의 힘을 제압하여 지혜를 발생시킨다.

이 선정이란 명칭은 『아함경』에서 최초로 설한 명칭이다.

(3) 섭심攝心: 섭심은 번뇌가 마음을 흩어지게 한 것을 거두어 한곳에 모이게 하는 것을 뜻한다.

(4) 조심調心: 조심은 번뇌가 마음을 고르지 못하게 하는 것을 고르게 하는 것을 뜻한다.

(5) 정려靜慮: 정려는 번뇌가 마음을 고요하지 못하게 하는 것을 고요하게 하는 것을 뜻한다. 그리고 산란한 마음을 제거하고 안정을 지속하게 하는 것을 뜻한다.

(6) 지관止觀: 지止는 번뇌 망상을 일으키는 망심을 정지시키는 것을 뜻하며, 관觀은 사물의 현상과 성품을 관찰하는 관찰력과 사유력을 발생하는 것을 뜻한다. 이와 같이 선정은 흩어진 마음을 정화하고 안정시키는 힘을 발휘한다. 마음이 고요하고 안정된 것은 마음이 청정하게 된 것을 의미한다. 마음을 흩어지게 하고 산란시키는 것을 번뇌라고 한다. 선정의 마음은 번뇌의 마음을 퇴치하는 힘을 갖는다. 다시 말하면 번뇌의 장애가 없는 마음에는 삼라만상을 관찰하고 사유하는 지혜가 발생하게 된다.

(7) 심일경성心一境性: 심일경성은 관찰하는 마음과 관찰되는 대상의 성품과 하나가 된 것을 뜻한다. 마음과 대상이 절대에 달하여 하나가 된 것을 뜻한다. 선정의 마음은 대상의 성품과 하나가 되는 마음을 뜻하며 이는 대상의 성품을 깨달은 것을 뜻한다. 이를 견성見性이라 하고 견도見道라고 칭한다. 그러나 여기서 생각할 점은 위에서 설명한 선정의 명칭은 소승경전과 대승경전에서 동일하게 나타난다는 것이다. 그러나 동일하게 사용한 명칭의 사상에는 차별이 있다. 소승

선정의 심일경성은 마음과 대상의 현상(境相)과 하나가 된 것을 뜻하고, 대승 선정의 심일경성은 마음과 대상의 성품(境性)과 하나가 된 것을 뜻한다. 삼라만상은 인연으로 형성된 현상(相)이 있고 현상이 형성되기 이전에 본래의 진여성眞如性을 지니고 있다.

중생들은 사물의 현상만을 이해하고 성인들은 사물의 성품까지 깨닫는다. 이와 같이 선정도 현상만을 관찰하여 이해하는 지혜를 발생할 때가 있고, 성품까지 관찰하여 깨닫는 지혜를 발생할 때가 있다. 보살과 마하살이 동일하게 대승불교를 수행하면서도 삼현三賢 보살들은 사물의 현상만을 관찰하여 이해하고, 십지十地의 마하살들은 사물의 성품인 진여성을 관찰하여 깨닫는다. 그러나 삼현보살들도 무소유無所有의 공空과 무소득無所得의 공성空性을 관찰한다. 그리고 대승심과 진여심 그리고 공심 등이 마음의 본성임을 모르는 것은 아니다. 그러나 삼현보살들은 선정의 힘으로 분별없는 지혜를 발생시키지 못하였기 때문에 성품을 깨닫지는 못한다. 아래에서는 보살들이 사물의 현상만을 관찰하여 그 현상이 공空한 진리를 깨닫고 집착을 여의는 사례를 살펴보고자 한다.

중생들은 보통 사물의 현상만을 보고, 보았던 현상을 마음의 현상으로 담아두고 있다. 사물뿐만 아니라 명예욕 등 욕심나는 현상들을 마음에 담아두고 그 현상들을 꾸준히 집착하는 것이 많다. 현상에 집착하는 것을 상박相縛이라고 한다. 상박은 욕심나는 현상에 얽매이고 결박된다는 뜻이다. 중생들이 평소에 보고 듣고 하는 대상을 집착하면서 이해하는 것을 대상관帶相觀이라고 한다. 이와 같은 관법으로 말미암아 현상에 대하여 집착하게 되며 많은 죄업을 범하게 되는 것을 중생들의 상박이라고 한다. 이와 같은 상박을 없애기 위하여 삼현보살들은 사물을 볼 때마다 다음과 같이 분류하여 관찰한다.

호법논사는 『성유식론成唯識論』에서 한 가지 물체를 관찰할 때 네 가지로 분류하여 관찰하면 집착을 하지 않게 된다고 하였다. 그 네 가지 분류는 다음과 같다.

(1) 사물의 명칭(名)과 (2) 사물의 의리(義)와 (3) 사물의 자성自性과 (4) 사물의 차별差別 등 네 가지로 분류하여 관찰한다. 이들 관찰의 뜻은 다음과 같다.

(1) 명칭(名)은 한 물체에 이름을 붙여 부르는 것을 말하며 그 이름은 임시로 정한 가설에 불과하다. 오온五蘊과 십이처十二處라는 이름은 가설의 명칭이며 실체가 있는 이름이 아니다. 그러므로 이름은 공空한 것이며 집착해서 안 된다.

(2) 의리(義)는 모든 물체에는 뜻이 있다. 그러나 그 뜻은 인연이 화합하여 이루어진 것으로서 무상한 것이다. 그러므로 뜻에 실체가 있는 것이 아니며 그 바탕은 공한 것이다.

(3) 자성自性은 한 물체에는 자성이 있다. 그러나 그 자성은 인연이 집합하여 나타나는 것이기 때문에 실체가 있는 것이 아니다. 그러므로 자성이 없는 것(無自性)이며 공한 것이라고 칭한다.

(4) 차별差別은 한 물체는 다른 물체와 비교하면 차별이 있게 된다. 그러나 인연이 집합한 현상에 차별이 있을 뿐이다. 그 자체에는 차별이 있는 것이 아니며, 인연이 해체되면 그 사물은 공한 것이다.[8]

---

8 오형근 저, 『유식학 입문』, p.332.

이와 같이 한 물체에 대해서 명칭과 의리와 자성과 차별 등으로 나누어 설명한 것은 그 사물의 공空한 뜻을 깨닫게 하는 데에 있다. 현상이 공한 것임을 깨닫게 되면 그 사물의 성질도 깨닫게 된다. 사물의 성질은 진여성이며 대승성을 뜻한다. 삼라만상이 진여가 아닌 것이 없으며 나아가 대승성을 구족하고 있다는 것을 두루 알게 된다.

이와 같이 중생들이 접촉하는 모든 사물들은 네 가지 뜻이 있다. 한 물체를 관찰할 때 네 가지 뜻으로 분류하여 관찰하게 되면 사물의 공을 깨닫게 된다. 따라서 하나하나의 사물에 대하여 집착하지 않게 된다. 호법논사는 사물에 대한 집착을 여의는 한 방법으로 다음과 같이 가르치고 있다.

(1) 호법논사의 삼자성관법三自性觀法

호법논사護法論師는 세친논사가 저술한 『유식삼십론송唯識三十論頌』을 해설한 『성유식론成唯識論』을 저술하였다. 이 『성유식론』에서 중생들의 망심妄心을 아뢰야식阿賴耶識과 말나식末那識 등 8종의 망식으로 자세하게 설명하고 있다. 이와 같이 마음들이 한 물체를 관찰할 때 세 가지 자성自性이 있는 것으로 관찰할 수 있다고 하였다. 그 세 가지 자성은 다음과 같다.

(1) 변계소집자성遍計所執自性

(2) 의타기자성依他起自性

(3) 원성실자성圓成實自性

이와 같이 한 물체에 대해서 세 가지 자성을 설하여 관찰하도록 하였다. 이에 대하여 호법논사는 다음과 같이 설명하고 있다.

(1) 변계소집자성은 망심은 한 물체를 두루두루 헤아려서 집착하는 자성을 조작한다는 뜻이다. 이 문장을 해설해 보면, 변遍은 두루하다는 뜻이고 계計는 헤아린다는 뜻으로서 계탁(計度: 의식의 작용으로 여러 사물을 잘 헤아려 분별함)의 뜻이 있다. 계탁은 집착을 전제로 물체를 헤아린다는 뜻이다. 그러므로 물체는 계탁에 의하여 집착된 자성이라는 뜻이다. 변계遍計는 제7말나식의 집착력을 뜻한다. 말나식은 아뢰야식을 상대로 항상 나(我)라고 집착한다. 이 집착을 아집我執이라 하며 아집은 성불할 때까지 없어지지 않는다. 그러므로 모든 번뇌를 일으키는 근원이 된다고 해서 근본번뇌根本煩惱라고 한다. 이와 같은 변계소집자성을 지닌 중생을 범부라고 한다. 그러나 번뇌는 마음이 퇴치할 수 있으니 잘 깨닫고 수행하라는 뜻에서 변계소집성을 설한 것이다.

(2) 의타기자성은 여러 가지 인연에 의하여 일어나는 자성이라는 뜻이다. 한 물체를 관찰할 때 그 물체는 여러 인연이 집합하여 비로소 형체가 생겨난 것이라고 관찰하라고 가르치고 있다. 이것은 진리를 관찰하는 것이다. 이와 같은 인연법을 잘 깨달은 수행자를 성문승聲聞乘과 연각승緣覺乘이라고 한다. 이들 수행자들은 삼라만상의 인연법을 잘 알기 때문에 집착하지 아니한다. 왜냐하면 인연이 집합한 것은 인연이 다하여 흩어지면 곧 공空이라는 진리를 알기 때문이다. 의타기자성을 설하여 중생들의 집착을 미연에 제거하여 주는 관법이기 때문이다.

(3) 원성실자성은 원만하게 이루어진 실성實性을 자성으로 삼는 것을 말한다. 실성은 진실성을 뜻하며 곧 진여성眞如性을 뜻한다.

한 물체뿐 아니라 우주 안에 있는 삼라만상은 어떤 피조물이 아니라 진리의 체體로서 본래부터 원만하게 존재하여 온 것이다. 다시 말하여 의타기성은 만물의 현상을 뜻하며 의타기성의 현상이 생기기 이전에 성품으로 시설된 진여성인 것이다. 그러므로 형상은 생멸이 있으나 성품은 생멸이 없는 것이다.

이상으로 삼종자성의 진리를 살펴보았다. 호법논사는 삼종자성을 지혜롭게 관찰하여 모두가 자성이 없는 것임을 깨달아야 한다고 하였다. 이를 삼무자성三無自性이라고 한다. 자성이 없다는 말은 곧 공이라는 뜻이다. 결국 공관空觀의 지혜를 증장시키기 위하여 삼종자성을 설하였다고 할 수 있다.

(2) 무착논사의 유가법과 선 수련

①무착논사의 유가법

무착논사(無着論師, 서기 4세기)는 일찍이 대승불교에 귀의하여 대승적인 유심론唯心論을 통달하였다. 유심론은 마음이 모든 것을 창조한다는 논리를 완성한 논전을 뜻한다. 무착논사는 불타가 설한『해심밀경解深密經』과『십지경十地經』을 통달하였다.『해심밀경』을 통하여 인간의 마음에는 안식, 이식, 비식, 설식, 의식, 말나식, 아뢰야식 등 팔식八識이라는 마음이 있다는 것을 알았다. 그러나 이들 팔식은 마음 안에서 무명無明을 비롯한 탐욕과 성내는 것과 무지의 번뇌를 일으키는 망심妄心이라는 것을 알게 되었다.

망심은 일명 망식妄識이라고도 칭한다. 이들 망심과 망식은 항상 주변의 대상을 상대하여 착각과 망각을 일으키는 성질을 지니고 있다.

논전에서 망식은 요별하는 것을 자성으로 삼는다(了別爲自性)라고 하였으며, 분별을 자성으로 삼는다(分別爲自性)라고 하였다. 그리고 사량으로 자성을 삼는다(思量爲自性)라고 하였다.

이와 같이 논전에서 식識이란 말은 요별了別과 분별分別과 사량思量의 작용을 일으키는 성질을 지니고 있다고 하였다. 여기서 요별과 분별이란 말은 인간이 접촉하는 색깔(色)과 소리(聲)와 냄새(香)와 맛(味)과 촉감(觸) 등을 대상(境)으로 삼아 집착을 일삼는다. 논전에서는 마음의 인식 대상을 경境이라고 한다. 그 진실을 망각하고 좋다 나쁘다(好惡), 또는 크다 작다(大小) 등 여러 가지로 분류하여 집착하는 행위를 하는 마음의 작용을 뜻한다. 이러한 작용과 행위를 업業이라고 한다. 업은 곧 인因의 뜻이 있으며 이들 업인은 반드시 상응하는 과보를 받게 된다. 이들 업인의 보존처를 아뢰야식이라고 한다. 그러므로 아뢰야식을 부장위자성覆藏爲自性이라고 한다. 앞의 말나식과 의식 등 7식이 업業을 짓는 것을 모두 덮어서 보장한다는 뜻이다. 아뢰야식은 업력을 능히 보장한다는 뜻으로 능장能藏이라는 별명이 붙는다. 반면에 업력은 수동적으로 보존된다는 뜻으로 소장所藏이라고 칭한다. 보존된 업력은 다음 과보를 초래하는 씨앗이 된다고 해서 종자種子라고 칭한다. 그러므로 아뢰야식의 별명을 종자식種子識, 장식藏識, 또는 과보식果報識이라고 칭한다.

이와 같은 아뢰야식은 이 세상의 과보체(人體)의 수명이 다할 때까지 보존된다. 이 아뢰야식 사상은, 소승불교에서는 업력설과 윤회설을 설명하였으나, 윤회의 주체사상이 없는 것을 대폭 충족한 대승적인 사상이었다.

다음으로 말나식未那識 사상은 소승불교에서 무명을 비롯한 번뇌를 일으키는 뿌리를 제시 못한 것을 제시한 사상이다. 종래에는 의식意識을 중심하여 설명하였으나 의식의 체는 의식불명 등 가끔 단절되는 경우가 있었던 것을 말나식 사상이 이를 충족하여 설명한 사상이다. 죄업이나 번뇌의 지속이 없으면 곧 해탈하게 되는데, 이는 논리적으로 맞지 않기 때문에 항상 단절되지 않은 말나식 사상이 필요했던 것이다. 말나식은 최초에 무명을 일으키고 번뇌의 뿌리가 되는 번뇌를 일으키며 성불할 때까지 단절되지 않는다. 무착논사는 이러한 말나식 사상을 『해심밀경』에서 발견하고 윤회의 논리를 충족하였다.

말나식의 뜻을 보면, 말나未那는 염오染汚의 뜻으로서 부정한 생각을 일으키는 마음이라는 뜻이다. 염오의染汚意를 말나식이라 한다. 말나식은 아뢰야식을 나(我)라고 집착하지만 한편으로는 제6의식意識을 충동하여 번뇌를 일으키게 한다. 그리하여 의식이 단절되는 경우가 있더라도 다음에 의식이 소생하여 집착의 번뇌를 일으킬 수 있는 것은 제7말나식이 뿌리가 되어 번뇌를 일으키도록 뒷받침이 되어 준다. 이와 같이 의식과 말나식의 관계는 밀접하여 번뇌를 일으키게 된다.

무착논사는 이러한 논리를 펴면서 종래의 명상 수련과 소승불교의 명상 수련으로 제6의식의 번뇌를 제거한다 할지라도 제7말나식이 정화되지 않으면 해탈할 수 없는 결과를 초래한다고 하였다. 그러므로 요가 명상과 소승불교의 명상만으로는 마음을 모두 정화할 수 없다고 단정하고, 더 나아가 금강삼매金剛三昧와 같은 강력한 선 수련을 통하여 말나식까지 정화하고 단절해야 한다고 하였다. 이 논리는 무착논사

가 설명한 금강삼매 수련 사상을 확고하게 대승선大乘禪으로 알려지게
하였다. 대승선이 곧 금강삼매 수련이라는 것을 널리 알린 사상은
무착논사가 저술한 『유가사지론』이다.

『유가사지론』을 토대로 세친논사의 『유식삼십송唯識三十頌』이 저
술되었고, 그 뒤에 『유식삼십송』의 해설서인 『성유식론』이 호법논사
에 의하여 저술되었다. 여기서 거론된 논전들은 대승불교 발전에
크게 기여한 것이다. 이들 대승 논전에서 설명하고 있는 망심과 망식의
작용을 몇 가지 알아보기로 한다. 망심妄心과 망식妄識의 뜻은 진리와
위배되는 판단과 그릇된 생각을 일으키는 마음이라는 뜻이다. 그리하
여 망심과 망식의 별명을 유루심有漏心이라 하고 유위심有爲心이라
하며 능연심能緣心이라고 하는 등 여러 가지 별명이 붙게 된다.

(1) 유루심有漏心의 뜻은 번뇌를 일으키는 마음이라는 뜻이다.

(2) 유위심有爲心의 뜻은 모든 인식의 대상에 대하여 대상의 진실과
는 달리 조작하여 인식하는 마음을 뜻한다. 위爲는 조작의 뜻이다.
만법에 대하여 조작하여 인식하고 잘못 인식한 것을 옳다고 집착하는
마음을 뜻한다.

(3) 능연심能緣心은 망식은 모든 대상(境)에 대하여 능동적으로
반영하여 대상의 진실과는 달리 그릇되게 인식하는 마음을 뜻한다.
반면에 반연되어지는 대상을 소연경所緣境이라고 칭하는데, 수동적으
로 반연되는 대상으로서 그 대상의 진실과는 달리 인식되는 것을
뜻한다. 반연은 인연을 맺음과 동시에 집착한다는 뜻이 있다.

(4) 번뇌심煩惱心은 마음이 번거롭고 흔들린다(煩擾)는 뜻이며, 동
시에 마음이 고뇌苦惱라 하고 뇌란惱亂한다는 뜻이다. 번뇌는 계박繫縛

252

의 뜻이 있다. 계박의 계는 결박의 뜻이고, 박은 핍박의 뜻이다. 일종의 정신적인 병을 의미한다. 그러므로 『반야경』에서는 번뇌는 심병心病이라고 칭하였다. 정신적인 고난은 번뇌에 의하여 발생한다.

(5) 산란심散亂心은 마음의 집중력을 잃게 하고 방해하며 혼란에 빠지게 하는 마음을 뜻한다. 이 산란심은 선정의 마음을 파괴하는 구실을 가장 많이 한다.

위에서 망심과 망심에서 발생하는 번뇌심의 현상을 살펴보았다. 무착논사는 중생들의 마음에 이와 같은 망심과 번뇌가 있기 때문에 정신적인 고통을 많이 받는다고 하였다. 그러므로 선禪 수행자는 이와 같은 번뇌 망상의 현상을 미리 잘 알고 수행하면 많은 도움이 된다고 하였다.

② 무착논사의 대승선

무착논사는 현재 파키스탄 페샤와르 지방에서 출생하였으며, 당시의 『해심밀경解深密經』과 『십지경十地經』 등 대승경전의 심식사상心識思想을 모두 종합하여 유식사상唯識思想을 만들었다. 유식사상을 통하여 상세한 마음에 대한 이론을 모두 알게 하고 그 가운데 번뇌의 마음을 제거하고 정화하려면 반드시 선 수행을 해야 한다고 하였다. 그리고 이러한 선 수행의 절차를 낱낱이 설명한 『유가사지론』을 저술하였다. 이 『유가사지론』은 선 수행자들에게 크게 의지처가 되었다. 이 『유가사지론』에 의하여 선 수행하는 사람들이 모여서 유가행파瑜伽行派를 조직하였다. 유가행파란 선禪을 수행하는 단체를 뜻한다. 유가瑜伽는 선禪을 뜻하고 행파行派는 수행하는 무리 즉 단체를 뜻한다.

이때에 유가행파에 속한 대표적인 사람들은 세친논사를 비롯하여 호법논사와 안혜논사安慧論師 등 학자들이었다. 이 가운데 세친논사는 무착논사의 친동생이며, 『아비달마구사론阿毘達磨俱舍論』을 저술한 유명한 학자였다. 세친논사는 『유가사지론』을 축소하여 『유식삼십론송唯識三十論頌』을 저술하였다. 『유식삼십론송』은 유가행파들의 필수 과목으로 정할만큼 유명한 저술이었다.

나중에 호법논사를 비롯한 여러 유가행파 회원들이 『유식삼십론송』을 연구하여 수많은 주석서가 출간되었다. 이십여 학자들의 주석서 가운데서 십대논사의 주석서를 집합하여 십대논사의 주석서라고 칭하였다. 십대논사의 주석서는 호법논사의 제자인 계현논사戒賢論師가 소장하고 있었다. 계현논사는 당시 인도불교 교육기관으로서 제일 큰 도량을 지닌 나란타사那爛陀寺를 건설하고 교육을 하고 있었다. 거의 삼만 명 이상의 학인들을 교육하였다. 학인들 가운데는 공空사상을 연구하는 학인과 유식학唯識學을 연구하는 등 다양한 학자들이 연구하고 있었다.

이때에 중국의 현장(玄奘, 602~664)법사는 28세에 인도로 구법을 떠나 인도 전국을 답사하고 나란타사에 도착하여 계현논사를 스승으로 모시고 대승불교를 연구하였다. 현장법사는 이때 『유가사지론』과 『인명론因明論』 등을 연구하였다. 중국을 떠난 17년 만에 현장법사는 호법논사가 주석한 『유식삼십론송』 10권을 비롯하여 다른 논사들의 주석서를 합하여 100권을 수집하여 645년에 당나라로 귀국하였다. 현장법사는 곧 옥화궁玉華宮에서 번역장을 마련하고 역사적인 번역을 시작하였다. 그리고 호법논사의 주석서를 중심으로 하여 10권의 『성유식론成唯識論』을 번역하였다. 그 후 유식학은 크게 발전하였다.

그중에서도 신라 왕족 출신인 원측(613~696)법사는 15세에 중국에
유학하여 대승과 소승을 고루 배우고 특히 유식에 큰 관심을 쏟았다.
원측은 산스크리트어를 비롯한 6개 국어에 뛰어나 경전 번역에도
여러 차례 참여하였다. 당 태종의 부탁으로 장안 서명사西明寺에서
지내면서 그곳에서 저술한 번역서가 23종 108권에 달하는 것으로
전해진다. 서명사에 오래 거주하여 일명 서명西明이라는 호를 갖게
되었다. 신라에서 유학 온 유학승들과 중국계 제자들 다수가 모여
서명학파가 생겼다. 서명학파의 유식학은 매우 독특하여 중국계의
규기(窺基, 632~683)법사가 인도하는 이른바 자은학파慈恩學派와 자주
충돌하였다. 원측법사는 『해심밀경소解深密經疏』라는 명저를 저술하
는 등 수승한 사상을 자주 발표하였다.

현장법사는 당나라에 귀국한 후 인도에서 가져온 『성유식론』, 『해심
밀경』, 『유가사지론』, 『섭대승론』 등을 한역하면서 중국불교를 발전
시키는 데 크게 기여했으며, 이때에 법상종法相宗이라는 종파가 성립
하게 되었다. 법상종의 종조는 사실상 현장법사이지만 유식학이 제일
의 사상이라는 교판사상을 논리화하여 종파를 조직한 규기법사가
제1대조가 되었다. 이와 같이 중국에는 유식학을 이념으로 한 지론종과
섭론종 그리고 법상종이 생겼다.

이에 대하여 한국의 유식학은 원광법사圓光法師가 섭론종을 수학하
였고, 다음으로 원측법사가 유식학을 종합적으로 연구하였다. 또한
원측법사는 현장법사가 도입한 법상종의 유식학을 연구하여 『성유식
론』과 『유가사지론』 등에 대한 연구서도 규기법사보다도 먼저 발표하

였다. 이와 같이 원측법사는 규기법사를 비롯한 중국계의 학자들과는 달리 모든 유식학을 종합하여 일승一乘적인 사상을 건립하였다.

한편 신라의 유식학은 많은 유학승들이 귀국하여 신라 유식학을 크게 발전시켰다. 그중에서도 유일하게 자력自力으로 유식학을 제일 먼저 연구한 원효대사는 『해심밀경』과 『성유식론』과 『유가사지론』 등 많은 유식학의 경전과 논전을 연구하여 주소註疏를 저술하였다. 현재 남아 있는 저술 가운데 가장 먼저 저술된 것으로 보이는 『이장의二障義』를 비롯하여 『유가사지론소』와 『성유식론소』 등이 있다. 또한 『기신론소』와 『금강삼매경론』 등 현존하는 저술에 유식학을 가장 많이 인용하고 있다. 원효는 진제眞諦가 전한 아마라식阿摩羅識설과 현장玄奘이 전한 아뢰야식阿賴耶識설을 함께 인용한 것으로 봐서 섭론종과 법상종의 유식학에 모두 통달하였다고 할 수 있다. 그리고 순경順璟법사의 인명학因明學은 중국에서도 유명할 만큼 뛰어났다. 또한 경흥璟興과 태현논사太賢論師의 『성유식론학기成唯識論學記』와 둔륜법사遁倫法師의 『유가론의기瑜伽論義記』 등을 들 수 있다. 이들 저서들은 중국과 일본에 많은 영향을 끼쳤다.

이 가운데에서도 원효대사는 『대승기신론소』와 『금강삼매경론』을 저술할 때 무착논사의 지관止觀 선정을 상세하게 인용하여 신라에 전하였다. 원효대사는 먼저 가부좌跏趺坐의 방법을 설명하고 있다. 오른발을 왼쪽 허벅지 위에 얹고 왼발을 오른 허벅지 위에 얹어 앉는 온 가부좌(결가부좌)를 하고 참선을 하면 건강에 좋다고 하였다. 다음에는 반가부좌를 하고 참선을 해도 좋다고 하였다. 참선은 앉아서만 하는 것이 아니라 생활하면서도 해야 한다고 하였다.

선禪이란 마음의 번뇌를 제거하고 마음의 지혜를 발생하게 하여 대상의 진여성을 관찰하여 깨닫는 것을 말한다. 때와 장소를 가리지 않고 선을 하는 것이 대승선大乘禪이다. 이러한 대승선을 성립시키기 위해서 무착논사는 먼저 번뇌의 실상을 설명하고, 이들 번뇌 망상을 마음으로부터 제거하고 청정하게 하려면 지관止觀 선정을 수행해야 한다고 하였다. 지관의 지止의 수행은 구종으로 나누어 설명하고 있는데 이를 구종심주九種心住라고 칭하였다. 그리고 관觀은 네 가지로 나누어 설명하고 있는데 이를 사종혜四種慧라고 칭하였다. 무착논사는 구종심주를 다음과 같이 설명하고 있다.

구종심주는 ①내주內住, ②등주等住, ③안주安住, ④근주近住, ⑤조순調順, ⑥적정寂靜, ⑦최극정最極靜, ⑧전주일취專住一趣, ⑨등지等持 등의 선정을 말한다.

구종심주의 자세한 내용은 다음과 같다.

①내주內住의 선정

내주는 망심의 반연을 거두어들이는 선정을 뜻한다. 망심은 밖의 대상(境)을 향하여 집착하려는 성능을 지니고 있는데 이를 반연攀緣이라고 한다. 이와 같이 대상을 반연하여 집착하는 것을 망심이라고 하며, 망심이 반연하는 것을 반연하지 못하게 하며, 망심의 작용을 안으로 거두어들여 마음 안에 머물러 있도록 하는 것을 내주의 선정이라고 한다.

②등주等住의 선정

등주는 마음을 평등하게 머무르도록 하는 것을 뜻한다. 망심은 한곳에 머무르지 않고 사방을 쫓아다니며 거칠게 반연의 대상을 분별하기 때문에 대상의 진실을 이해하지 못하게 한다. 선정禪定의 목적은 평등하지 못한 마음을 평등하게 안정시키는 힘을 발휘하는 데 있다. 이와 같이 수행하면 마음이 청정해지고 거친 번뇌가 힘을 못 쓰게 하여 마음을 안으로 거두어들이는 것을 등주의 선정이라고 한다.

③ 안주安住의 선정

안주의 선정은 마음을 불안하게 하는 번뇌의 세력을 단절하고 앞에서 내주內柱와 등주等柱의 선정으로 마음의 거친 번뇌를 정화했다고 하더라도 미세한 번뇌의 세력이 아직도 많이 남아 있는 것을 정화하는 선정을 말한다. 바른 생각을 잃게 하고(失念) 바른 지식을 지니지 못하게 하는(不正知) 등 번뇌의 장난이 있는 것을 없애고 번뇌의 세력을 안으로 거두어들여 안전하게 하는 선정을 안주의 선정이라고 한다.

④ 근주近柱의 선정

번뇌의 마음은 밖으로 접촉의 대상을 향하여 달려가는 성질이 강하다. 이와 같은 번뇌의 마음을 자주 일깨워서 망심으로 하여금 안에 머물도록 하며 밖으로 멀리 머무르지 못하도록 하는 선정을 근주의 선정이라고 한다.

⑤ 조순調順의 선정

마음의 번뇌는 육근六根에 의하여 접촉의 대상인 육경六境의 현상을 집착하는 성질을 지니고 있다.

눈(眼識)으로 색깔을 집착하는 하는 대상(色境)

귀(耳識)로 소리를 대상으로 집착하는 대상(聲境)

코(鼻識)로 냄새를 집착하는 대상(香境)

혀(舌識)로 맛을 집착하는 대상(味境)

몸(身識)으로 촉감을 집착하는 대상(觸境)

의식意識으로 모든 법을 집착하는 대상(法境)

그리고 남녀의 모습에 이끌리는 대상(男女境)

이와 같은 대상(境)들에 이끌려 탐욕과 집착을 나타내는 거친 번뇌를 제거하고 모든 진리에 순응하고 평등하게 머무르도록 하는 것을 조순의 선정이라고 한다.

⑥ 적정寂靜의 선정

번뇌는 마음을 번거롭게 하고 요란하게 하는 번우煩擾의 뜻이 있으며 마음이 번거로움으로 말미암아 머리가 아프게 된다. 이것을 뇌란惱亂이라 한다. 즉 고뇌하고 난잡하게 되는 것을 말한다. 적정의 선정은 『아함경』에도 나타나고 『반야경』 등 대승경전에도 나타난다. 그러나 내용에는 차이가 있다. 소승불교의 적정은 제6의식까지만 정화하는 선정이라 할 수 있다. 왜냐하면 소승경전은 육식六識만을 설명하고 있지만, 대승경전은 말나식과 아뢰야식인 팔식八識까지 설명하고 있기 때문이다. 여기에서 설명하는 적정의 선정은 말나식과 아뢰야식을 정화하는 선정이다. 말나식과 아뢰야식이 일으키는 미세 번뇌를 정화하는 적정의 선정인 것이다.

⑦ 최극정最極靜의 선정

위에서 적정의 선정을 설명하였다. 거친 번뇌 현상은 모두 정화되었다고 하더라도 미세한 번뇌가 남아 있다. 그것은 의식意識은 밖의 대상을 향하여 분별하기 때문에 외향식外向識이라는 별명이 붙여지게 된다. 그러나 말나식은 아뢰야식을 향하여 사량思量하기 때문에 내향식內向識이라는 별명이 있게 된다. 유가의 수행과 참선 수행을 할 때도 밖으로 향하는 번뇌는 비교적 쉽게 정화할 수 있지만 마음속 깊이 안으로 사량하는 말나식의 번뇌는 내향식의 번뇌이기 때문에 쉽게 정화할 수 없게 된다. 그러므로 여기에서는 금강삼매와 같은 강력한 선정 수행이 필요하게 된다. 번뇌가 나타나면 끝까지 단절하는 수행을 해야 한다.

⑧ 전주일취專住一趣의 선정

전주일취의 선정은 오로지 일취一趣에만 머무르도록 하는 선정을 뜻한다. 일취는 곧 한 가지 진리의 뜻을 의미하며 이는 곧 진여심眞如心을 뜻한다. 『기신론』에서는 일심一心이라고 하였다. 이는 심일경성心一境性과 같은 뜻이다. 마음이 진여의 대상(境性)과 하나가 되는 깨달음을 뜻한다. 지혜의 마음이 진여(境)와 평등하게 되려면 선정의 가행伽行과 공용功用이 없어져야 한다. 가행은 선정의 마음이 좀 더 힘쓰는 행동을 말하는데 이제 더 이상 힘을 쓸 필요가 없음을 뜻한다. 그리고 공용은 힘을 쓰는 것을 뜻하는데, 더 이상 힘쓸 필요가 없음을 뜻한다. 항상 마음과 대상이 한결같이 평등해야 함을 전주일취의 선정이라고 한다.

⑨ 등지等持의 선정

세친논사는 『유식삼십송』에서 다음과 같이 설명하고 있다. 즉 제7말나식은 네 가지 번뇌를 항상 지니고 있다. 그 네 가지 번뇌는 첫째 나에 대한 무지(我癡), 둘째 나에 대한 잘못된 견해(我見), 셋째 나에 대한 거만함(我慢), 넷째 나에 대한 애착(我愛)(此常俱四煩惱, 謂我癡我見我慢我愛)이다. 이와 같이 네 가지 번뇌가 근본이 되어 제6의식에게 집착의 죄업을 작용하도록 크게 영향을 끼친다고 하였다. 제7식의 근본번뇌에 비하면 제6의식의 번뇌는 지말번뇌枝末煩惱가 된다. 그러므로 구종심주의 선정으로 번뇌가 정화될 때에도 지말번뇌를 먼저 정화하고 마지막으로 말나식의 근본번뇌를 정화하게 된다. 근본번뇌가 마지막으로 정화되면 번뇌의 움직임이 없어지게 된다. 만약 번뇌의 움직임이 있게 되면 지혜가 흔들리게 되며 동시에 진여의 성품을 완전하게 깨닫지 못하게 된다. 그러므로 번뇌의 뿌리가 없어져야 완전한 지혜가 발생하게 된다. 망식이 지혜로 발생하게 된 내용은 다음과 같다.

전5식(안이비설신眼耳鼻舌身)의 번뇌가 정화되면 성소작지成所作智가 발생하고,

제6의식의 번뇌가 정화되면 묘관찰지妙觀察智가 발생하며,

제7말나식이 정화되면 평등성지平等性智가 발생하며,

제8아뢰야식이 정화되면 대원경지大圓鏡智가 발생한다.

이와 같은 네 가지 지혜(四智)는 본래 본성과 본심에 간직되어 있으나 망심에 가려져 나타나지 않고 있다가 망심이 모두 정화됨에 따라 즉시 발생된 것이다. 이와 같은 네 가지 지혜는 법신法身의 작용이다. 우주의 삼라만상의 진여성眞如性을 모두 관찰하여 깨닫는 마음을 뜻한다. 그러므로 불지佛智라고 칭한다. 망심의 장애와 결박에서 벗어난 것을 해탈解脫이라 하고, 망심으로 인하여 고뇌하고 난잡한 것에서 벗어난 것을 열반涅槃이라 한다.

이상으로 선정 수행에서 번뇌를 제거하고 정화하는 지止의 선정에 대하여 모두 살펴보았다.[9] 마음이 정화되면 필연적으로 지혜가 발생하게 된다. 무착논사는 팔만사천의 번뇌를 제거하고 동시에 무량하게

발생하는 지혜에 대하여 요약하여 네 가지 지혜만을 설명하고 있다. 네 가지 지혜는 다음과 같다.

2) 유가행파의 사종지혜

사종지혜는 앞에서 구종심주의 선정을 수행하여 모든 번뇌가 제거됨과 동시에 발생한 지혜를 뜻한다. 이제 구중심주의 선정 수행에 의하여 발생한 관觀에 대하여 사종지혜四種智慧로 분류하여 살펴보고자 한다.

사종지혜는 ① 능정사택能正思擇, ② 최극사택最極思擇, ③ 주변심사 周徧尋思, ④ 주변사찰周徧伺察 등의 네 가지 지혜를 말한다. 이들 네 가지 지혜에 대한 해설은 다음과 같다.

① 능정사택能正思擇

능정사택은 모든 지혜의 능력을 발생하여 접촉하는 대상(境)을 사유 하고 선택한다는 뜻이다. 사택思擇은 지혜의 별명으로서 좀 더 깊이 자세하게 살피는 지혜를 뜻한다. 진소유성盡所有性을 사택한다고 하였 다. 진소유성은 인연으로 형성된 모든 현상계를 총칭하는 말이다. 그러므로 진소유성을 사택한다는 뜻은 삼라만상의 현상을 모두 선택하 여 깨닫는다는 말이다.

② 최극사택最極思擇

최극사택은 마음과 대상을 관조할 때 하나도 빠짐없이 모두를 관조 한다는 뜻이다. 사택은 살펴서 선택한다는 뜻이며, 좀 더 깊은 뜻으로 말하면 조견照見의 뜻이 있다. 즉 대상이 지니고 있는 진여眞如를

---

9 『유가사지론』 권30, p.450하.

262

모두 조견하여 진여를 모두 보존하고 있는 것을 여소유성如所有性이라고 칭한다. 최극사택은 여소유성을 조견하여 모두 깨닫는 지혜를 말한다.

③ 주변심사周徧尋思의 지혜

마음이 대상을 인식하는 경계에 대하여 지혜를 구족하고 분별하여 깨닫기도 하고 그 현상을 두루 찾아서 사유하는 지혜를 뜻한다.

④ 주변사찰周徧伺察의 지혜

주변에서 사찰하여 진리를 깨닫도록 하라는 지혜를 뜻한다. 여기서 말하는 주변은 마음속의 주변을 잘 살피는 것을 뜻한다. 마음속에 진리의 세계가 전개하고 있다. 마음은 무엇보다도 크고, 무엇보다도 적고, 무엇보다도 미세하고, 무엇보다도 빠르고, 무엇보다도 장수하고, 무엇보다도 진리를 많이 지니고 있다. 그러므로 마음 주변에서 진리를 구하는 것이 진리의 길이다. 따라서 인간의 행복도 마음에서 구하고 마음에서 찾아야 진정한 행복을 얻을 수 있는 것이다.

이와 같이 지관止觀의 선정을 깊은 뜻으로 설명하고 있다. 구종심주는 마음의 번뇌를 모두 소멸시키는 선정을 말하고, 사종지혜는 마음이 반연하는 대상에 대하여 모든 현상을 의미하는 진소유성을 깨닫고 그리고 마음이 반연하는 대상의 진여성을 의미하는 여소유성如所有性을 깨닫는 지혜를 가르치고 있다. 이는 소승지관을 넘어선 대승지관大乘止觀의 사상을 잘 설명하고 있다.

『유가사지론』은 숨을 고르게 하는 수식관數息觀도 설하고 있다. 숨을 쉬는 것을 열 번 하면서 몸과 마음을 안정시키는 원시적인 수행을 한다. 그러나 대승선에서는 즐겨하지 않는다. 위에서 경전에 나타난

여러 가지 선정에 대하여 살펴보았다. 선정의 뜻은 대체로 망심이
일으킨 산란한 마음을 한곳에 집중시켜 산란한 마음을 제거하는 수행
이다. 한마음이 제거되고 망심의 세력이 약화되면 지혜의 힘이 강해진
다. 이를 식열지강識劣智强이라고 한다. 반대로 망식의 힘이 강하면
지혜의 힘은 약해지는데, 이를 식강지열識强智劣이라고 한다. 선정의
목적은 지혜를 강하게 하고 망식을 약화시키는 데 있다. 마음의 본성은
영원한 것이고 망심은 가설된 것으로서 언젠가는 단멸될 수 있는
것이다. 본래 주인은 대승심이고 지혜이며, 객客은 망식이다. 그러므
로 번뇌심을 객이라는 뜻에서 객진번뇌客塵煩惱라고 한다. 선정의
수행은 객진번뇌를 추방하고 선행善行과 지혜의 힘을 강화시키는 수행
이다. 선행은 몸과 입 그리고 마음의 행동을 정화하는 수행을 말한다.
이를 십선업도十善業道라 칭한다. 십선업도는 다음의 선행을 말한다.

첫째, 생명을 단절하는 행동을 하지 않는다(離斷生命).

둘째, 도둑질하는 행동을 하지 않는다(離不與取).

셋째, 욕심과 삿된 행동을 하지 않는다(離欲邪行).

넷째, 헛되게 속이는 말을 하지 않는다(離虛誑語).

다섯째, 이간하는 말을 하지 않는다(離離間語).

여섯째, 추악한 말을 하지 않는다(離麤惡語).

일곱째, 잡되고 더러운 말을 하지 않는다(離雜穢語).

여덟째, 탐욕의 마음을 내지 않는다(無貪).

아홉째, 성내는 마음을 내지 않는다(無瞋).

열째, 올바른 의견을 내야 한다(正見).[10]

이와 같이 선정을 수행하면 마음이 착해지고 착한 행동을 하게 된다. 많은 선행 가운데서 네 가지만을 간추려 옮겨 보고자 한다.

첫째, 부모에게 효도하고 순응해야 한다(孝順父母).

둘째, 스승과 어른들을 공경하고 섬겨야 한다(敬事師長).

셋째, 사문들에게 공양을 올려야 한다(供養沙門).

넷째, 병든 사람에게 공양하며 시봉해야 한다(供侍病者).

이와 같은 선행을 하면 많은 복을 받게 되는 인과因果가 실현된다. 선정의 수행은 마음을 정화하여 지혜를 증진시키는 수행이며, 남을 도와주는 이타적인 수행은 복을 축적하는 수행이다. 지혜와 복을 구족한 수행을 최상의 수행이라고 한다.

3. 십지보살의 선정 수행

1) 보살들의 수행 단계

십지보살十地菩薩은 초지初地에서 제십지第十地까지의 보살들을 뜻한다. 이 십지는 일반 보살들이 열심히 선정을 수행하여 마음이 정화되고 지혜가 활발하게 발생한 후에 크게 진취한 수행위를 뜻한다. 초지 이전의 보살들이 대승성大乘性과 진여성眞如性과 공성空性을 크게 깨닫고 마음의 대지혜가 무애자재하게 발생한 후에 진취한 수행위를 뜻한다. 이러한 수행심의 상황을 한 단계에서 두 단계로 올라간 것이라고 한다. 이러한 수행 단계를 종일지취일지從一地趣一地라고 하였다. 깊

---

10 『대반야경』 권제46, p.261하.

은 마음의 상태를 중생들은 헤아릴 수 없지만 불타의 혜안은 마음의 상태를 환하게 깨닫고 보살들의 수행위를 이와 같이 말하고 있다. 십지의 보살들은 선정 수행의 정도에 따라 한 단계씩 대승심에 가까이 간다는 것을 이와 같이 가르치고 있다.

불타는 초지 환희지 보살로부터 제십지 법운지 보살의 수행위에 도달하는 과정을 다음과 같이 설하고 있다. 『반야경』의 문헌을 보면 초지인 극희지極喜地 보살은 이와 같은 십종의 수승한 업(十種勝業)을 수행한다. 십종의 수승한 업은 무엇인가.

첫째, 무소득을 방편으로 삼아 청정하고 수승한 마음의 업(淨勝意業)을 수행하고 정화하면서 수승한 마음의 즐거운 일에는 집착하지 않는다.

둘째, 무소득을 방편으로 삼아 평등한 마음의 업을 수행하고 정화하지만 일체유정들에 집착하지 않는다.

셋째, 무소득을 방편으로 삼아 보시업을 수행하면서 일체법에 대하여 분별의 집착을 일으키지 않는다.

넷째, 삼계의 법(三界法)에 대하여 머무름이 없는 마음으로 일체의 현상에 대하여 사유하지 않는다.

다섯째, 일체법이 생이 없고 멸이 없는 것(無生無滅)을 원만하게 증득한다.

이와 같이 환희지 보살은 일체의 법에 대하여 모두 깨닫고 초지에 오른 것이다. 초지보살로부터 제십지까지 도달하는 과정을 경전에서는 다음과 같이 설명하고 있다. 보살마하살들은 어떻게 수행 단계의 지업地業을 수행하는가. 보살마하살들은 육바라밀다를 수행하며 한 단계에서 또 다른 단계로 옮겨간다(修行六波羅蜜多時從一地趣一地). 십지보살들의 수행 단계를 옮기는 것은 다음과 같다.

(1) 보살들은 선정 수행하여 초지 극희지初地極喜地에 안주한다.

(2) 보살마하살은 초지로부터 제이 이구지第二離垢地에 안주한다.

(3) 보살마하살은 제이 이구지로부터 제삼 발광지第三發光地에 안주한다.

(4) 보살마하살은 제삼지로부터 제사 염혜지第四焰慧地에 안주한다.

(5) 보살마하살은 제사지로부터 제오 극난승지第五極難勝地에 안주한다.

(6) 보살마하살은 제오지로부터 제육 현전지第六現前地에 안주한다.

(7) 보살마하살은 제육지로부터 제칠 원행지第七遠行地에 안주한다.

(8) 보살마하살은 제칠지로부터 제팔 부동지第八不動地에 안주한다.

(9) 보살마하살은 제팔지로부터 제구 선혜지第九善慧地에 안주한다.

(10) 보살마하살은 제구지로부터 제십 법운지第十法雲地에 안주한다.

(11) 제십지보살마하살은 모든 여래와 거의 다르지 않다(與諸如來應言無異).[11]

이와 같이 경전에서는 십지보살의 수행위를 기록하고 있다. 십지의 보살들을 마하살이라고 칭한다. 마하살은 대보살을 뜻하며 대승불교를 가장 잘 깨닫고 가장 잘 수행하는 수행자를 말한다. 무소득을 방편으로 삼고 대비를 으뜸으로 삼아 모든 중생들을 구제하는 것을

---

11 『대반야경』 권제54, p.303하.

수행의 덕목으로 삼는다. 그러므로 불타는 마하살의 이타행을 자주
찬탄한다. 이들 마하살의 수행은『대반야경』을 비롯하여『화엄경』과
『해심밀경』등 대승경전에서 가장 으뜸가는 수행자라고 칭한다.

『반야경』의「마하살품」에 의하면 마하살의 선정에는 금강삼매가
나타난다. 금강삼매가 나타나면 번뇌를 일으키는 망식의 세력이 일시
에 약화되며 반면에 지혜가 무애자재하게 나타난다. 지혜가 나타나면
대승성과 진여성을 관찰할 수 있게 되며 동시에 대승성과 진여성을
깊이 깨닫게 된다. 대승성을 깨닫게 되면 명실공히 대승인이 되고
대승의 마음으로 중생들을 사랑하는 동체대비의 이타행을 크게 발생하
게 된다. 왜냐하면 대승의 뜻이 대자대비를 일으키는 함수含受의 뜻이
있기 때문이다. 이러한 대승의 뜻을 깨달은 마하살들의 선정 수행을
살펴보기로 한다.

2) 금강삼매와 진여삼매

대승선은 대승심이 근원이 되어 발생하는 선정을 뜻한다. 그리고
진여삼매眞如三昧는 진여심이 근원이 되어 발생하는 선정을 뜻한다.
그러나 금강삼매金剛三昧는 대승심과 진여심에서 발생하는 선정을
뜻한다. 비록 대승과 진여의 이름이 다르다 할지라도 일심一心이 뿌리
가 되기 때문에 같은 선정이라 할 수 있다. 이와 같은 대승선은『대반야
경』에서 처음으로 설하고 있다. 불타는『반야바라밀다경』을 설할
때 최초로 선정(三摩地)의 항목을 따로 정하여 다음과 같이 말씀하셨다.
"보살마하살의 대승상은 무량한 백천의 무상하고 미묘한 모든 선정을
말한다(菩薩摩訶薩 大乘相者謂 無量百千無上.微妙諸三摩地)."[12]

이와 같이 모든 선정을 대승상이라고 하였다. 선정은 곧 대승심으로부터 발생한 것이기 때문이다. 불타는 내용 설명에 있어서 건행삼마지健行三摩地와 금강유삼마지金剛喩三摩地와 해인삼마지海印三摩地와 진여삼마지眞如三摩地 등 113종의 선정을 대승상大乘相이라고 하였다. 이러한 선정들은 대승심이 근원이 된다는 것을 알 수 있다. 그리고 진여삼매는 진여심이 근원이 되고, 공삼매空三昧는 공심空心이 근원이 된다는 것을 알 수 있다. 경전에 의하면 "진여로 말미암아 일체의 선정이 시설된다(由此眞如施設一切三摩地)"13라고 하였다. 이와 같이 선정의 근원은 대승심과 진여심이 된다는 것이다.

금강삼매와 같이 대승선은 초지初地에서 제십지에 이르는 마하살들이 수행한다. 마하살은 이미 망심이 일으키는 번뇌를 거의 모두 정화하고 진여를 직접 관찰할 수 있는 분별이 없는 지혜(無分別智)를 발생할 수 있는 선정을 수행하고 있다. 그러므로 초지보살을 견도위見道位의 보살이라고 칭한다. 그리고 초지보살부터 모든 망식의 뿌리를 제거하고 단절할 수 있는 금강삼매라는 선정을 수행한다. 그리고 색色은 곧 진여이며 진여는 곧 색이다(色卽眞如 眞如卽色)라고 관찰하고, 또한 색은 곧 대승이고 대승은 곧 색이다(色卽大乘 大乘卽色)라는 관찰력을 발생한다.

공空에는 1, 2, 3, 4, 5, 6, 7, 8, 9, 10 등 서로 다른 모습이 없다. 그러므로 대승은 삼세가 평등하다라고 하였다.14 우주에 가득 찬 물질

---

12 『대반야바라밀다경』 권제414, p.74상.
13 『대반야경』 권제364, p.875중.
14 『대반야경』 권제58, p.332하.

(色)은 대승성과 진여성과 공성으로 성품을 삼고 있기 때문에 이와 같은 논리가 전개될 수 있는 것이다. 이와 같은 조견력을 발생한 관자재보살은 마하살에 속한다. 다만 마하살 가운데서도 일생보처一生補處 보살이며 성불 직전에 있는 등각지等覺地에 속하는 최상의 마하살의 지위에 있다고 할 수 있다(別異之相是故大乘三世平等).

이제 불타가 설명한 선정들 가운데서 금강삼매와 진여삼매 그리고 허공삼매 등을 살펴보고자 한다. 이들 삼매의 뜻을 알게 되면 마하살들의 지혜가 얼마나 깊고 넓은 가를 알 수 있게 된다.

(1) 금강삼매

금강삼매金剛三昧는 금강이 모든 물체 가운데서 가장 강하듯이 삼매 가운데서 가장 강력한 선력禪力을 발생하는 선정이라는 뜻이 있다. 그러므로 금강삼매가 나타나면 모든 번뇌와 망식이 일시에 소멸되고 마음이 청정하게 된다. 구경에는 제십지의 마하살이 금강삼매의 선정을 발생하면 말나식의 근본번뇌와 아뢰야식의 미세한 번뇌 습기까지 완전하게 소멸시키고 불지佛地에 진입하게 된다.[15] 이와 같이 금강삼매는 삼매 가운데 최상의 선정이며 마하살의 선정에 자주 나타나는 선정이다. 경전에 의하면 인간의 본성이며 인성人性이라는 뜻에서 본성진여本性眞如라고 칭한다.

---

15 『대반야경』 권제414, p.74하.

(2) 진여삼매

진여삼매眞如三昧는 진여성을 관찰하여 깨닫는 선정을 뜻한다. 본성진
여 수행자가 진여삼매의 선정에 안주安住하면 일체법이 진여의 실상
(眞如實相)이라는 것을 깨닫게 된다고 하였다. 불타는『반야바라밀다
경』에 진여 시설施設 등 진여에 관하여 광범위하게 설법하고 있다.
그러므로 진여삼매의 근원은 진여성眞如性이라고 할 수 있다. 진여성
은 우주 전체를 본래부터 시설하였다고 기록하고 있다. 우주 안에
있는 삼라만상이 모두 진여로 말미암아 시설되었으며 미세한 먼지까지
도 진여 아닌 것이 없다고 설하고 있다.[16] 이와 같은 진여 위에 연기법이
발생하여 모든 현상계를 창조하였다라고 설하고 있다. 연기법은 생멸
이 있고 생로병사와 성주괴공의 무상함이 있는 것이다. 그러나 진여성
에는 무상함이 없으며 절대불변의 진리로 존재한다. 이와 같은『반야
경』의 진여설은 뒤에 가서『대승기신론』저술의 바탕이 되고, 진여삼
매의 근원이 된 것이다.

(3) 허공삼매

허공삼매虛空三昧에 안주하면 모든 유정들에게 이익을 주는 정업正業
이 발생하며 그 마음이 평등하기가 마치 태허공太虛空과 같다고 하였
다.[17] 이 허공삼매에 안주하면 마음의 염착染着이 없어지고 일체법이
무소유無所有라고 관觀하는 지혜가 발생한다. 무소유는 마치 공중에는
실로 새의 족적이 없는 바와 같이(如空中實無鳥跡) 집착의 흔적이 없는

---

16 『대반야경』 권제414, p.74중.
17 『대반야경』 권제414, p.77중.

것을 뜻한다. 집착이 없기 때문에 번뇌를 일으키지 않는다. 이와 같이 공관의 수행은 마음을 청정하게 하는 바탕이 되기 때문에 공空을 청정淸淨이라고 칭한다. 허공이 허공을 파괴하지 않듯이 공은 색色을 파괴하지 아니하고 색은 공을 파괴하지 않는다고 하였다(虛空不壞虛空 空不壞色色不壞空).

공은 만법의 공성空性으로서 만법을 추호도 거스르지 않는다.[18] 이와 같이 마하살들의 선정은 무애자재하다. 이러한 무애자재한 선정 수행 가운데에도 등급이 있기 때문에 초지 내지 제십지의 등급을 설한다.

4. 금강삼매와 망심의 정화

선정 수행은 인간의 본성本性을 깨닫는 수행이다. 인간의 본성을 인성 人性이라 칭하고 인성은 진여성이라고 칭한다. 인간의 본성은 증감이 없고 절대불변의 성품으로서 진여성과 대승성을 말한다. 진여성은 절대불변의 진실성을 뜻하고 대승성은 우주의 성품을 초월하고도 남을 만큼의 광대한 성품을 뜻한다. 이와 같이 진여성과 대승성은 인간의 마음에 본래부터 자리잡고 있기 때문에 이를 본성진여本性眞如 라고 칭한다. 이 본성은 진여眞如라는 뜻이다. 이와 동시에 우주에 충만한 물질의 성품도 되기 때문에 이를 색성色性이라고 칭한다.

성품(性)은 모습이 없는 무상성無相性이며 공성空性이기 때문에 차

---

18 『대반야경』 권제389, p.1013중.

별이 없으며 따라서 평등한 성품이다. 성품은 둘이 아닌(無二) 하나의 성품을 뜻한다. 이러한 하나의 성품에 의하여 관찰할 때 심성과 색성이 하나임을 깨달을 수 있다. 그러므로 물질과 마음의 성품은 하나이다(色心不二)라고 한다. 이러한 진리를 관찰하여 천지는 나와 뿌리가 같다(天地與我同根)라고 한 것이다. 진여眞如는 천지가 창조되기 이전에 있었고 천지가 멸망한 후에도 남아 있게 된다.

　이러한 진리를 지혜의 눈으로 보면 우주는 하나의 진여이며 하나의 대승성이 가득 차 있다. 이와 같이 마음의 본성은 진여성과 대승성 그리고 보리성菩提性을 지니고 있으면서 우주의 성품과 상통하고 있는 것이다. 이와 같은 진리는 금강삼매의 선정에 의하여 발생한 무분별지에 의하여 깨닫게 된 것이다. 이때의 마음(金剛心)은 많은 번뇌가 단절되는 대변화가 일어나게 된다.

　『반야경』에 의하면 초지의 마하살이 수행하는 선정에 금강삼매가 발생하여 많은 번뇌 망상을 제거하고 망심을 정심正心으로 전환한다. 그리고 진여성을 깨닫는 무분별지無分別智를 발생한다. 선정을 수행하면 탐진치貪瞋痴 등의 번뇌가 탐욕이 없는(無貪) 마음으로 전환하고 진애가 없는(無瞋) 마음으로 전환하며 무지가 없는(無痴) 마음으로 전환하는 등 정념正念과 정상正想의 마음으로 전환한다. 망심妄心이 정심正心으로 전환하는 것은 모두가 선정의 힘에 의하여 가능하다. 망심이 정화되는 내용은 다음과 같다

　(1) 간탐자는 간탐慳貪을 버리고 보시를 하게 한다.

　(2) 율법을 무시한 사람은 율법을 지키게(持戒者) 되며

　(3) 포악暴惡한 사람은 안정과 인욕安忍을 하게 되고

(4) 게으른(懶怠) 사람은 근면한(精進) 사람이 되며

(5) 마음이 산란한(亂心) 사람은 고요한 마음을 갖게 되고

(6) 우치愚痴한 사람은 오묘한 지혜(妙慧)를 갖게 되고

(7) 수행자는 탐욕과 성냄과 우치와 교만한(貪慾, 瞋恚, 愚痴, 驕慢) 마음을 내지 않게 되며

(8) 눈, 귀, 코, 입, 몸, 의식의 마음에 집착이 발생하지 않게 되며

(9) 내공內空과 진여眞如에 대하여 집착심을 내지 않으며

(10) 반야바라밀다가 없으면 일체 바라밀다가 발생하지 않게 된다.[19]

이와 같이 선정의 수행은 망념妄念을 정념으로 전환하고 망견妄見을 정견으로 전환하는 힘을 발생하게 되며, 신구의身口意의 행동을 정업正業으로 발생하게 된다. 보살들은 불타의 설법을 많이 듣고 일체유정들도 대승심과 진여성이 있다는 것을 깨닫고 평등심을 일으키게 된다. 그리고 ①일체유정들에게 자비로운 마음(大慈心)을 일으키고 성내는 마음(瞋恚心)을 일으키지 않는다. ②유정들에게 자비로운 마음을 일으키게 하고 고뇌케 하는 마음(惱害心)을 일으키지 않게 하며, ③유정들에게 기쁨을 주는 마음(大喜心)을 일으키고 질투심嫉妬心을 일으키지 않게 하며, 유정들에게 평등한 마음(大捨心)을 일으키고 치우친 마음(偏黨心)을 일으키지 않게 한다.[20]

이와 같이 선정을 수행하면 남에게 해害가 되는 마음을 일으키지 않고 남에게 이익이 되는 마음을 일으키게 된다. 그것은 선정 수행이

---

19 『대반야경』 권제456, p.300상.
20 『대반야경』 권제448, p.259상.

274

대승심과 진여심에 가까워지면 가까워질수록 대승심에 의한 정념과 선심이 더욱 활발하게 일어나기 때문이다.

원효대사는 진여심에 접근하면 마음이 평등해지며 곧은 마음(直心)이 일어나 악을 여의지 않음이 없고(無惡不離) 선행을 닦지 아니함이 없다(無善不修)라고 하였다.[21] 이 말은 진여심이 모든 선善의 근본이 되기 때문이라는 것을 가르치고 있다.

이제 마하살들의 선정禪定 현상을 살펴보기로 한다.

불타는『반야바라밀경』의「마하살품」에서 마하살에 대하여 자세하게 설명하고 있다.『반야경』에 의하면 '마하살은 깊고 큰 서원을 세우고 견고한 금강유심金剛喩心을 발생하여 무소득無所得을 방편으로 삼아 대유정大有情들 가운데서 상수上首가 된다'[22]라고 하였다. 이 금강유심은 금강삼매金剛三昧의 선정에 의하여 발생한 마음을 뜻한다. 이 마음은 절대로 흔들리지 않고 대자비의 마하살의 마음에만 나타난다.

'마하살은 광대심廣大心을 일으키고 대보리심을 발생함으로 말미암아 일체지지一切智智와 불지佛智를 증득할 때까지 번뇌를 일으키지 않는다. 마하살은 결정코 마땅히 탐욕심貪慾心과 진에심瞋恚心, 우치심愚痴心과 분심忿心, 한심恨心, 부심腐心, 뇌심惱心, 광심狂心, 첨심諂心, 질투심(嫉心), 간심慳心, 교심驕心, 견만심見慢心 등 번뇌의 마음을 일으키지 않는다'[23]라고 하였다. 이와 같은 마음을 일으키지 않은 마음을 광대심이라고 한다.

---

21 원효 찬,『대승기신론소기회본』권5.
22『대반야경』권제486, p.469하.
23『대반야경』권제47, p.263하.

이 문장을 좀 더 해설한다면 금강유심은 광대심이라고도 칭한다. 금강삼매의 선정에 의하여 이와 같은 광대심을 발생한다는 것은 망심의 세력이 거의 소멸하였기 때문이다. 탐욕과 진에와 우치 등의 번뇌를 다시는 일으키지 않는다는 것은 의식과 말나식의 망식이 거의 다 소멸하였기 때문이다.

제15장 대승선의 선맥

불타는 성도 후 중생들에게 모든 현상은 인연에 의하여 창조된 것이라고 가르쳤다. 이 세상의 현상은 서로서로 인연 아닌 것이 없다고 하였다. 그러나 중생들은 인연의 집합으로 말미암아 형성된 것을 망각하고 그 현상만을 집착하여 욕심을 내게 된다. 욕심은 모든 죄의 근본이 된다. 그러므로 불타는 욕심의 근원을 없애주기 위하여 인연법은 본래 공空한 것이라 설하였다. 인연법은 여러 인연이 집합하여 형성된 것이기 때문에 인연이 흩어지면 그 현상은 없어지기 때문이다. 그리하여 불타는 지혜가 밝은 보살들에게 일체는 공空한 것이라고 설하였다.

이와 같이 설한 공사상은 『반야바라밀다경』에 주로 나타난다. 공은 모습이 없는 것을 말한다. 모습이 없기 때문에 때가 끼지 않는다. 그러므로 공을 청정淸淨이라고 칭한다. 동시에 모습이 없기 때문에 생하는 것도 아니고 멸하는 것도 아니라고(不生不滅) 한다. 증가하는 것도 아니고 감소하는 것도 아니라고(不增不減) 한다. 이와 같은 공의 진리를 무상無相이라고 칭한다. 이러한 무상법에 상대되는 법을 세간법世間法이라고 한다. 세간법은 인연으로 맺어진 현상을 뜻한다. 이세상의 모든 현상은 인연으로 맺어지지 않은 것이 없다는 것을 인연법이라고 한다. 이와 같이 경전에서는 세간법은 공한 것이라며 공성空性에 대해 설하였는데, 중생들은 알아듣지 못하고 세간법과 공사상을분리하여 이해하기도 하고 때로는 완전히 합하여 생각하는 등 치우치게 생각하는 사람이 많았다.

이와 같은 치우친 생각을 바로 잡아주는 논사論師가 나타난다. 논사는 학자, 선사, 법사, 보살 등의 뜻을 포함하고 있다. 이와 같은 논사가운데 역사적으로 가장 유명한 논사의 한 분은 용수논사龍樹論師이고, 또 한 분은 무착논사無着論師라고 할 수 있다. 이들 두 분의 논사는대승불교를 크게 발전시킨 분들이기 때문에 두 분의 논사가 말하는중요한 설법을 각각 살펴보고자 한다.

1. 용수논사의 공사상과 『중관론』

용수논사(서기 150?~250?)는 중관中觀을 주창해 대승불교를 확립한인물이다. 용수보살은 불교의 궁극적 진리를 중도中道로 봤으며, 그렇게 중도로 보는 것을 중관中觀이라 해서 중관학中觀學 혹은 반야중관학般若中觀學이라 한다. 그리고 중관사상이란 용수논사의 대표적인 저술인 『중송中頌』을 중심으로 한 사상으로서 『반야경』에 나타나는 공空사상의 이론적 체계를 수립한 것이다.

또한 용수논사는 인연의 현상과 인연의 공성空性을 잘 조화롭게 설명한 저술을 많이 하였다. 그 가운데 또한 유명한 저술인『중관론中觀論』에 의하면 모든 진리의 체는 있는 면(有相)과 없는 면(無相)이 있는데 이를 공정하게 관찰 하여야만 그 전체를 모두 깨달을 수 있다고 하였다. 그리고 진리의 체에 대한 형성 과정과 형성된 진리의 체가 공한 것이라는 이치를 잘 설명하고 있다. 용수논사가 설명한 논리에 대하여 두 가지로 나누어 알아보고자 한다.

1) 천과 실의 인연

용수논사는 삼라만상의 인연관계를 다음과 같이 설명하고 있다. 먼저 천(原緞)은 삼라만상의 현상에 비유하였고, 실(絲)은 천을 형성하는 바탕에 비유하였다. 실은 밭에서 생산한 삼에서 생산한 것에서 얻는 것을 뜻한다. 이 실로 베 짜는 사람이 베를 짜면 곧 천이 되고, 그 천으로 옷을 만들어 입는다. 이와 같이 실이 인공에 의하여 천이 되고 그 천은 모든 사람의 옷이 되듯이, 삼라만상은 인연이 바탕이 되어 현상이 만들어진다는 인과법을 알기 쉽게 가르치고 있다.

용수논사는 이와 같은 인연으로 삼라만상의 현상이 참조되었기 때문에 그 현상은 모습이 있지만 그 모습은 공空한 것이라고 가르치고 있다. 그러므로 공한 현상을 집착하는 것은 현상에 대한 무지로부터 시작된 것이라고 한다. 이러한 인연의 이치를 깨달으면 나(我)에 대한 집착(我着)도 단절할 수 있고 법法에 대한 집착도 단절할 수 있게 된다. 사실은 공사상은 중생들로 하여금 집착을 여의도록 하기 위한 사상이다. 공空은 곧 무소유無所有와 무소득無所得의 마음과 직결된 사상이다.『아함경』에 의하면 집착은 부모와 형제와 일가친척 간에도 불화를 일으키는 요인이 되며 국민과 국민 간에 불화를 일으키며, 나아가 국가와 국가 간에도 크게 불화를 일으키는 요인이 된다고 하였다. 그러므로 사물의 공성을 잘 관찰하여 사물에 대한 무소유와 무소득의 지혜를 구족해야 한다고 하였다.

2) 손가락과 주먹의 비유

용수논사는 손가락과 주먹의 비유(指拳喩)를 들어 공사상을 오묘하게 설명하고 있다. 사람은 누구나 손가락을 지니고 있다. 이 손가락을 모두 합치면 이를 주먹이라고 한다. 주먹의 현상만을 보면 전체가 주먹으로만 보이지만, 손가락이 집합하여 주먹이 된 것을 찰나에 잊어버릴 수가 있다. 그러나 그 주먹을 잘 관찰하면 주먹은 임시일 뿐 내용은 텅 비어 있다는 것이다. 손가락을 펼치면 주먹의 실체가 없어지기 때문이다. 주먹의 실체를 집착하였다면 주먹 안에는 비어 있다는 것을 망각할 수 있다. 그리하여 주먹은 임시로 손가락이 집합하여 있을 뿐 실체가 있는 것이 아닌 것과 같이 모든 현상도 이와 같은 것이다. 이와 같은 손가락과 주먹을 비유로 하여 현상이 공한 것이라는 진리를 가르치고 있다. 이와 같은 지권指拳의 비유로써 현상이 공한 것임을 널리 가르쳤다. 이러한 비유는 용수논사의 현상에 대한 달관을 잘 보여준 것이라고 할 수 있다.

3) 공과 중도관

용수논사는 삼라만상은 모두 공이며 그 공성과 삼라만상은 어디에도 치우치지 않고 평등하게 균형을 유지하고 있다고 관찰하였다. 이것을 중도관中道觀이라고 한다. 관觀은 관찰을 뜻하며 사유를 뜻한다. 모든 현상을 관찰할 때 치우치지 않게 관찰하는 도리를 뜻한다. 사물을 중도적으로 관찰하여 깨닫는 마음을 지혜智慧라고 한다. 참선하고 마음을 청정하게 수행하는 것을 선禪이라고 한다. 선은 마음의 번뇌를 제거하고 마음을 청정하게 하는 수행으로서 삼라만상의 공성을 바르게 관찰하는 지혜를 발생하게 하는 수행을 뜻한다. 그러므로 선 수행과 지혜와 중도관은 일치되는 것이다. 중도관은 이 세상의 모든 것은 치우치지 않고 공정하게 이루어지고 있음을 관찰하는 지혜를 뜻한다. 용수논사가 저술한 『중관론』은 대중들에게 모든 현상을 중도적으로 관찰하는 지혜를 널리 심어주는 명저名著로 전해지고 있다.

　위에서 살펴본 바와 같이 용수논사가 주장한 공사상과 중관사상은 오늘날에도 지혜를 닦는 사람들에게 많은 영향을 끼치고 있다. 이상으로 용수논사의 지권유指拳喩와 『중관론』 등은 현상을 진리롭게 관찰하는 데에 많은 기여를 하였다. 그리하여 용수논사라 하면 공空과 중관론이 연결되어 떠오르게 된다.

2. 무착논사와 세친논사의 대승불교

무착논사와 세친논사는 화엄학華嚴學과 유식학唯識學을 크게 발전시켰다. 이 두 논사로 인하여 오늘날의 대승불교가 발전하게 되었다고 볼 수 있다. 진제삼장眞諦三藏은 『바수반두법사전婆藪般豆法師傳』에서 대승불교를 이 세상에 널리 펴서 완성시킨 학자는 무착논사와 세친논사라고 단언하였다. 세친논사와 무착논사의 대승사상은 매우 현실적이고 중생구제를 위한 혁신적인 사상이라고 할 수 있다. 이제 무착논사의 제자이고『대승기신론大乘起信論』을 번역한 진제삼장이 무착논사와 세친논사의 가족사와 종교사와 사상사를 자세히 기술한『바수반두법사전』을 살펴보고자 한다.

인도의 귀족인 바라문족婆羅門族에 속하는 부부가 살았다. 이들 부부는 토착신앙인 천신天神을 신앙하였다. 천신에게 열심히 기도하여 세 아들을 출생하였다. 세 아들의 이름을 바수반두婆藪槃頭 천신의 이름을 따서 모두 바수반두라고 지었다. 장형長兄 별칭이 아승가(阿僧伽, 무착無着) 즉 집착이 없다는 뜻이며, 둘째는 세친世親이라는 이름을 갖게 된다. 이들은 인도 문화의 황금기를 맞이한 굽타왕조 시대(서기 320~550년경)의 인물들이다. 세친世親의 뜻은 세상 사람들이 바수반두 신을 친히 모신다는 뜻으로 사실상 천신의 이름을 따서 작명하였다. 이와 같은 이름을 갖는 무착과 세친은 머리가 뛰어나 천문지리 등 모든 학문을 달통하였다.

세친논사는 삼세는 실제로 있는 것이고(三世實有) 법체도 항상 존재한다(法體恒有)의 사상을 주장한 종파인 설일체유부(說一切有部: 부파불교의 사상적 특징을 가장 잘 보여주는 부파이다. 줄여서 유부有部라고도 한다)에 출가하여 만물의 존재를 철저하게 연구하여 소승불교 이론을 크게 발전시켰다. 예를 들면 설일체유부의 교학은『품류족론品類足論』등 육족론六足論이 있었고『대비파사론大毘婆沙論』등 200권의 대이론서가 있었다. 세친논사는 이들 교학을 통달하였고 이들 교리를 집약하여『아비달마구사론』이라는 저술을 냈던 것이다. 그 후『아비달마구사론』은 소승불교 연구에 필수과목이 될 정도로 유명한 저술이 되었다.

이와 같이 세친논사는 소승불교에서 가장 뛰어난 학자로서 이론을 겸비하고 대승불교에 대해서 비판을 가했다. 그는 대승불교는 불교가 아니라고 하는 대승비불설大乘非佛說을 내세웠다. 세친논사의 이론은 매우 논리적이기 때문에 대승불교를 잘 모르는 사람들은 이론에 현혹되어 소승불교에 귀의하는 사람들이 많아졌다.

이 두 형제는 성장하여 불교에 귀의하여 출가를 하게 되었다. 세친논사는 앞서 말한 바와 같이 소승불교에 속하는 설일체유부에 출가하였고, 무착논사는 상좌부의 화지부化地部에 출가하였다. 그 뒤에 이 두 논사는 학문을 많이 연구하였고 뛰어난 이론理論을 겸비하여 각각 종단의 대표자가 되었다. 이 두 논사의 출가와 사상을 살펴보고자 한다.

1) 세친논사의 출가와 사상

세친논사는 소승불교 가운데서 가장 보수적인 설일체유부에 출가하였다. 『아함경』을 소의경전所依經典으로 삼은 이 부파는 일체법은 인연법으로 형성된 것이기 때문에 그 하나하나의 존재는 있는 것이라고 주장하였다. 인연법과 인과법을 중시한 이 부파는 인과因果도 있고 인연因緣도 있고 윤회輪迴도 있는 것이라고 하였다. 일체법은 인연으로 맺어진 현상이기 때문에 실제 있는 것이라고 하였다.

2) 무착논사의 출가와 사상

무착논사는 용수논사 이후에 가장 뛰어난 대승불교 학자가 되었다. 처음부터 대승불교에 귀의하여 깊은 진리를 깨닫고 대승불교에 출가하였다. 당시에 유행하였던 『십지경十地經』을 접하고 매우 환희심을 갖게 되었다. 『십지경』은 『화엄경』의 별명이며 옛적 이름이다. 용수논 사도 『십지경』을 논술하였기 때문에 화엄학자라 칭하기도 한다. 이와 같이 무착논사는 『십지경』에 푹 빠져 연구를 깊이하고 『십지경』을 포교하는 데 전력을 다하였다.

무착논사는 유식학唯識學의 소의경전인 『해심밀경』을 깊이 연구하 였다. 무착논사의 명저인 『유가사지론瑜伽師地論』은 『해심밀경』의 유가사상을 대폭 인용하여 설명하고 있다. 물론 『십지경』도 많이 인용하고 있다. 그러므로 무착논사는 화엄학자이기도 하지만 유상유 식有相唯識인 유식학자라는 것을 잘 알 수 있다. 그리고 저술도 많이 하였다. 『유가사지론』을 비롯하여 『섭대승론攝大乘論』, 『현양성교론 顯揚聖教論』, 『아비달마잡집론阿毘達磨雜集論』 등의 명저를 많이 저술 하였다. 특히 『유가사지론』과 『섭대승론』은 신라의 원효대사가 가장 많이 인용한 저술이라는 것을 주목해야 한다.

이와 같이 대승불교를 깊이 연구하고 널리 포교하고 있는 무착논사 는 한편 마음 상하고 있었다. 그 원인은 친동생인 세친논사가 대승불교 를 비판하고 부정하는 포교를 많이 하고 있다는 말을 전해 들었기 때문이다. 무착논사는 친동생 세친논사를 교화하여 대승불교에 귀의 시키려는 방편을 구상하였다. 『반수반두전』에 의하면 무착논사는 다음과 같은 방편을 구상하였다. 자신의 제자를 동생 세친에게 보내어 무착논사가 아프다고 전해 달라고 시켰다. 그 제자는 세친논사에게 찾아가 친형인 무착논사가 아파서 누워 있다고 전하였다. 세친논사는 종교적 이념이 달라 대승불교를 비판할지라도 친형이 아파 누워 있다는 소식에 병문안을 가지 않을 수 없었다. 세친논사는 즉시 친형 무착논사의 병문안을 하기로 하였다. 세친은 무착의 제자를 따라 무착의 처소에 도착하였다. 도착하자마자 무착논사에게 형님 어디가 아프십니까? 하고 물었다. 무착논사는 마음에 병이 났노라고 대답하였다. 동생이 대승불교를 불교가 아니라고 한 말에 나의 마음에 병이 났다고 하였다. 이제 너는 이 방에서 하룻밤 잘 쉬어라고 하면서 옆방으로 옮겼다.

3) 무착논사의 화엄이 세친논사에게 전달

무착논사는 친동생 세친을 교화하고자 『화엄경』에 해당하는 『십지경』을 읽고 해설하기 시작하였다. 무착논사는 밤새도록 『화엄경』을 설하였다. 그 다음날 세친논사는 무착논사에게 찾아가 무릎 꿇고 앉아 '대승불교가 이렇게 훌륭하고 진리로운지 몰랐습니다. 제가 그동안 많은 죄를 지었습니다'라고 말하고 '지금까지 이 혀로 대승불교를 비방하였으니 칼로 이 혀를 단절하여 그 죄를 사하겠습니다'라고 하였다. 이 말을 듣는 무착논사는 말하기를 이제까지 '그 혀를 통하여 대승불교를 비방하는 죄업을 지어 왔지만 지금부터는 대승불교를 찬탄하는 설교를 더 많이 하면 먼저 지은 죄는 없어지고 새로운 복과 지혜가 축적하게 되느니라. 그 칼로 혀를 단절하는 것은 형식에 불과하며 마음이 고쳐져야 하느니라'고 타일렀다.

세친논사는 무착논사의 말씀을 듣고 참회하면서 그 후 화엄학과 유식학에 관련된 저술을 하여 대승불교를 크게 발전시켰다. 그 후 세친논사는 『십지경』을 해설하여 『십지경론十地經論』을 저술하였다.

『십지경론』의 저술이 세상에 발간되어 화엄학이 온 세상에 번져 나갔다. 그 후 『십지경론』은 보리류지 삼장菩提流支三藏에 의하여 중국에서 번역되면서 화엄사상이 중국에 널리 퍼져 지론종地論宗이라는 종파가 생겼다. 이와 같이 세친논사에 의하여 화엄학은 중국에도 크게 영향을 끼쳤음을 알 수 있다. 중국의 화엄학은 무착논사와 세친논사가 그 뿌리 역할을 하였음을 알 수 있다.

4) 무착논사의 유식학이 세친논사에게 전달

무착논사는 불타가 설한 『아함경』과 『반야경』 등을 관찰해 보아도 중생들의 업력을 보존하는 마음을 발견하지 못하였다. 『아함경』 등에서는 안식, 이식, 비식, 설식, 신식, 의식 등 육식六識의 활동을 설명하면서도 이들 마음이 조성한 업력을 보존하는 마음을 분명하게 설명한 데가 없었다. 인과법과 윤회에 대한 설명은 많이 하면서도 이들 업력을 지니고 미래의 과보를 받을 주체를 설명하고 있지 않았던 것이다. 무착논사는 『해심밀경』이라는 대승경전에서 중생들을 윤회하게 하는 교리를 발견하게 된다. 『해심밀경』에는 「심의식품心意識品」이라는 품이 있으며 이 품목 안에 아뢰야식阿賴耶識이라는 마음을 설명하고 있었다. 무착논사는 이 내용을 읽고 그동안 풀리지 않았던 윤회의 도리를 크게 깨닫게 된다. 그 내용을 살펴보면 다음과 같다.

①아뢰야식의 뜻

「심의식품」에서 아뢰야식阿賴耶識이라고 한 뜻은 장식藏識의 뜻이 있다. 장식은 모든 업력을 포장하는 마음이라는 뜻이다. 중생들이 지은 모든 업력을 하나도 유실하지 않고 포장하고 있다가 인연이 도래하면 반드시 그 과보를 받게 한다는 뜻이다. 이와 같이 아뢰야식에는 포장의 뜻도 있지만 종자식種子識이라는 뜻도 있다.

②종자식의 뜻

아뢰야식에 포장된 모든 업력은 중생들의 행동과 삶에 씨앗(因)이 되어 준다는 뜻이다. 아뢰야식에 포장된 모든 업력은 씨앗이 되어 몸과 입과 마음(身口意)의 행동으로 나타나게 하는 것이다. 중생들의 모든 행동은 자신이 조성한 업력에 의하여 발생하게 된다는 뜻이다. '종자생현행種子生現行 현행훈종자現行熏種子'라는 말이 있다. 이 문구를 풀이하면 아뢰야식에 포장된 종자는 씨앗이 되어 중생의 신구의身口意의 행동이 발생한다는 뜻이다. 현재 밖에서 말하고 행동하는 것을 현행現行이라 하며 그 현행은 결과이면서 씨앗이 된다는 뜻이다. 즉 현재의 행동을 현행이라 하는데 그 행동은 다시 씨앗이 되어 아뢰야식 안에 종자가 되어 훈습熏習된다는 뜻이다. 하나하나의 행동이 미래의 과보를 초래할 수 있는 씨앗이 되어 아뢰야식에 훈습된다는 뜻이다. 훈습의 뜻은 보이지 않은 냄새가 옷에 배듯이 아뢰야식에 배여 보존된다는 뜻이다. 이와 같이 인과는 순간에 이루어지고 있다. 이와 같은 인과를 필자는 찰나인과刹那因果라고 칭하고 있다. 참으로 마음의 결정을 조심하여 내려야 한다.

③과보식果報識의 뜻

아뢰야식은 과보식의 뜻이 있다. 과보식이란 중생들이 악업과 선업을 지으면 즉시 아뢰야식에 보존되었다가 인연이 도래하면 과보로 변하여 악과惡果와 선과善果를 받도록 해주기 때문에 과보식이라고 이름을 붙인다는 것이다. 현재는 몸과 마음의 과보를 받도록 하고,

미래에는 악업은 지옥으로 가게 하고 선업은 천국에 가는 역할을 해준다는 것이다. 모든 과보는 아뢰야식 종자에 의하여 이루어지기 때문에 과보식이라고 이름 한다.

④ 집지식執持識의 뜻

집지식의 뜻은 하나의 생명을 집지執持하여 단절되지 않도록 해준다는 뜻이 있고, 또 하나는 말나식末那識이 단절되지 않은 아뢰야식을 상대하여 반연하면서 아뢰야식을 실체의 자아自我로 착각하여 집착한다는 뜻이 있다. 말나식이 아뢰야식을 상대로 나(我)라는 집착을 일으키는 번뇌 현상을 네 가지로 구분하여 설명한다.

• 아치我痴: 자아에 대한 무지 또는 망각한 것을 아치라고 칭한다.

• 아견我見: 아뢰야식을 실재의 자아로 착각하여 망견을 일으키는 것을 아견이라고 칭한다.

• 아만我慢: 말나식은 아뢰야식을 실재의 자아로 착각하여 이 세상에서 내가 제일 높다는 거만한 생각을 일으키고 남을 비하하는 그릇된 생각을 일으켜서 많은 악업을 짓게 된다. 이와 같은 아만으로 말미암아 상대와 싸우고 불화를 일으키는 요인이 되기 때문에 아만을 죄짓는 번뇌라고 칭한다.

• 아애我愛: 말나식은 아뢰야식을 자아의 실체가 있는 것으로 집착하여 아집의 애착을 일으키게 된다. 그러나 아뢰야식은 공성空性을 지니고 있으며 무아無我의 공상空相을 지니고 있기 때문에 나라는 애착을 일으켜서는 안 되는 진아眞我임을 깨달아야 한다. 나에 대한 애착은 망각이며 번뇌의 애착이 될 뿐이다. 이로 인하여 죄업을 많이 짓게 되기 때문에 번뇌라고 한다.

위에서 말한 말나식이 일으키는 번뇌를 모두 합쳐서 사번뇌四煩惱라고 한다. 이 사번뇌는 모든 번뇌의 뿌리가 된다고 해서 근본번뇌根本煩惱라고 칭한다. 이와 같은 사번뇌는 금강삼매金剛三昧의 선정에 의하여 파멸된다고 말한다. 사번뇌가 파멸되면 번뇌의 뿌리가 모두 없어진 것이기 때문에 즉시 그 자리에서 평등성지平等性智가 발생한다고 한다. 제7말나식이 정화되면 평등성지로 전환하여 모든 세상을 평등하게 관찰할 수 있는 지혜가 발생하게 된다는 것이다. 그와 동시에 아뢰야식은 대원경지大圓鏡智로 전환하여 우주의 만법을 두루 관찰할 수 있게 된다.

이상으로 아뢰야식의 별명을 몇 가지 살펴보았다. 무착논사는 이와 같은 뜻이 겸비한 아뢰야식을 알고 매우 놀라워하였다. 종래의 여러 경전에는 아뢰야식 설이 없었는데 이 『해심밀경』의 「심의식상품」에 아뢰야식을 설명한 것을 보고 중생들의 윤회의 주체를 알게 되었으며 모든 업력을 보존할 수 있는 철학적인 이론을 찾았기 때문에 매우 기뻐하였다. 저술을 많이 한 무착논사는 『유가사지론』에도 『해심밀경』의 심의식설을 대표적으로 인용하여 설명하였으며 『섭대승론』과 『현양성교론』과 『아비달마집론』에도 아뢰야식을 주체로 하여 그 밖에 안식, 이식, 설식, 신식, 의식, 말나식 등 칠식을 더하여 팔식八識으로 중생들의 망식妄識을 구체적으로 설명하고 있다.

이와 같이 형성한 망식의 학설은 세친논사의 『유식삼십송唯識三十頌』에도 인용되고 있고 호법논사의 명저인 『성유식론成唯識論』에도 구체적으로 인용되어 서술되고 있다. 이와 같이 유식학의 창립자는 무착논사이다. 유식학은 본래 선禪 수행의 교과서였다. 선 수행은 곧 망심을 정화하는 수행이다. 망심을 잘 알고 선 수행을 하여야 효과적인 수행을 할 수 있는 것이다. 유식학을 공부하고 선 수행을 하면 올바른 수행을 할 수 있다. 이것이 무착논사가 유식학을 창립한 본래 취지인 것이다.

5) 무착논사의 금강삼매가 원효에게 전달

무착논사가 선 수행의 교과서격인 『유가사지론』을 저술한 후 『섭론攝論』과 『십지론』 등의 저술이 그 제자들에 의하여 중국으로 가서 번역되면서 무착논사의 화엄사상과 섭론사상 등이 중국으로 크게 전하여졌다. 5세기 전후에는 진제삼장 등이 그 역할을 하였으며, 6세기경에는 현장법사玄奘法師가 그 역할을 하였다. 5세기 전후에 무착논사의 선사상과 섭론사상을 중국에 전한 분은 달마대사와 진제삼장이라 할 수 있다. 이분들의 전법 활동을 각각 살펴보기로 한다.

6) 달마대사의 선법 전달

『경덕전등록景德傳燈錄』에 의하면 달마대사達磨大師는 양나라에 도착하여 양나라 왕(梁武帝)과 대담한 것이 매우 이채롭다. 양왕이 질문하기를 '달마대사시여, 제가 이 나라에 절도 많이 짓고 탑도 많이 세웠습니다. 그 공덕이 얼마나 되겠습니까'라고 질문하였다. 달마대사가 대답하기를 '소무공덕小無功德이니라. 즉 공덕이 조금도 없습니다'라고 대답하였다. 달마대사는 이와 같이 대답하고 북쪽 위나라(北魏)로 떠나고 말았다. 달마대사는 그 후 소림굴小林窟에 도착하여 9년간 면벽面壁좌선을 이어갔다. 달마대사는 혜가慧可 등의 제자들에게 선법을 전하

였다. 그 전법이 매우 특이하였다. 그 내용을 살펴보면,

① 넷째 제자에게는 '너는 내 피부皮膚를 얻었다'

② 셋째 제자에게는 '너는 내 살(肉)을 얻었다'

③ 둘째 제자에게는 '너는 내 골骨을 얻었다'

④ 첫째 제자에게는 '너는 내 골수骨髓를 얻었다'라고 하면서 네 제자에게 설법을 전수하였다고 한다. 이 전수법은『경덕전등록』에 기록된 전수법이다. 이 전수법은 달마대사의 전수법으로서 매우 독특한 내용이기도 하다. 이 전수법에 대한 설명은 없다. 그 뒤에 기록된 달마대사에 대한 전기에도 더 이상 나타나지 않는다. 중국 선가에서는 그 출처를 밝히지 않고 있다.

필자는 이에 대하여 매우 관심 있게 그 출처를 찾아보려고 하였으나 발견하지 못하다가, 어느 날 무착논사의 저술인『유가사지론』을 보다가 달마대사의 전수법인 피(血), 골骨과 골수骨髓에 관한 수행법을 발견하게 되었다. 이 전수법은 십지보살의 수행법으로서 대바라밀다 大波羅蜜多의 뜻이 있었다. 필자는『유가사지론』안에서『해심밀경』의 혈, 골, 골수의 전수법과 무착논사가 설명하는 혈, 골, 골수의 전수법을 몇 차례 확인하면서 달마대사도 무착논사의 제자였다는 것을 확인할 수 있었다. 달마대사는 인도의 귀족 출신으로서 일찍이 불교를 접할 기회가 많았다. 당시 무착논사의 화엄사상과 유식사상은 인도 전역에 전파될 정도로 널리 퍼져 나갔다. 달마대사도 무착논사의 선법과 전수법을 공부하고 중국으로 포교 차 건너 왔으리라고 확신하며 달마 편을 마무리한다.

7) 진제삼장의 전법

진제삼장(眞諦三藏, 서기 5세기 초)은 무착논사 일가의 전기를 수집하여 『바수반두전婆藪槃頭傳』이라는 저술을 할 정도로 그의 사상을 잘 알고 있었다. 특히 무착논사의 『섭대승론』을 깊이 연구하였다. 『섭대승론』은 매우 명저名著로서 세친논사도 『섭대승론』에 관한 주석서를 썼고 무상논사無常論師도 『섭대승론소』를 썼다. 이와 같이 무착논사의 『섭대승론』은 인도에서 널리 알려졌고 중국으로도 알려지기 시작하였다. 그것은 진제삼장이 중국으로 가지고 와서 한문으로 번역하였기 때문이다. 중국어로 번역되자마자 섭론사상은 널리 퍼져 나갔고 많은 사람들이 섭론사상에 귀의하여 드디어 섭론종攝論宗이라는 종파가 생겼다.

이 섭론사상은 중국에 유학한 원광법사(圓光法師, 542~640)와 자장율사(慈藏律師, 590~658) 등에 의하여 신라에 도입되었다. 원효대사(元曉大師, 617~686)는 신라에 도입된 『섭대승론』을 깊이 연구하였다. 원효는 『섭대승론종요攝大乘論宗要』를 저술하였고 『금강삼매경론』 등 현존하는 저술에도 인용되어 있다. 이와 같이 무착의 『섭대승론』은 원효대사에게 깊이 영향을 끼쳤다고 할 수 있다. 『섭대승론』에서 가장 쉬운 비유로써 대승들에게 알려진 것을 살펴보기로 한다.

● 사승마(蛇繩麻, 새끼나 노끈을 뱀으로 착각)의 비유: 『섭대승론』에 의하면 무착논사는 대중들이 인연법의 현상을 망각하고 실제로 있다고 집착하며 소유하려는 생각을 치유해 주기 위하여 사승마의 비유로 일깨웠다. 그 비유는 다음과 같다. 길 가는 나그네가 길 위에 있는 큰 물체를 보았다. 그 물체를 뱀(蛇)으로 착각하였다. 길을 계속 가야

할 나그네는 공포를 느끼면서 앞에 있는 큰 뱀에게 한 발짝 한 발짝 다가갔다. 가까이 가서 살펴보니 뱀이 아니라 큰 새끼(繩)였다. 큰 새끼를 뱀으로 착각하였던 것이다. 그 나그네는 뱀에 대한 공포심을 내려놓게 되었고 평정심을 되찾게 되었다. 이때 나그네는 깨달은 바가 있었다. 이 큰 새끼줄은 삼줄기로 실을 뽑아 만든 것이며 만약 이 새끼줄을 해체하면 실밖에 남지 않는다는 것을 알게 되었다.

이와 같은 비유는 이 세상에 있는 삼라만상은 각각현상을 지니고 있지만 그 바탕은 공空인 것이며 공과 더불어 중도의 진리를 지니고 치우치지 않게 존재하고 있다는 것을 깨닫고 집착하지 않아야 한다는 것을 일깨워준 것이다. 이와 같이 무착논사는 사승마의 비유로써 대중들을 교화하였다.

8)『섭대승론』의 심식설心識說

무착논사는『해심밀경』의 심의식 사상에 많은 영향을 받아 아뢰야식阿賴耶識과 말나식末那識을 각 저술에 인용하여 선 수행에도 인용하고 있다. 종래에는 요가(yoga: 瑜伽)의 수행이 불교에도 많은 영향을 끼쳤다. 특히 초기경전인『아함경』은 안식, 이식, 비식, 설식, 신식, 의식 등 육식六識만을 설하여 이 육식이라는 망식妄識만을 정화하는 교리를 설하였다. 그 후 소승불교도『아함경』을 소의경전으로 삼아 육식만을 정화하는 참선을 하였다. 그리하여 소승불교가 전파된 곳에는 아무리 용맹정진을 하더라도 육식을 정화하는 선 수행에 지나지 않았다.

그러나 무착논사는 육식의 뿌리는 말나식과 아뢰야식이기 때문에 더욱 정진하여 말나식과 아뢰야식을 정화해야 마음이 완전히 정화될 수 있고 성불할 수도 있다는 주장을 해왔다. 이와 같은 학설이 소승과 대승의 차이를 구별해 주며 대승선大乘禪과 외도선外道禪을 구별할 수 있게 된다. 무착논사는 『섭대승론』을 통하여 유식학의 입장을 분명히 하였다. 이와 같은 섭론학은 진제삼장을 통하여 중국으로 전해졌고, 또한 원효대사에게 전해져 신라의 유식학 발전에 크게 기여하였다.

9) 진제삼장의 『기신론』 사상이 원효대사에게 전달

진제삼장은 무착논사와 세친논사의 불법을 전수하고 포교하기 위하여 중국으로 건너왔다. 『섭론攝論』의 불교를 중국에 널리 펴고 동시에 『대승기신론大乘起信論』을 연이어 번역하였다. 『대승기신론』이 번역되자마자 불교학자들은 너도나도 구하여 읽었다. 진여연기론眞如緣起論과 아뢰야식을 유식학으로 상세하게 설명하여 새로운 불교학이 전달되었다. 『기신론』의 논리적인 유식학과 진여연기설은 현장법사가 『유가사지론』과 『성유식론』을 가지고 와서 번역하기 이전이라 중국불교에는 매우 새로운 학설이었다. 『기신론』의 교리는 대승사상을 신앙하게 하는 교리이다. 의역하면 '대승으로 돌아가자'라는 뜻이다. 이는 『마하반야바라밀다심경』의 경명 해석과 흡사하다. 즉 대승의 지혜로 피안의 대승심에 도달하는 경전이라는 뜻이다.

　위에서 대승과 반야의 뜻은 같은 뜻이라는 것을 밝힌 바 있다. 반야는 대승의 광명이라는 뜻이다. 그러므로 대승과 반야는 한 뿌리이며 한몸이 된다. 이와 같이 대승불교는 대승운동과 반야운동을 동일시하며 모두가 대승심으로 돌아가자는 뜻이 있다.『기신론』에는 한마음에 생멸문生滅門이 있고 진여문眞如門이 있다고 하였다. 생멸문은 중생들이 진여심을 망각하고 번뇌 망상을 일으키며 많은 죄업으로 육도六道에 윤회하는 세계를 뜻한다. 진여문은 중생의 본성을 뜻하며 항상 청정하고 지혜로운 마음을 뜻한다. 이 진여심은 생도 없고 멸도 없으며 (不生不滅) 생과 사가 없는 마음을 뜻한다. 중생들은 불교에 귀의하여 망심을 정화하여 진여심으로 되돌아갈 수 있다는 진리를 깨닫고 제악막작諸惡莫作하고 중선봉행衆善奉行의 수행을 하게 된다. 더 나아가 대승불교를 깨닫고 대중을 구제하고 사회를 위하여 봉사하는 이타행利他行의 수행도 하게 된다.

원효대사는 중생들에게 선 수행을 하라고 가르친다. 선 수행 가운데 『유가사지론』에서 가르치고 있는 구종심주九種心住라는 선정과 사종 지혜四種智慧를 인용하여 가르치고 있다. 원효대사가『대승기신론소』를 저술할 때『유가사지론』의 구종심주를 인용하였다는 것은 무착 논사의 선禪사상을 전수하였다는 근거이다. 구종심주의 선사상과 금강삼매의 선 수행으로 망심의 뿌리인 아뢰야식과 말나식을 단절시키고, 반면에 대원경지 등의 사지四智가 발생하게 하는 수행을 하도록 한다. 이와 같은 원효대사의 선 수행은 신라에 토착화되었다고 할 수 있다. 이와 같은 교리와 선사상을 지닌 원효대사의『대승기신론소』는 중국으로 전해지면서 더욱 널리 알려지게 되었다. 많은 중국 불교학자들이 구입하여 읽었고 원효대사의『대승기신론소』를 찬탄하였다.

『대승기신론소』가 여러 가지 있는데 그 가운데서 삼대소三大疏라고 칭하는 대표적인 소疏는 첫째는 정영 혜원대사慧遠大師가 쓴『대승기신론의소』, 둘째는 현수대사賢首大師가 쓴『대승기신론소』, 셋째는 원효대사元曉大師가 쓴『대승기신론소』를 말한다. 그런데 이들 삼대소 가운데서도 원효의 소가 제일 훌륭한 소라고 학자들은 찬탄하였다. 일명 해동소海東疏라고 특칭하면서 삼대소 가운데 해동소가 가장 훌륭한 소라고 찬탄하였다. 화엄학자 현수대사가『기신론소』를 쓰면서 원효대사의『대승기신론소』가운데에서 중요한 부분을 대폭 인용하여 저술하였다. 현수대사는 다른 부분을 보지 못하여 아쉽다고 말하기도 하였다. 명실공히 해동소는 이 세상에서 제일가는 저술이며, 중국과 한국의 불교 교리를 모두 정리한 위대한 해동소라고 할 수 있다.

10) 구종심주의 선禪과 금강삼매의 전달과 원효대사

불타는 보리수 아래에서 금강삼매를 수행하고 성불하였다. 금강삼매 수행사상은 대승보살들에게 전해져서 무착논사에게도 전해졌다. 무착논사는『화엄경』과『해심밀경』등 대승경전의 선사상을 집약하여『유가사지론』을 저술하였다. 이『유가사지론』은 선 수행의 교과서와 같이 많은 수행자들이 읽었다. 그 결과 논전의 교학을 연구하고 수행하는 선 수행파가 생겼다. 이 수행자들을 유가행파瑜伽行派라고 칭한다. 유가행파는 선 수행의 모임이라는 뜻인데 불교 역사상 처음으로 생긴 선 수행파들이다.

『유가사지론』을 깊이 연구한 세친논사는『유식삼십송唯識三十頌』이라는 명저를 발간하였다. 이 저술은 30개의 게송偈頌으로 된 저술이지만 매우 뜻이 깊고 난해하였다. 호법논사를 비롯한 많은 논사들이 주석서를 저술하였다. 그 가운데서 열 사람의 주석서를 선정하여 십대논사十大論師의 주석서라고 칭한다. 이때 호법논사의 제자인 계현논사戒賢論師는 인도 최대 사찰인 나란타사那蘭陀寺에서 수만 명의 제자들을 가르치고 있었다. 용수 계통인 공空사상과 무착 계통인 유식학 등을 가르치고 있었다. 이때 중국의 현장법사는 나라의 반대에도 불구하고 국경을 넘어 천축天竺에 도착하였다. 현장법사는 천축의 모든 성지를 참배하고 드디어 나란타사에 도착하였다. 계현논사를 스승으로 모시고 5년간 불교학을 전공하였다. 그 가운데서도『유가사지론』과『유식삼십론송』등 유식학을 많이 연구하였다.

 현장법사는 나란타사에서 5년간 연구한 후 많은 경전과 논전을 가지고 중국으로 돌아와서 왕궁의 도움으로 옥화궁玉華宮에서 번역을 하기 시작하였다.『유가사지론』과『성유식론』등 많은 경전과 논전을 번역하였다. 특히『유가사지론』의 번역과 호법의 주석을 중심으로 한『성유식론』의 번역은 중국불교 발전에 크게 기여하였다.『해심밀경』과『성유식론』을 소의경전으로 삼은 법상종法相宗이라는 종파가 생겼다. 그러나 규기대사窺基大師의 종성각별설宗姓各別說로 인하여 종파의 세력이 급격히 쇠약해졌다. 종성각별설은 중생들이 출생하면 각자의 운명은 이미 정해졌다는 사상이다. 하지만 이러한 사상은 중생에게는 모두가 불성佛性이 있고 누구나 성불할 수 있다는 대승경전의 사상에 밀리게 된다.『법화경』등의 일승一乘 사상에 의하여 사라질 수밖에 없었던 것이다.

 신라의 서명西明학파는 종성각별설을 강력하게 반대하였다. 서명학파는 원측법사가 서명사西明寺에 오래 주석하면서 유식학파를 이루었기에 생긴 명칭이다. 대부분 신라인으로 이루어진 서명학파는 원측법사의 학문을 연구하면서 서명사에서 함께 지낸 신라 유식학파라 할수 있다. 이는 중국의 규기대사가 이끄는 중국 유식학파와는 사상이 매우 다른 점이 많았다. 신라 유식학파는 안혜논사安慧論師의 무상유식無相唯識에 따랐다고 하며, 호법논사의 유상유식有相唯識과 함께 중도의 유식학을 추구하였다. 중국에서 전해진 신라의 유식학은 원효대사에 의하여 안혜논사의 무상유식으로 발전하였다.

현장법사가 『유가사지론』과 『성유식론』과 『인명론因明論』 등을 번역하여 발간하면서 중국의 선禪과 교敎는 크게 발전하였다. 이들 논전들은 선과 교를 설명하여 수행자들의 지혜를 넓혀 주는 데 큰 역할을 하였기 때문이다. 이러한 논전들의 번역은 곧바로 신라에 전해져서 원효대사에게 전달된다. 원효대사는 『유가사지론소瑜伽師地論疏』와 『성유식론소成唯識論疏』와 『인명론소因明論疏』 등을 저술하였다. 원효대사는 이러한 논전에 감화 받아 현장법사를 흠모하게 되었다.

원효대사는 동학인 의상(義湘, 625~702)대사와 함께 당나라에 유학가는 도중에 해가 저물어 한 고분에서 같이 자게 되었다. 원효대사는 한밤중에 잠이 깨어 옆에 있는 바가지에 담긴 물을 마셨다. 그 물이 매우 시원하고 맛이 있었다. 그러나 새벽에 깨어나서 살펴보니 그 바가지가 해골인 것을 보고는 구토를 하고 말았다. 이에 원효대사는 모든 것이 마음에 있음을 깨닫고 당나라 유학을 포기하였다. 그리하여 원효대사는 깨달은 바를 게송으로 발표하였다. '마음이 생하면 여러 가지 법이 생하고(心生則種種法生), 마음이 멸하면 여러 가지 법이 멸한다(心滅則種種法滅). 일체는 오로지 마음만이 창조한다(一切唯心

造)'라는 게송을 만들어 세상에 선포하였다.

이 게송은 석가모니불의 오도송과 같은 내용을 지니고 있다고 할 수 있다. 불타는 '새벽에 반짝이는 별을 보고 도道를 깨달았다(見明星悟道)'라고 하셨다. 이때 깨달은 별은 진여眞如의 별이고 대승大乘의 별이며 공성空性의 별인 것이다. 이들 세 가지 별은 항상 우주와 함께 충만한 별이기 때문에 원효대사가 깨달은 해골 바가지 물과 진여성이 동일한 것이다. 우주의 진여성은 오로지 하나뿐이기 때문에 일성一性이라고 하는 것이다.

원효대사는 이 깨달음을 얻은 다음에, 진리는 하나이기에 신라에서도 깨달음에 도달할 수 있다고 판단되어 당나라 유학을 떠나지 않았다. 원효대사는 다시 많은 저술을 하였다. 그 가운데서도 『금강삼매경론金剛三昧經論』이라는 논전을 저술하였다. 이 논전이 중국에 전해져서 중국 석학들이 보고 감탄하였다고 한다. 『송고승전宋高僧傳』에 의하면 어떤 삼장법사三藏法師는 이 논전은 소疏가 아니라 논전論傳이라고 해야 한다고 하여 그 이후부터 '금강삼매경론金剛三昧經論'이라고 칭하여 왔다고 기록하고 있다. 이와 같이 원효대사의 논전은 무착논사와 세친논사의 논전과 함께 학자들에 의하여 존경받게 되었다.

『금강삼매론』은 이 세상에 금강삼매의 선정사상을 보급하는 데 유일한 논전이다. 이 논전은 불타가 창조한 유일한 금강삼매 사상을 빠짐없이 설명한 논전이라고 생각한다. 『금강삼매론』에서는 금강삼매의 뜻은 무엇인가를 상세하게 설명하고 그 내용을 정연하게 밝히고 있다. 이 논전을 읽고 금강삼매의 바른 뜻을 깨달은 수행자가 많아지기를 기대한다.

『금강삼매론』을 통하여 불타가 창조한 금강삼매 사상은 마하살의 대보살들에게 전해지고 또한 무착논사와 세친논사에게 전해졌으며, 드디어 원효대사에게도 전해졌음이 증명된다. 원효대사의『금강삼매경론』은 이 세상에서 금강삼매를 설명할 수 있는 유일한 논전이다. 이러한 논전을 많이 읽고 우리들의 사회에 많은 대보살들이 나타나기를 바란다. 또한『금강삼매경론』은 원효대사께서 등각지等覺地와 불지佛地의 지혜로서 저술하셨다고 생각한다.

필자는 원효대사의 명저名著인『이장의二障義』와『대승기신론소』를 한글로 번역하였으며,『금강삼매경론』의 상권과 중권 그리고 하권 가운데서 상권과 중권을 한글로 번역하여 간행하였다. 이와 같은 번역물도 읽어 자신의 수행에 도움을 받기를 바란다. 참고로 말하면 필자는 원효대사의 모든 저술에서 어떠한 책을 많이 인용하였는가에 대하여 통계를 내어본 결과『유가사지론』을 가장 많이 인용하고 있음을 알 수 있었다. 이와 같이 대승선大乘禪의 선맥과『금강삼매경론』의 찬탄을 마무리하면서 마치고자 한다.

맺는말

불타는 성도 후 중생들은 교화하는 데에 헌신하였다. 특히 대승경전을 설하면서 중생들의 본성을 강조하였다. 후기 대승경전인 『열반경涅槃經』에서는 열반하시는 순간에도 '모든 중생들에게는 모두 불성佛性이 있다(一切衆生悉有佛性)'고 강조하였다. 이 뜻은 중생들도 진리를 깨달을 수 있고 보살도 될 수 있다는 가르침이다. 그리고 불타는 초기 대승경전인 『대반야바라밀다경大般若波羅蜜多經』을 설할 때부터 중생들의 본성은 본래 대승성大乘性이며 진여성眞如性이며 공성空性이며 불성佛性이며 보리성菩提性이 있다고 가르쳤다. 중생들은 대승성과 진여성의 소유자임을 깨닫고 큰 지혜를 얻어 대승심으로 돌아가라는 대승운동을 펼쳤던 것이다. 그 증거는 『반야경』의 경명에서 알 수 있다. 큰 지혜로 피안彼岸인 대승심으로 돌아가는 경전이라는 뜻이다. 이 경전의 명칭을 줄이면 도피안到彼岸이라 할 수 있다. 이는 대승심으로 돌아가자라는 뜻이다. 경전의 이름을 이와 같이 정할 때는 중생들이 대승이 되어 대승성大乘性을 깨닫게 하려는 염원이 담겨 있다고 할 수 있다.

불타는 제자들에게 가혹한 수행을 시켰다. 십지十地 수행위를 정하여 십지에 오른 보살을 마하살이라고 하며, 마하살들에게 금강삼매의 선정을 수행하여 망식의 뿌리인 말나식과 아뢰야식을 단절하여 해탈하는 수행을 하도록 하였다. 불타는 중생들의 망심妄心을 완전히 정화하여 유심정토唯心淨土를 건설하고 우리들의 사회에서 죄업이 없는 불국정토佛國淨土를 위하여 대승운동을 하였다.

　대승불교운동 역시 불타의 운동을 이어받아 유심정토와 불국정토 사업을 전개하고 있다. 끝으로 이 땅에 진여삼매와 금강삼매 등 대승선大乘禪이 널리 전해져서 청정국토가 이루어지기를 바라고 또한 무량한 대보살大菩薩들이 수없이 탄생하기를 바라면서 맺는말의 글을 갈음하고자 한다.

2023년 7월

법성法性 오형근吳亨根 합장

찾아보기

법성法性 오형근吳亨根

경북 대구에서 태어나 동국대학교에서 불교학을 공부하였고,
동 대학원에서 불교심리학으로 불리는 유식학을 전공하여 철
학박사 학위를 받았다. 해방 후 불교학자로서 가장 유명했던
김동화 선생님으로부터 유식학을 전수받아 동국대에서 강의
를 하였고, 유식학과 관련된 다수의 논문을 써서 대승불교 발
전에 많은 영향을 끼쳤다. 현재 대승불교연구원을 설립하여
대승불교연구원장을 맡고 있으면서 원효대사와 원측법사의
저술을 중심으로 후학들에게 대승불교 교리와 사상을 전수傳
受하였다. 주요 저서로『신편 유식학 입문』,『불교의 영혼과 윤
회관』,『불교의 물질과 시간관』등이 있으며, 유식학과 관련된
다수의 논문을 발표하였다.

성원晟圓 박화문朴華文

동국대학교 대학원 불교학과에서 철학박사를, 일본 쯔쿠바대
학(筑波大學) 대학원 심신장애연구과에서 교육학박사를 받았
다. 대구대학교 사범대학 학장과 한국특수교육학회 회장 등을
역임하였으며, 현재는 대구대학교 명예교수, 사)한국다도협
회 이사장, 사)부산장애인교육복지원 이사장 등을 맡고 있다.

불타의 대승선맥

초판 1쇄 인쇄 2023년 8월 8일 | 초판 1쇄 발행 2023년 8월 16일
지은이 오형근 · 박화문 | 펴낸이 김시열
펴낸곳 도서출판 운주사

  (02832) 서울시 성북구 동소문로 67-1 성심빌딩 3층
  전화 (02) 926-8361 | 팩스 0505-115-8361

ISBN 978-89-5746-756-5 93220 값 22,000원

http://cafe.daum.net/unjubooks 〈다음카페: 도서출판 운주사〉